JOSE LUIS DE VILALLONGA

MA VIE EST UNE FÊTE

(Les Cahiers noirs)

Olivier Orban

ISBN 2-85565-383-5

Quel est le crime impardonnable ?
Tuer le temps.

Tout est vrai, mais rien n'est exact.

A Nicolas Dadechkeliani-Arbeliani,
en gage d'amitié

AVANT-PROPOS

Je regarde avec une inquiétude mêlée de joie perverse le tas imposant de cahiers noirs empilés devant moi sur ma table de travail et dans lesquels je consigne depuis des années tout ce qui me semble valoir la peine d'être sauvé du désastre de l'oubli.

Si j'avais décidé d'écrire mes Mémoires — mais je suis encore trop jeune pour succomber à tant de prétention — je commencerais par coucher sur le papier que « je suis né à Madrid un 29 janvier 1920 par une froide et pluvieuse nuit, etc. ». Mais je n'écris pas mes Mémoires. Je fais simplement remonter à la surface de l'obscur océan qui engloutit ma vie jour après jour des moments exceptionnels, vécus auprès d'êtres exceptionnels, en des circonstances souvent exceptionnelles. Je ne donne pas ici au mot « exceptionnel » l'importance qu'il a pris dans trop de dictionnaires, mais seulement l'importance que je donne aux quelques instants privilégiés dont se souvient celui qui a toujours préféré l'été à l'hiver, les hommes aux chiens, les enfants aux adultes, le silence à la musique et les femmes à quoi que ce soit d'autre.

J'entre dans mes cahiers noirs en les ayant auparavant brouillés comme l'on opère avec les tarots magiques, dans l'espoir de voir le soleil prévaloir sur la mort et les roses sur les épées. Suivez-moi donc là où je voudrai vous emmener, sans respecter ni la chronologie des événements, ni les dates qui nous vieilliraient, ni les heures qui découpent bêtement nos journées en rondelles.

Rions et pleurons, puisque telle est ma volonté, sans ordre ni concert. Les sages et les fous seront à nos côtés.

Une phrase due à la plume de Jean d'Ormesson m'a rempli très récemment d'une soudaine angoisse. « Il n'y a que l'enfance et la jeunesse pour être vraiment intéressantes — écrit-il. L'âge mûr et la vieillesse ne forgent jamais l'image qu'après la mort. » Ceci est tellement vrai que je m'en veux de ne pas y avoir pensé moi-même. Mais l'enfance et la jeunesse forgent, elles aussi, une image qui est précisément celle que nous reflétons dans les années qui précèdent notre mort. Nous sommes, en définitive, des jeunes vieux et parfois, avec beaucoup de chance, de vieux enfants.

Paul Flamand, qui fut pendant vingt ans mon éditeur et mon ami aux Editions du Seuil, me disait : « Il y a deux sortes d'écrivains : ceux qui possèdent un univers qui leur est propre et ceux qui se voient obligés d'en inventer un pour faire de la littérature. » J'appartiens, heureusement, à cette catégorie d'écrivains qui n'ont besoin de rien inventer du tout. Je regarde autour de moi et j'écoute. Cela me suffit. Mais au mot « univers » je préfère celui de « cirque ». Car les grands passionnés de cirque, lorsqu'ils sont plus sensibles qu'intelligents, sont toujours des passionnés de leur propre vie. Quittez le cirque et l'enfant que vous êtes devient l'adulte et le vieillard dont l'image ne se forge pour toujours qu'après la mort.

Mon univers personnel — Dieu sait si je l'ai exploité à fond ! — a toujours été peuplé de créatures étranges dès la minute de ma naissance. Ma mère était étrange. Elle savait beaucoup de choses sans avoir jamais rien appris. Trop intelligente pour être bonne, elle effrayait son entourage qui la savait capable de tout sacrifier à un mot d'esprit. Sem, le caricaturiste, fit d'elle une esquisse sur les planches de Deauville. L'ombre que projette son corps exposé au soleil est celle d'un chameau. Et pourtant Sem la comptait parmi ses plus chères amies.

Mon père aussi était étrange quoiqu'il n'osât jamais s'en rendre compte. Il se flattait de ne pas avoir lu un seul livre de sa vie. Naturellement, il mentait. Il avait lu tous les miens, mais en cachette, ce qui le dispensait d'exprimer une opinion, bonne ou mauvaise. Lorsqu'il venait me voir à Paris, il me donnait du « maître », mi-figue, mi-raisin. Mais à aucun moment il ne mentionna en ma présence un seul de mes romans.

J'ai eu une grand-mère qui inspira le personnage central d'un de mes romans — c'est la Doña Sagrario d'*Allegro Barbaro* — et qui fût la seule personne qui me traita en adulte dès l'instant où je sus me tenir debout. Mon autre grand-mère, la marquise de Portago, une célèbre beauté de l'époque, s'enferma chez elle le jour-même où elle découvrit sa première ride en se regardant un matin dans la glace de sa coiffeuse. Elle mourut très jeune, probablement d'ennui.

A l'âge de vingt-quatre ans j'ai épousé par pur snobisme — et aussi pour pouvoir quitter l'Espagne — la fille d'un lord qui passait pour être la troisième fortune d'Angleterre. Elle était laide — de cette laideur chevaline propre aux Anglaises de grande tente —, un peu folle et extrêmement divertissante. Elle m'a donné un fils qui ressemble comme deux gouttes d'eau à un Woody Allen sans talent et une fille mariée en Australie dont la plus grande joie est de conduire des camions à l'ombre du mont Townsend avec un fusil à répétition sur les genoux. François Mauriac, à qui je les avais présentés chez une petite-nièce de Marcel Proust alors qu'ils étaient encore des enfants, leur jeta un bref coup d'œil et murmura : « On voit bien que vous les avez faits sans plaisir. »

Ma belle-mère anglaise, cantatrice amateur de talent, montait sur le toit de son château gallois et hurlait du

Wagner pour annoncer à la famille l'heure du déjeuner. Quant à mon beau-père, Lord Thomas Howard de Walden, il s'affublait d'une armure médiévale, heaume et gantelets compris, dès qu'il mettait les pieds dans un autre château qu'il possédait au fin fond de l'Ecosse. De vrais originaux.

Je compte aussi parmi les membres de ma belle-famille anglaise une tante Jane qui croît que tous les espagnols s'habillent en toreros pour le dîner et un oncle d'une surprenante beauté, colonel dans les horse-guards de la reine, qui refuse systématiquement les invitations les jeudis après-midi car il préfère aller se faire flageller par une veuve harnachée de cuir noir qui officie quelque part du côté de Mayfair.

La famille mise à part, j'ai aussi vécu sporadiquement avec des êtres pour le moins curieux. J'ai été marié pendant soixante-douze heures à une allemande, fille d'un criminel de guerre nazi, qui baisait avec l'air ennuyé d'un gymnaste professionnel, mais qui avait des orgasmes successifs dès qu'elle s'approchait des barres fixes. J'ai cohabité pendant plusieurs années avec une jeune et belle actrice de cinéma qui se droguait — elle en est morte — à mon insu. Par le truchement d'une autre actrice — de théâtre celle-là — je crois pouvoir dire que j'ai rencontré le Mal Absolu. Elle était belle et acariâtre. Un soir que le régisseur lui avait dit : « En fin de compte, je vous aime bien », elle avait répondu, souriante : « Moi aussi je vous emmerde. » Sur scène, lorsqu'elle n'était pas ivre morte, elle reniflait avec un immense talent.

Professionnellement — et parfois en tant qu'amis — j'ai côtoyé des chefs d'Etat, rois ou présidents — je ne peux ranger de Gaulle dans aucune de ces deux catégories —, des grands acteurs et des grandes actrices — les stars c'est autre chose —, des écrivains que j'admire encore mais qui m'ont profondément déçu en tant qu'êtres humains, des sculpteurs analphabètes, des poètes — les pauvres ! —, des musiciens pas toujours intelligents, des putains respectables et d'autres qui ne l'étaient pas, des duchesses imprésentables et des midinettes merveilleusement élégantes, des voleurs de génie — Ronnie

Biggs, celui du train postal —, des fous sachant commercialiser leur folie, comme Fellini, et des fous comme Einstein qui perdait la tête lorsque Kim Novak lui adressait la parole dans un cocktail hollywoodien, des hommes d'une grande spiritualité comme Jean Genet et des incroyants agressifs comme ce curé de mes amis qui violait les paysannes basques pendant la guerre civile.

J'ai deviné chez Pompidou, en dînant avec lui à l'Abreuvoir, un humaniste français qui aimait à être pris pour un simple bon vivant. Et j'ai reconnu en déjeunant en tête à tête avec Indira Ghandi, à New-Delhi, une femme qui possédait toutes les vertus d'un grand homme et aucune de celles qui auraient dû être propres à son sexe. En embrassant Lilli Palmer sur la bouche à sept heures du matin pour les besoins d'un film, j'ai appris qu'une Allemande — née en Prusse, je crois — pouvait être aussi féminine qu'une Française éduquée depuis des siècles dans le culte de l'amour. En écoutant Marlène Dietrich lors d'une première à Paris, j'ai trouvé merveilleux que l'on puisse devenir célèbre en chantant aussi faux. J'ai été épouvanté par Rose Kennedy qui singeait les Electres dans les jardins d'Eden Roc et j'ai été transporté d'extase sur les gradins d'Epidaure en voyant la vraie Electre rentrer dans la peau de Melina Mercouri et allumer une Gitane en me riant au nez. Madame Claude, qui rendit si douce la France pompidolienne avant d'être hargneusement poursuivie par Giscard, m'a livré de troublantes confidences concernant des amies aujourd'hui illustres et m'a filé des adresses que je garde encore jalousement quoique la plupart de ses « jeunes filles » aient vieilli au même rythme que moi. J'ai passé des heures chez les Monaco, avenue Foch, à écouter la pauvre Grace me raconter sa vie de jeune femme bien élevée et j'ai aussi entendu Rainier, plus par courtoisie que par intérêt, débiter une série de lieux communs et de clichés sur la mer, les animaux et les femmes américaines. J'ai bu du vin léger de Frascati à Estoril — ou bien était-ce à Caiscais ? — chez Umberto d'Italie, qui fut, à mon avis, le dernier des grands gentlemen européens.

Mais revenons d'abord aux femmes. Femmes aux pluriel, cela veut dire femmes en général et là, je sais que déjà je me fourvoie. On peut dire : les panthères, les libellules, les tortues. Il ne faut jamais dire : les femmes. Il y a Jeanne et Michèle et Lilly et Madeleine et Syliane... Des mondes, des univers, des cieux et des enfers qui, comme les lignes parallèles, ne se rencontreront jamais.

Ce que j'ai fait, ce que je suis, ce que je deviendrai peut-être encore, je ne le dois et je ne le devrai qu'aux femmes. J'aimerais en dire tellement plus ! Le pourquoi et le comment de cette terrible et merveilleuse dépendance. L'issue à tant de labyrinthes. L'entrée de tant de gouffres et de cavernes...

J'ai écrit dans un quelconque prologue, d'une plume que je crois lucide, des phrases que j'assume aujourd'hui sans en changer un mot.

« Ecrire sur les femmes — affirmais-je — quelle malédiction ! Je n'aime pas parler de ce que je ne connais pas. Je bredouille, ânonne, exagère, m'exalte. En tout cas, je mens. Amoureux jusqu'au crime du qualificatif, j'en use comme un homéopathe. En tremblant chaque fois. Or, parler d'une femme, c'est avant tout user du qualificatif. C'est mentir à tout crin.

« Dans mes romans, à pas de mouche, elle s'infiltre, enjambe les adverbes, les compléments d'objet, bouscule la virgule, s'installe en majuscule à la tête du verbe. Comment l'en déloger ? Comment la qualifier ?

« Si je dis *belle*, elle se vexe sous ma plume. Qui dit belle dit bête... et je raye le mot. Si j'écris *bonne*, elle devient aigre. *Amoureuse*, elle se venge. *Passionnée*, elle se tue. *Bienveillante*, elle trahit. *Fatale*, elle s'embourgeoise. La femme, sous ma plume, bouleverse mes romans. C'est elle qui dirige et c'est elle qui dicte. Elle laisse au fond de ma gorge ce goût de culpabilité lorsque, devant mon éditeur, je parle de mon livre, alors qu'à chaque page elle m'a manipulé.

« J'ai eu toutes les chances. Quand on fait peur aux grands par ses inexpériences — et je suis maladroit —, on est reçu dans les coulisses où la femme vient essayer ses rôles. Celui de la violence, de la cajolerie, de la passion et de la haine, de la contradiction, de l'illogisme, de la luxure et du mensonge.

« Sans aucune pudeur, elle vous asseoit dans sa vie, répète ses grimaces, ses contre-vérités, attend la réaction, gomme ici, exagère un peu là. Elle se façonne, elle se polit, se sert de vous comme le miroir de Blanche Neige.

«Elle a tous les culots et toutes les pudeurs. Elle vous viole, elle pleure, elle rougit. Elle vous veut disponible. Qu'importe votre vie ! Il y va de la sienne.

« Oui. Il y va de sa vie. Combien de femmes ai-je vu s'écrouler devant la cécité de quelques imbéciles qui ne comprenaient pas ce manège essentiel. J'ai vu des jeunes mariées devenir des épouses, des maîtresses-femmes changées en maîtresses de maison, puis en ménagères. Des vierges devenir des viragos, des nymphes transformées en soubrettes, des houris travesties en bas bleus.

« Friables comme des éphémères, elles se métamorphosaient sous les yeux incrédules de leurs jeunes et moins jeunes crétins. Partir ? Chercher d'autres miroirs ? Tisser une autre toile ? Absurde. Elles ne le font jamais. Ce n'est pas par paresse, bien moins par habitude, mot étranger aux femmes. Non. Il leur faut rester pour abattre l'ingrat. Leurs armes sont redoutables. Elles parlent gigot, font des bruits fracassants de vaisselle, commandent la télévision, la machine à laver, passent l'encaustique, invitent l'épicière à parler de la vie. C'est la désolation. Leurs époux prennent du ventre et des malformations civiques ou politiques. Au cours des ans, leur cerveau devient de la soupe. Heureusement, ils meurent.

« Les veuves des crétins donnent des douces égéries. Je ne veux pas mentionner ici des noms, mais la littérature, la poésie et la peinture doivent énormément à ces veuves joyeuses. Elles sont faciles à reconnaître. Elles se vêtent de parfums fort coûteux et portent — tout au moins moralement — des grands chapeaux noirs à la Van Dyck.

« Oui, ce que je suis, ce que j'ai accompli de bon ou de mauvais, je le dois aux femmes.

« Tenu par d'invisibles laisses qu'elles avaient en main,

j'ai été rôdeur, buveur, menteur, nègre de plusieurs écrivains célèbres, sournois, saltimbanque, spirituel ou idiot. J'ai appris à marcher pour ravir ma nurse et pour séduire ma mère, à mentir pour plaire à ma sœur, à danser pour un peu moins déplaire à ma femme. J'ai écrit des nouvelles comme on envoit des lettres, ou des fleurs. J'ai jappé, fait le beau, j'ai grandi démesurément, me suis habillé à Londres plutôt qu'à Milan, j'ai appris à dominer des juments, à faire les cent pas sur tous les bastingages, j'ai... je n'ai rien fait du tout. J'ai été, simplement, ce qu'elles avaient décidé que je sois.

« Ce que je suis vraiment, si je n'avais pas eu la joie d'être leur toute petite récréation, aurait tenu en quelques lignes. J'aurais été militaire ou alors commerçant, policier ou cycliste, agent de change ou fonctionnaire, Suisse au Vatican ou bien Suisse à Lausanne, plagiste ou professeur de voile, chien savant ou juge de paix. J'aurais planté des clous dans toutes les croix du monde, j'aurais balisé des autoroutes, j'aurais été gréviste ou chemisier en gros. J'aurais fait les deux guerres mondiales, la Corée, du porte à porte, de l'arthrite, le Club Méditerrannée. J'aurais de la moustache, un béret basque, des décorations et des aigreurs d'estomac. Je ne serais personne. »

Vous me direz que je suis peut-être toujours tombé sur un genre de femmes dont vous ne soupçonnez pas l'existence. C'est possible. Après tout, chacun de nous est l'esclave de la femme qu'il mérite. Personnellement je n'aurais ni le mauvais goût ni le cynisme de me plaindre.

De par ma semi-profession d'acteur — soixante-seize films, c'est amplement suffisant pour cesser d'être un amateur — j'ai entretenu toutes sortes de relations — souvent simplement amicales — avec des femmes qui passent pour être parmi les plus belles du monde. Et j'ai même connu dans le lot des spécimens qui, sans avoir les mérites suffisants pour prétendre au Nobel, étaient d'une intelligence solide et confortable. J'en ai connu des méchantes et des bonnes. Les premières ont fait des carrières éblouissantes, les autres ont des maris, des enfants, des amants, des cocker-spaniels et des maisons à la campagne. Vous me direz encore : « Mais les actrices, est-ce qu'elles ressemblent aux autres femmes ? » Oui et non. Mais il convient avant tout de marquer la différence, lorsqu'on aborde ce thème, entre l'Europe et l'Amérique.

A Hollywood — cette version moderne de l'ancien empire austro-hongrois où l'importance de l'argent a supplanté celle qu'avait autrefois la noblesse — j'ai connu sur les plateaux de cinéma, dans les stations-service, dans les bars et, surtout, dans la rue, de fracassantes beautés fabriquées à la chaîne dont les goûts étaient strictement les mêmes au restaurant, à l'église et au lit. Poulet frit à la New Orleans, chants liturgiques révisés par Cole Porter et orgasmes — trois, le dimanche matin — dans le seul but de maintenir intacte la santé mentale ainsi que celle des ongles et des cheveux.

Mais, heureusement, il y a aussi à Hollywood des exceptions à la règle. Ni Hayworth, ni Gardner, ni Monroe autrefois, ni aujourd'hui la Fonda et Shirley Mac Laine n'ont quoi que ce soit en commun avec les douzaines de belles filles, aseptiques comme des brosses à dents, qui ont glorifié le cinéma américain. Cela dit, si j'avais à résumer en un seul mot le souvenir que je garde de mes périodes de travail au royaume des Goldwyn Mayer et des Warner, ce serait : l'ennui. L'ennui, pour ne pas dire l'angoisse de savoir qu'il ne se passera jamais rien sur le plateau qui n'ait été méticuleusement programmé par les services compétents. Rien qui soit le produit de la spontanéité, de l'inspiration, de la fantaisie, de la folie et de l'humour. « Vous embrasserez sur la bouche Miss Novak mardi prochain à huit heures vingt du matin. Page 12, scène numéro 3. » Et le mardi, à huit heures vingt précises, vous embrassez la bouche de Miss Novak, laquelle, prévenue comme vous huit jours à l'avance, s'est longuement gargarisée à la Listerine. Jamais la Nouvelle Vague des Truffaut et des Godard n'aurait pu voir le jour en Amérique. Pourtant, c'est aux Etats-Unis que l'on continue à réaliser les meilleurs films.

Les plateaux européens, c'est autre chose. Après Hollywood, c'est carrément le ballon d'oxygène. Ici, chez nous, en France, en Angleterre, en Italie — sauf en Allemagne où les choses sont encore pires qu'en Amérique — règnent l'invention permanente, la curiosité créative, l'improvisation, la pagaille. Ou alors, plus simplement, du pur surréalisme.

J'ai tourné sous la direction de Mauro Bolognini — souvent comparable au Visconti de la meilleure époque — un film où Soraya, l'ex-femme du shah d'Iran, avait un mari et un amant, lesquels, selon une condition expresse de leurs contrats, ne devaient établir, sous aucun prétexte, le moindre contact physique avec elle. Richard Harris, l'amant, et moi-même qui interprétais le rôle du mari trompé, nous avons joué nos scènes de jalousie et de passion à plusieurs mètres de distance de notre épouse et maîtresse. L'échec du film fut retentissant, sauf en Espagne où les gens étaient habitués depuis longtemps aux caprices de la censure. Soraya rentra chez elle intacte de corps et d'esprit, mais le pauvre Richard Harris s'enivra pendant des semaines pour se remettre de l'inoubliable expérience.

Quelque temps plus tard Fellini me demandait de jouer dans *Juliette des esprits* le rôle d'un Espagnol, toujours vêtu de noir, qui buvait de la sangria dans un jardin de Frégène tout en racontant à Julietta Massina une rocambolesque corrida sur fond de guitares et roulements de castagnettes. Lorsque le film passa à la télévision espagnole il y a quelques mois, je crus prudent de ne pas trop sortir de chez moi de crainte que quelque torero furibond ne me cassât la figure.

A l'exception d'Audrey Hepburn — cette exquise créature dont la reine mère d'Angleterre dit : « *But... she is one of us* (1) » — j'ai pratiquement oublié, ou presque, chacune des actrices hollywoodiennes avec lesquelles j'ai travaillé. En revanche je n'oublierai jamais aucune des comédiennes européennes que j'aie pu rencontrer au hasard des studios. Moreau, par exemple. Mme Jeanne Moreau. Je relis les quelques notes que j'avais prises après le tournage des *Amants*, de Louis Malle. « J'ai un faible — écrivais-je —, un faible sans faille pour cette

(1) « Mais... elle est des nôtres. »

dame. Un faible qui fut pendant un certain temps vague amour, sans que jamais elle ne se doutât de la chose. Peu de gens s'extasient sur sa beauté. La Fallacci a dit — avec cette perfidie des Italiennes lorsqu'elles parlent des autres femmes — que « la Moreau a l'air parfumée et malade ». Une fleur, en somme. Toutes les fleurs sont malades. Pourquoi, sinon, mourraient-elles avant l'âge de raison ? Moreau est au-delà de la beauté. Oui, la bouche est incontestablement amère. L'œil cerné, trop, comme à dessein. La chair du visage minée par quelque fatigue très ancienne. Un mascaron ancré dans une sorte d'indifférence maussade. Mais laissez la Moreau parler. Ecoutez-la dire — avec cette diction parfaite qui scande chaque virgule — des choses précieuses sur ceux qu'elle aime, son fils, ses amants, ses amis. Alors, le petit visage morne, buté, souvent si triste à regarder, s'illumine, s'éclaire, dissipe ses ombres et ses noirceurs. Et ce n'est plus un visage, mais dans toute sa splendeur, un feu de bois. »

Mais il n'y a pas que Moreau dans mes cahiers noirs. Il y en a d'autres. La Loren, Sophia, brille sur ces pages horizontalement rayées d'une lumière très spéciale. J'ai mis à me brouiller avec elle autant de rage que s'il s'était agi d'un homme. Nous avons tous les deux oublié pourquoi. Je l'ai rencontrée pour la première fois à un dîner chez des amis, rue Jean-Goujon. Je ressentis en la voyant comme une décharge électrique au niveau de l'épiderme. Elle s'en rendit compte et me le fit savoir d'un sourire de carnassier.

Je cherche dans mes cahiers à la lettre L et je trouve : « Rencontré la Loren à un dîner chez les M. F. Placé à table à côté d'elle. Parfum inconnu. Pas de bijoux. Robe noire de cocktail d'une coûteuse simplicité. Belle, elle l'est sans conteste. Parfaite, non, Dieu merci. Tout est, chez elle, démesuré. Le regard vert, gris, doré, qui s'étire vers les tempes jusqu'à les rejoindre. Les lèvres qui, d'un sourire, obscurcissent toute autre lumière. Les pommettes chinoises qui accrochent l'éclat des chandelles comme un piège à libellules. Le cou qui réclame une douzaine de rangs de perles. Les mains, grandes, brunes, sans fioritures. Des mains — je le saurai plus tard — qui battent des omelettes, langent un enfant et tiennent un homme par le bras lorsqu'il lui arrive de flancher. Pourtant cette déesse absolue, ce monstre inhumain à force d'être merveilleux, ce symbole de tant de choses que tant de femmes ne seront jamais, me semble être — mise à part sa fragilité évidente — le comble de l'harmonie. Car sur ce corps superbe il y a aussi pas mal à dire. C'est une architecture de pures générosités. Une géométrie de rigoureuses plénitudes. Un de ces corps qui attirent l'œil de ceux qui gardent encore le souvenir de ce qu'étaient les femmes avant d'être libres et de devenir objets. Une de ces femmes — si rares — que l'on désire épouser, ou tout au moins — quitte à ne jamais la toucher — avoir pour confidente et amie. Sa séduction est effrayante. Curieusement, elle ne suscite pas des jalousies, mais au contraire le bien-être profond que l'on ressent devant certaines réussites de la nature. C'est vous dire qu'il y a dans ce corps comme une « décence » qui interdit d'emblée toute sorte de malentendu. « C'est une femme à l'ancienne », a dit d'elle un directeur de cinéma. J'ai compris qu'il voulait dire « une femme à principes ». Mais cela lui aurait arraché la gueule de prononcer de pareils mots. »

En me relisant, je crois que j'ai été aussi amoureux de la Loren que de Moreau. Autant que je le fus plus tard de Novak, de Lilly Palmer, de Virna Lisi, de Cardinale, de Julie Christie, de Françoise Prévost, de la Vlady et de tant d'autres. Je suis un homme dont le cœur a toujours été occupé à aimer celles qui parfois ne l'aimaient pas.

Mais les femmes qui crèvent les écrans n'ont pas eu le privilège exclusif de me faire courir d'un bout à l'autre du monde. Passionnément intéressé par l'être humain hors du commun — je suis totalement réfractaire à l'existence des masses —, j'ai toujours fait des pieds et des mains — avec un certain succès — pour approcher ceux qu'il est convenu d'appeler « les hommes d'action ». On trouve, parmi eux, quelques femmes particulièrement intéressantes.

Je n'ai jamais prêté grande attention aux politiciens

que j'ai toujours considéré assez proches des acteurs de deuxième ordre qui n'ont jamais eu accès aux grands rôles du répertoire. Des gens amers et vindicatifs sans le moindre intérêt. Toute ma curiosité va aux « hommes politiques ». A ceux qui, en bien ou en mal, ont fait l'Histoire. Hier c'étaient Staline, Hitler, Churchill, Mao, de Gaulle, Indira Gandhi, Roosevelt. Aujourd'hui il faut nous contenter de Reagan et de Khadafi.

Malraux disait que ce genre d'hommes ont souvent des témoins de leurs actions mais rarement quelqu'un avec qui soutenir une conversation. C'est tellement vrai que je le soupçonne d'avoir inventé en grande partie celles qu'il dit avoir eues avec le général de Gaulle. Comme Malaparte, ce salaud de Toscan, Malraux ment à ravir, mais l'Italien, qui avait une meilleure plume, était plus convaincant. Il n'aurait jamais fait parler de Gaulle pendant des heures des aventures de son chat.

Mais Malraux a raison lorsqu'il affirme que personne ne sait ce que se dirent les grands hommes et les grands artistes. Personne ne peut répéter les insultes dont Jules II gratifia Michel-Ange sous la voûte de la Chapelle Sixtine. Personne ne sait quelles furent les confidences que Catherine de Russie chuchota à Diderot dans l'intimité de son boudoir. De quoi parlait Alexandre avec ses philosophes dans les campements militaires de l'Asie Mineure ? Voltaire lui-même ne paraissait pas trop intéressé par ce que lui racontait Frédéric de Prusse lorsqu'ils se promenaient ensemble au bord des lacs glacés de ses palais d'hiver. Que pouvaient bien se raconter, au chevet du tsarevitch mourant, l'impératrice Alexandra et Raspoutine ? Autant de mystères qu'emportent les vents de l'oubli. Et c'est tant mieux : ainsi, la part du rêve reste intacte. Car lorsque deux hommes de qualité se rencontrent devant témoins, ils dépassent rarement le stade de la banalité. Malraux raconte que, lorsque de Gaulle reçut Bernanos à son retour du Brésil, leur conversation — tant attendue par Malraux — se borna à quelques mots. Debout devant une des fenêtres qui donnaient sur le parc, le chef de l'Etat et l'homme qui avait écrit *Les Grands Cimetières sous la lune* regardaient la pluie tomber sur les pelouses. « Il pleut beaucoup à Paris... » murmura Bernanos. « Oui, répondit le général, surtout à cette époque. » Et selon Malraux, ce fut tout. Malaparte n'aurait pas fait mieux.

Chefs d'Etat, chefs militaires et chefs religieux se sont souvent servis du silence comme d'une arme redoutable, « bien plus difficile à utiliser, selon Clemenceau, que la parole ». Philippe de Ségur affirme que lorsque Napoléon et Goethe se trouvaient en tête à tête, c'était l'Allemand qui parlait abondamment et l'empereur qui écoutait, souvent en prenant des notes. Charles X, recevant Chateaubriand au retour de celui-ci d'un voyage à Jérusalem, se contenta de lui demander : « Alors, monsieur de Chateaubriand, comment est-ce, le Saint-Sépulcre ? » Staline terrorisait par ses silences. Mao parlait peu avant de devenir gâteux. Franco, lorsqu'il signait des peines de mort en prenant le petit déjeuner avec sa femme, ne posait qu'une question : « *Donde firmo ?* (Où dois-je signer ?) ». Pour Krishnamurti, le sage indien, il n'y a pas de plus beau spectacle que deux amis qui gardent le silence ensemble. José Bergamín, voulant signifier à quel point la tauromachie est un art sacré aux yeux des Espagnols, intitula un de ses livres : *La Música callada del toreo*. La musique silencieuse... Jolie trouvaille.

Les hommes qui ont des grandes choses à faire ou à créer se taisent volontiers. Ils préfèrent écouter. Il y a, évidemment, des brillantes exceptions à la règle. Malraux en est une. Créateur, il l'était sans nul doute. Homme d'action, au sens profond du mot, je n'en suis pas si sûr. Je dirais qu'il était plus tôt un homme d'invention qui imaginait sans cesse dans ses romans l'homme d'action qu'il aurait voulu être et qu'il n'était peut-être pas. Sa guerre d'Espagne est pleine de lacunes. J'ai connu un colonel de l'aviation républicaine qui en voulait terriblement « al Francés » d'avoir gaspillé des centaines de litres d'essence à survoler des cathédrales, alors qu'il aurait dû les employer à combattre dans les airs. Je n'ai jamais rencontré — et Dieu sait si j'en connais ! — un seul pilote espagnol qui se souvienne d'avoir participé aux côtés de Malraux à une quelconque action de guerre.

Alors, ses aventures chez les révolutionnaires chinois... Hemingway me racontait au bar du Ritz avec son terrible accent alors qu'il en était à son cinquième dry-martini : « Malraux, c'est oune mythe qui sera bientôt bouffé aux mites ! » Et il riait — « Hà ! Hà ! », poursuivant du doigt une olive au fond de son verre.

Malraux, homme d'action, d'invention, créateur et mystificateur de génie, n'aimait guère écouter. J'en ai eu la preuve au cours d'un déjeuner chez Lasserre organisé par Louise de Vilmorin, sa dernière égérie en date. Malraux, m'avait-elle dit, voulait me rencontrer pour me poser certaines questions à propos de la guerre d'Espagne. Ne le connaissant pas personnellement, j'avais sauté sur l'occasion de rencontrer un des hommes, les plus célèbres de France à l'époque. Le gourou du général de Gaulle.

J'étais arrivé au restaurant avec Louise de Vilmorin — nous étions devenus amis depuis qu'elle avait écrit les dialogues des *Amants* — avec vingt minutes d'avance sur l'heure prévue. Quelles étaient les questions que désirait me poser Malraux ? Louise n'en savait rien, mais elle croyait que cela concernait le Pays basque.

Lasserre était le restaurant préféré de Malraux. Il y déjeunait pratiquement tous les jours. On le recevait — et il adorait ça — avec les honneurs dus au Dalaï-Lama. Il arriva ce jour-là avec une bonne demi-heure de retard, s'excusa d'un vague « le général m'a retenu », me regarda d'un air surpris, comme s'il ne s'attendait pas me voir là, et après avoir baisé l'intérieur du poignet droit de Louise, il prit place à table bouleversant aussitôt avec des gestes brusques la belle ordonnance des assiettes et des verres posés devant lui.

Il avait une mine épouvantable et l'air délabré d'un grand vieillard qui survivait seulement grâce aux drogues administrées à doses massives. Son visage, d'une blancheur spectrale, était continuellement parcouru de tremblements convulsifs et ses mains, toujours en mouvement, semblaient échapper à tout contrôle.

Il tartina de caviar un morceau de pain grillé et se mit à parler avec la violence d'un torrent qui déborde.

— L'Espagne... l'Espagne... mais qu'est-ce que c'est, l'Espagne ? Cavour a fait l'Italie, mais vos Rois Catholiques ont été incapables de faire l'Espagne !... Vous n'êtes pas un pays... Vous êtes une superstition !... Si vous existiez vraiment, Unamuno n'aurait pas passé sa vie à se demander si l'Espagne existe et ce qu'elle signifie !... Nous, les Français, nous ne nous posons jamais ce genre de question à propos de la France !... La France est là ! Elle existe !

Du caviar dégoulina le long de ses doigts jusqu'aux poignets — assez sales — de sa chemise et il finit sa diatribe sur cette phrase énigmatique :

— Vous laissez trop parler vos cardinaux !

Il avala la moitié de son verre de bordeaux et me demanda sur un ton lugubre :

— Est-il vrai que vous ayez dit à plusieurs reprises que *L'Espoir* est un très grand film comique ?

Louise s'agita sur sa chaise, mal à l'aise. Elle était, avec Marie-Laure de Noailles et Marie Bell, une des bénéficiaires de ma confidence. Aucune des trois n'avait apprécié mon point de vue sur l'œuvre de Malraux.

— Oui, je l'ai dit — répondis-je, m'attendant à un éclat qui ne vint pas.

— Vous l'avez même dit devant Georges Pompidou à un dîner chez lui il n'y a pas longtemps.

— C'est possible.

Malraux renifla, se moucha, renifla de nouveau et devint soudain autoritaire :

— Dites-moi pourquoi mon film vous paraît comique.

J'essayai de lui expliquer que *L'Espoir* c'était l'Espagne — sa guerre, sa tragédie — vue par les yeux d'un Français. Et que l'Espagne vue par un Français, déclenche toujours le sourire chez les Espagnols.

Il leva les yeux sur moi et me dit carrément :

— J'accepte très bien que Mérimée vous fasse sourire, mais Malraux, alors là, je ne comprends pas.

Louise semblait de plus en plus inquiète. Elle avait raison, car j'étais décidé à défendre mes points de vue.

— Vous faites parler — dis-je au grand homme — des ouvriers et des paysans espagnols dans la langue de l'intellectuel français que vous êtes. Vous les transformez en experts du marxisme-léninisme alors que dans la vie réelle, ces hommes, pour la plupart des illettrés, n'avaient jamais lu Marx et très peu d'entre eux savaient qui était Lénine. Notre guerre civile était quelque chose de bien plus simple : c'était une guerre entre beaucoup de pauvres très pauvres et quelques riches trop riches. Le film en soi n'est pas comique pour le public français, mais il l'est pour nous Espagnols. De même que Buñuel nous amuse alors que les Français le prennent toujours tellement au sérieux. Pour nous, le comique de Buñuel vient du fait que ses personnages parlent en français alors qu'ils se trouvent dans des situations que seul un Espagnol profondément provincial comme Buñuel pouvait avoir inventées. C'est le décalage entre le langage et l'action qui provoque chez nous l'hilarité. Dans *L'Espoir*, il y a tout le temps des pauvres types qui parlent comme Régis Debray. On rigole malgré nous. Mais nous rions aussi lorsque la Carmen de Bizet chante des choses que personne en Espagne n'oserait dire. Vous vous trompez sur l'âme de notre pays, comme nous nous trompons souvent à propos de celle du vôtre. Les personnages de Feydeau ne sont pas les Français que vous aimez donner en exemple à l'étranger. On m'a raconté que la femme de Mao, après avoir vu *Madame Butterfly* pour la première fois, quitta la salle en disant « que c'était une gentille connerie occidentale »...

Louise me regarda horrifiée. Je m'empressai de déclarer :

— Je ne veux pas dire par là que *L'Espoir* soit une connerie, mais...

Malraux ne m'écoutait plus depuis longtemps. Il était probablement venu pour entendre de ma bouche des réflexions qu'il connaissait déjà, mais non pour écouter quelqu'un lui expliquer que les analphabètes espagnols de 1936 — et il y en avait des deux côtés de la barrière — devenaient attendrissants et ridicules lorsqu'ils parlaient comme des Français moyens qui auraient fait des études. Ça ne l'intéressait pas. Et il se mit à lire le prospectus d'une de ses drogues.

Louise de Vilmorin, que je ne revis plus avant sa mort, se répandit en ville me traitant de goujat.

Eh bien, oui, j'ai donc rencontré, parfois professionnellement, parfois en tant qu'ami, la plupart des soi-disant grands de ce monde, acteurs, écrivains, peintres, politiciens, gangsters et quelques rois et reines en exercice ou au rencart. De ces fréquentations privilégiées — mais, est-ce bien le mot ? — j'ai tiré des leçons que je qualifierais d'enrichissantes. J'ai appris, par exemple, que face au danger moral — l'autre, le danger physique n'est qu'une question d'adrénaline — les femmes sont plus courageuses que les hommes. J'ai découvert que la simplicité est l'image de marque des gens de qualité. Ce sont toujours les autres, les médiocres, qui nous montrent le côté méprisable des êtres humains. Jean XXIII m'accorda en moins de huit jours l'entretien que j'avais demandé par écrit au Vatican, mais Mlle Bardot, qui vivait entourée de parasites, mit plus de deux mois à répondre à mes appels téléphoniques. J'ai appris aussi au contact de tous ces gens qui se prennent pour des étoiles détachées du soleil, que la gloire est aussi difficile à définir que le soudain amour que l'on peut ressentir pour une inconnue de la veille. Un soir que j'assistais avec Marcel Achard à une première de Bécaud à l'Olympia, nous sortîmes à l'entracte pour prendre un verre dans un bar voisin. Alors que nous passions la porte du local, deux dames juchées sur de hauts tabourets se retournèrent pour mieux nous offrir le spectacle de leurs charmes. En voyant Marcel Achard, l'une d'elles s'écria : « Tiens... Machin ! » — « Ça, c'est la gloire... » murmura Achard, ravi. Et dès que nous prîmes place à une table, il m'expliqua : « La popularité c'est quand on connaît ton nom et, parfois, ta profession. La gloire, c'est quand une pute qui n'a jamais mis les pieds dans un théâtre te reconnaît sans savoir ni qui tu es, ni comment tu t'appelles... »

Mais tout comme la popularité, la gloire aussi est éphémère. Je tournais à Cannes sous la direction d'Henri

Verneuil *Mélodie en sous-sol,* avec Jean Gabin et Alain Delon, lorsque le directeur de production vint avertir le premier que Viviane Romance vivait depuis quelque temps dans la région. Gabin, qui avait tourné avec elle, ne l'avait plus revue depuis des années. Si l'on tient compte de la modestie des moyens de communication de l'époque, Mlle Romance avait été une vedette bien plus importante que ne le fut plus tard Mlle Bardot. Le public français l'adorait et travailler à ses côtés avait été le rêve de beaucoup d'acteurs. Gabin demanda que l'on prît contact avec elle et qu'on l'invitât à déjeuner avec nous le lendemain à une heure. Mlle Romance accepta, enchantée, l'invitation. Mais le lendemain à une heure et demie, Viviane Romance n'était pas encore au rendez-vous. Gabin, sachant que le cuisinier de la production lui avait mijoté un bœuf bourguignon, s'impatientait. « Je ne comprends pas ce qui a pu lui arriver. Elle était toujours si ponctuelle ! » On passa donc à table sans Mlle Romance. Quelques jours plus tard le chef de production nous livra la clef du mystère. Mlle Romance était arrivée sur le plateau à une heure, comme convenu. Elle avait demandé à un garçon qui passait — un stagiaire d'à peine vingt ans — d'aller prévenir M. Gabin de son arrivée. Le garçon lui avait répondu sèchement qu'on ne pouvait pas déranger l'acteur. La visiteuse insista auprès du jeune homme. « Allez lui dire que Viviane Romance est là. » « Qui ça ? » Elle répéta son nom, déjà bouleversée. Le stagiaire lui tendit un bloc-notes et un stylobille en lui demandant : « Ecrivez là votre nom et l'objet de votre visite, mais je doute que M. Gabin vous reçoive si vous n'avez pas pris un rendez-vous... » Viviane Romance avait quitté le plateau presque en larmes. Lorsque le chef de production finit son histoire, nous gardâmes tous quelques instants le silence. Enfin, Gabin murmura : « Ça nous arrivera à tous un jour ou l'autre... » Il est mort avant que la vie ne lui fasse payer trop cher tant de succès.

Aujourd'hui, mercredi 5 novembre, je commence enfin, ce qui sera peut-être un livre où j'aurai dévoilé de moi-même les quelques côtés plaisants qui devraient faire sourire un jour — et parfois ricaner — ceux qui se souviendront encore de moi.

J'ai brouillé encore une fois mes cahiers — c'est difficile de brouiller des cahiers en imaginant qu'ils sont des cartes — et j'ai ramassé le premier qui est tombé par terre. Je l'ouvre à la première page et je lis : l'Angleterre. C'est écrit en grandes lettres rouges aux caractères vaguement gothiques. L'Angleterre. Je soupire d'aise. Cela aurait pu être l'Espagne — dont je garde des souvenirs plutôt macabres —, ou bien Hollywood, lieu de rencontre avec tant de femmes en fibre de verre, ou encore la France, dont je ne veux pas parler sans avoir auparavant vidé ma tête et mon cœur de toutes les scories qui pourraient enlaidir ce diamant brut qui sera toujours ma vraie patrie. Mais l'Angleterre, quel bonheur !...

L'Angleterre, c'est avant tout le souvenir d'une période de ma vie pendant laquelle j'ai beaucoup ri et beaucoup forniqué. J'ai beaucoup ri parce que les Anglais sont tout simplement comiques et j'ai beaucoup forniqué parce que les Anglaises adorent ça alors que leurs maris et leurs amants préfèrent molester les renards dans les sous-bois, démonter des automobiles dans des garages glacés ou encore chasser le nègre dans les quartiers périphériques. En fait, je soupçonne les maris et les amants anglais de s'adonner passionnément à ces activités dans le seul but d'éviter la compagnie des femmes en général et de la leur en particulier. Quatre de mes beaux-frères anglais se levaient de bon matin, prenaient en vitesse une tasse de thé — parfois un bain — et se rendaient à leur club où ils passaient, entre hommes, le restant de la journée. Il est vrai qu'aucune de mes belles-sœurs n'aurait incité un maniaque sexuel à leur manquer de respect.

Oui, j'ai beaucoup ri, en Angleterre. A table, à cheval, au théâtre, dans la rue sous la pluie battante, dans les bureaux de la City, dans les trains, dans les parcs et partout où il m'était possible d'observer les Anglais vaquant à leurs petites affaires et à leurs turpitudes. J'ai aussi beaucoup fait l'amour, dans les ascenseurs, dans les bibliothèques des châteaux où l'on m'invitait à passer les week-ends, dans les fourrés des jardins ancestraux et sur les banquettes en peluche des boîtes à la mode. Mais j'ai rarement forniqué dans un lit. Les Anglaises qui me violaient et qui pour la plupart étaient mariées, avaient toutes un net penchant pour ce qu'elles qualifiaient de *dangerous situations*. Elles aimaient à imaginer, les innocentes, que leurs maris les auraient tuées en les trouvant dans les bras d'un amant, alors qu'en réalité le mari « savait » presque toujours et se félicitait de ce que quelqu'un d'autre, fût-il un *foreigner* (1), pratiquât à sa place un sport que l'habitude avait rendu assommant.

Ma belle-famille anglaise se composait, outre la jeune femme qui avait eu l'imprudence de m'épouser, d'une belle-mère chanteuse amateur d'opéra, d'un beau-père expert en poésie gaélique, d'un beau-frère adonné aux petites secrétaires et de quatre belles-sœurs nanties de maris correspondants. Il fallait compter aussi une inépuisable collection d'oncles, tantes, cousins et cousines qui poussaient comme des champignons à travers la campagne britannique avec une préférence marquée pour l'Ecosse et le Pays de Galles où ils possédaient de vastes et sinistres demeures dans lesquelles on gelait pendant l'hiver en attendant d'étouffer pendant les quelques heures que durait l'été.

Les Howard de Walden passaient pour être en Angleterre des grands excentriques, quoique, pudiquement, on préférât dire d'eux — ils avaient tellement d'argent ! — qu'ils étaient des *frightfully amusing people* (2). Sur le Continent on les aurait taxés de fous et on aurait sûrement enfermé plusieurs d'entre eux en apprenant qu'ils pouvaient devenir franchement dangereux pendant les périodes de pleine lune.

Lady Howard de Walden, ma belle-mère, — née Margarita Van Raalte —, fille et petite-fille de richissimes banquiers hollandais de confession juive, était tellement

(1) « Etranger. »
(2) « Des gens follement amusants. »

snob que ses amis finirent par l'appeler Margot Van Royalty. Arrivée très jeune en Angleterre, elle était tombée immédiatement sous le charme vénéneux de sa patrie d'adoption et devenue en peu d'années plus Anglaise que nature. Lorsque le roi George VI lui conféra le titre de Dame, elle avait déjà pris depuis longtemps l'aspect d'une couverture de *Punch*. Elle cultiva jusqu'à la fin de ses jours ce côté caricatural de l'Angleterre qui a fait la fortune d'André Maurois et de George Mikes. Surprise à Londres par un des derniers bombardements aériens alors qu'elle promenait une de ses petites-filles âgée de quatre ans dans Hyde Park, elle rabroua l'enfant qui montrait du doigt les avions allemands au-dessus de leurs têtes, par un sec : « *Alexandra ! Don't point with your finger !* » — « Alexandra, on ne montre pas du doigt ! »

Lady Howard n'était pas belle, elle était simplement majestueuse. Son nez agressivement aquilin, héritage des multiples rabbins qui pullulaient dans son arbre généalogique, lui donnait un air de figure de proue baroque. Elle avait des yeux gris et froids — pourquoi me faisaient-ils toujours penser à ceux d'un serpent ? — qui pouvaient devenir implacables lorsqu'on ne lui donnait pas raison. Ses pieds et ses mains étaient immenses et la largeur de son dos, impressionnante. Je m'attendais toujours à l'entendre sonner l'heure avec les graves cadences propres à Big Ben.

Elle s'habillait de tweed pendant la journée et, le soir, avec ce qui semblait être les restes d'un vieux rideau. Mais malgré cet accoutrement à l'aspect misérable, personne n'aurait osé mettre en doute l'immense valeur des diamants bleus encastrés dans sa tiare, ni celle des autres bijoux qu'elle portait négligemment « jetés » sur elle à la manière de ces babioles sans importance dont on garnit les arbres de Noël.

Amie intime de Hilaire Belloc, d'Augustus John, d'Evelyn Waugh, de Noel Coward et de Willy Maugham, elle se flattait d'avoir tout lu, tout vu et tout entendu. Curieusement, son snobisme aidant, elle tombait parfois dans le travers de singer les femmes du monde, sinon ignares, tout au moins superficielles. Un jour que nous parlions des dessins de Cocteau, je lui demandais si elle avait lu je ne sais plus lequel de ses livres, à quoi elle avait répondu en haussant très haut les sourcils : « Ah ? Je ne savais pas qu'il écrivait aussi... »

Femme d'une assez vaste culture, elle avait néanmoins pour les intellectuels et les artistes qu'elle honorait de son amitié, une attitude dont la condescendance frôlait trop souvent le mépris. Mécène d'une très grande générosité, elle était intimement convaincue que son argent lui donnait le droit de considérer ses protégés comme étant d'une condition très proche de celle de sa domesticité.

Elle aimait à feindre d'ignorer, avec désinvolture, la réelle importance de ceux qu'elle recevait chez elle. Nous regardions un soir dans sa résidence de Londres un album de famille dont les photos remontaient à une vingtaine d'années. Sur l'une d'elles, ma femme apparaissait entourée de ses quatre sœurs, habillée comme elles d'un costume vaguement médiéval. « Nous avions l'habitude à Chirk Castle, m'expliqua Lady Howard, de monter chaque année une pièce écrite par mon mari et jouée par les enfants. Cela amusait les gens de la maison — lisez : les domestiques — qui avaient rarement l'occasion de mettre les pieds dans un théâtre. A propos, Tommy, j'oublie toujours... comment s'appelait ce charmant Allemand que tu faisais venir pour s'occuper des mises en scène ? » Lord Howard qui faisait des solitaires au coin du feu tout près de nous, marmonna : « *Max Reinhardt* (1), *darling... — Of course! Dear Max Reinhardt...* » Et elle continua sans plus d'explication à feuilleter les pages de son album.

Je m'entendis merveilleusement avec Lady Howard tant que sa fille Pip fit semblant de s'entendre merveilleusement avec moi. Mais le temps et mon penchant exagéré pour toute sorte de frasques extra-conjugales émoussèrent le goût de la dissimulation dont ma femme faisait preuve devant sa mère. Notre séparation de corps et de biens eut lieu à Paris en 1959, à mon retour de Hollywood où j'étais allé tourner *Breakfast at Tiffany's*

(1) Très célèbre metteur en scène allemand.

auprès de l'exquise Audrey Hepburn. J'avais eu là-bas une liaison assez tapageuse avec une actrice canadienne qui jouait les héroïnes du Far West pour la télévision américaine. Les journaux spécialisés en avaient fait des gorges chaudes. Ma femme en eut vent et dès mon retour à Paris elle m'annonça son intention de divorcer. J'avoue que je ne comprends pas encore pourquoi elle avait mis si longtemps à prendre cette sage mesure.

Elle s'en alla donc vivre à la campagne, tout près de Cannes, dans une maison que nous possédions à Auribeau-sur-Siagne. Je quittai à mon tour notre appartement parisien et m'installai dans un autre beaucoup plus petit où je m'empressai de faire venir ma Canadienne. Elle ne resta chez moi que quelques jours. Elle eut très vite la nostalgie des vastes étendues auxquelles l'avaient habituée les studios hollywoodiens et trouva que Paris, mon appartement et moi-même manquions d'air et de grandeur. Elle s'en alla un matin de bonne heure en me laissant pour tout souvenir une selle de cowboy et une paire de bottes mexicaines cloutées d'argent.

L'année suivante, Margot Howard de Walden écrivit ses mémoires. Le premier chapitre de son livre étant consacré à sa famille, elle énumérait longuement les vertus et les mérites des maris de chacune de ses filles. Heathcote Amory, proche parent du Chancelier de l'Echiquier, marié à Gaënor, était un financier de haute volée. James Lindsay, troisième fils de Lord Crawford of Balcarres, peignait des oiseaux avec un indéniable talent. Le troisième beau-fils, Georges Seymour était un descendant de Lord Byron et il habitait à la campagne une vaste et somptueuse maison bourrée de souvenirs plus ou moins grecs du poète. « Quant aux maris de mes deux autres filles, Elizabeth et Pip, écrivait Lady Howard d'une plume légère, ils sont morts tous les deux. Le premier, le comte Serge Orloff, dans un accident de voiture juste après la guerre. Le second, José Luis de Vilallonga, écrivain français d'origine espagnole, est décédé à Paris en 1959. » Pour Lady Howard je n'existais plus à partir de cette date. Je fus impressionné de voir sur les pages de son livre une petite croix noire à côté de la date présumée d'une mort qui me semblait pour le moins prématurée.

Peut-être faudrait-il maintenant que j'explique comment et pourquoi j'avais épousé la fille de Tommy et Margot Howard de Walden. Je crois avoir dit dans les premières pages de ce livre que j'avais convolé par pur snobisme. C'est un peu vrai et c'est un peu faux. En tout cas, seulement dans une certaine mesure. Si au lieu d'être Anglaise, de s'appeler Scott-Ellis et d'être la fille de Tommy Howard, 8e Baron Seaford, elle avait été Portugaise et s'était appelée Amalia Dos Santos Da Costa Campos Guimaraes Queluz, il est plus que probable que je n'aurais jamais convolé avec elle en justes noces. Mais l'Angleterre a toujours fasciné les Espagnols de bonne maison. C'était notre façon à nous de refuser l'existence du mal anglais. Notre duc d'Albe lui-même — pas l'ancien curé de maintenant, mais le père de l'actuelle duchesse —, lorsqu'il voyageait à l'étranger, se faisait toujours appeler le duc de Berwick bien que son titre espagnol fût infiniment plus ancien. Snobisme, pur snobisme. Je me souviens d'avoir entendu mon père marmonner lors des grandes manifestations patriotiques demandant le retour de Gibraltar à l'Espagne : « C'est ça, prenons-leur ce caillou et qu'ils prennent en contrepartie le restant du pays, peut-être que les choses iront mieux ainsi... » C'est dans cet esprit-là — et dans la secrète croyance que les Anglais étaient en quelque sorte des êtres supérieurs — que les enfants de notre aristocratie furent élevés par des *nannies* londoniennes qui leur apprirent à parler avec l'accent cockney et à se laisser masturber par d'autres petits garçons. Plus tard, alors qu'ils étaient déjà des secrétaires d'ambassade, ils rêvèrent — comme moi — d'épouser d'impossibles fermières qui parcouraient à cheval le Buckinghamshire engoncées dans des casaques taillées par Huntsmann et chaussées de bottes signées par Loeb.

Je me suis donc marié par snobisme, mais aussi pour sauver ma peau, ou encore mieux, pour ne pas finir dans celle d'un Espagnol abreuvé de franquisme, châtré par la bigoterie du national-catholicisme et réduit en esclavage par une de ces terrifiantes Espagnoles à la croupe bondissante et à la cervelle de moineau. En somme, j'ai épousé mon Anglaise pour foutre le camp de ce pays qui me sortait par les yeux depuis qu'il était devenu la propriété agricole du sinistre nabot qui l'avait mis à feu et à sang pendant quatre trop longues années.

J'ai rencontré Pip Scott-Ellis pour la première fois pendant la guerre civile d'Espagne. Très précisément pendant l'assaut et la prise de la ville de Teruel.

Je parcourais la ville récemment conquise à la recherche de mon père dont le régiment avait pénétré dans Teruel à peine une demi-heure avant le mien. Autour de moi, c'était le chaos. Ruines encore fumantes, femmes en pleurs, vieillards perdus et, partout, grouillante, la soldatesque maure qui entrait et sortait des maisons abandonnées pendant les bombardements en emportant tout ce qui leur tombait sous la main. Des officiers hurlaient des ordres que personne n'écoutait. Des chiens faméliques fouillaient les décombres en disputant aux enfants abandonnés le moindre reste de nourriture. Penchées à la fenêtre d'un bordel, deux fausses blondes interpellaient à grands cris les soldats qui passaient. C'était partout le désordre, la saleté, la désolation.

Et tout à coup, je la vis. Une jeune femme, grande, blonde, aux yeux d'un bleu très clair. Elle portait l'uniforme blanc des infirmières et une longue cape bleu de nuit frappée à l'épaule d'une croix rouge. Appuyée sur le capot d'une ambulance, à l'ombre d'une église encore intacte, elle fumait une cigarette, indifférente à ce qui se passait autour d'elle. L'Angleterre dans toute sa gloire. Une vision réconfortante et irréelle.

Je m'approchai d'elle en lui disant poliment : « *Doctor Livingstone, I presume* (1) ? » Elle ne daigna même pas sourire. Elle fit simplement « non » de la tête. Elle me confessa plus tard ne pas avoir la moindre idée de qui était ce Livingstone. Lorsque je lui parlai du célèbre explorateur, elle haussa les épaules et murmura : « Oh... un de ces aventuriers... »

(1) « Le docteur Livingstone, je présume ? »

Comme je parlais un anglais plutôt correct et que j'étais rasé de près, elle m'invita à déjeuner sur le marchepied de l'ambulance. Elle tira de la malle arrière du véhicule un panier à pique-nique de chez Asprey's et m'offrit des sardines à l'huile, du corned beef américain et du très bon pain frais qu'elle me dit avoir acheté le matin même dans un village des environs. Elle produisit au dessert une Thermos de café et une bouteille de Johnny Walker. A ma grande surprise, elle concocta une sorte d'irish-coffee — la crème exceptée — qui me parut parfaitement buvable.

Nous nous découvrîmes plusieurs amis communs çà et là en Europe. Nous nous découvrîmes aussi un goût certain pour le même genre de musique avec une prédilection indéniable pour Cole Porter et Irving Berlin. Elle m'expliqua qu'elle buvait toujours du bordeaux rouge avec les huîtres et qu'elle adorait la période bleue de Picasso. Pour nous rassurer l'un l'autre, nous nous parlâmes de nos familles respectives. Nageant dans les mêmes eaux, nous nous sentîmes beaucoup plus à l'aise. Elle finit par admettre qu'elle préférait les juments aux chevaux lorsqu'elle chassait à courre.

Nous fûmes interrompus à plusieurs reprises par des déflagrations qui semblaient venir de derrière l'église. Elle eut un geste d'impatience et dit : « Ils sont vraiment assommants ! Ils ont déjà commencé à fusiller des gens... »

Ayant vidé la moitié de la bouteille de Johnny Walker, elle me fit savoir qu'il y avait à l'intérieur de l'ambulance deux couchettes très confortables. « Papa a tout fait refaire chez Daimler et il a insisté pour que j'y puisse coucher comme dans un vrai lit. » Les couchettes étaient en effet aussi larges que celles d'un transatlantique en première classe. Nous y fîmes l'amour jusqu'au crépuscule. Comme toutes les Anglaises que j'ai connues, ma partenaire se dépensait avec hargne. Elles n'ont jamais très bien compris la différence entre le plaisir et la gymnastique.

Lorsque je quittai Pip Scott-Ellis la nuit était déjà tombée. Nous bûmes un dernier café et vidâmes la bouteille de whisky. « Appelez-moi quand vous viendrez à Londres », me dit-elle en agitant la main dans un geste d'adieu.

Je ne devais pas la revoir avant plusieurs années. Je gardai d'elle pendant longtemps un souvenir plutôt agréable. Elle parlait peu, mais elle le disait bien, elle ne transpirait pas pendant les ébats et elle ne ronflait pas en tombant dans le lourd sommeil que provoque parfois l'accès à des plaisirs trop aigus. Elle était loin d'être belle, mais elle avait en revanche le genre d'allure et de mouvements qui attire immédiatement l'œil du passionné de chevaux, animaux que je place, à côté des taureaux, parmi les plus beaux qui soient au monde. Je ne me suis jamais trompé sur une femme lorsque je l'ai jaugée en pensant à une jument. J'apprécie, chez les unes et chez les autres, les mêmes vertus et les mêmes mérites : courage devant l'obstacle, si imposant soit-il, résistance à la main trop dure de l'imbécile qui prétend jouer de la force pour imposer sa volonté, foi aveugle en son cavalier — où son amant — lorsque celui-ci la mène à bride abattue à travers un terrain dont lui seul connaît les dangers et le moyen de les éviter.

Cette apparente parenté — parfois spirituelle — entre la femme et la jument, est assez courante en Angleterre chez les filles de la *gentry* campagnarde qui ne se rendent à Londres qu'une ou deux fois par an et qui s'ennuient à périr dans les dîners, les cocktails et les théâtres. Elles ont en général des physiques interchangeables, comme il arrive souvent avec les juments issues d'un même pedigree. Longs visages osseux, bouche mobile, une attitude souvent affaissée au repos, mais qui s'anime et devient vivace dès qu'elles amorcent le moindre petit trot, voire une simple promenade sur les terrains couverts de mousse qui entourent d'habitude le château familial. Elles mangent pour vivre, boivent pour le plaisir, s'épanouissent par temps humide, sont sensibles aux voix et aux odeurs, aiment la compagnie des chiens et ont un penchant maladif pour le sucre sous toutes ses formes, ce qui les fait grossir sans entamer pour autant leur bonne humeur.

La guerre civile d'Espagne prit fin et l'autre, la Grande, commença à son tour, ravageant le monde et l'Europe à coups de mitraille et de démagogie. Je vécus ces années pendant lesquelles se jouait le sort du monde, plongé dans l'oppressante médiocrité d'un pays où il me fallut vivre parmi les vainqueurs dont j'étais.

Sautons donc dans le temps et arrivons à cette soirée de juin 1940 à Barcelone, où je fus invité à dîner chez l'éditeur Gustavo Gili. J'entrai dans le grand salon de la jolie demeure « isabelina » que mon ami possédait calle Fernando et la première chose qui attira mon attention fut le vaste chapeau en feutre noir d'une grande femme qui me tournait le dos, un verre à la main. Je m'approchai et la contournai, marchant sans le savoir sur un champ de mines. C'était Pip Scott-Ellis. En civil, cette fois.

Elle ne mit pas une fraction de seconde à me reconnaître. En bonne Anglaise qui a fait de la froideur une valeur éternelle, elle me sourit poliment du bout des lèvres. Mais ses yeux bleus s'obscurcirent et la main avec laquelle elle soutenait son verre de gin trembla légèrement.

— *Doctor Livingstone, I presume ?* demanda-t-elle avec un rire qui perlait au fond de sa gorge.

— Lui-même.

Nous allâmes nous garer dans un coin à l'abri des coups de coude et des salutations trop tapageuses. Nous parlâmes longtemps sur le ton de la confidence. Elle avait « fait » la Seconde Guerre mondiale du premier au dernier jour. Non, elle n'était pas encore rentrée en Angleterre. Elle avait atteint le grade de colonel dans l'armée polonaise du général Anders, elle était lieutenant chez les Français, elle avait traversé l'Afrique, combattu en Italie, et accompagné Leclerc en qualité de je ne sais plus quoi.

— Et maintenant ?

— J'ai été nommée — m'annonça-t-elle — attaché culturel au consulat britannique, ici, à Barcelone.

Attaché culturel. Après les armes, le feu et le sang, la culture est non moins dangereuse lorsqu'elle est dispensée aux innocents. La transition pouvait être intéressante. Et pour quelqu'un qui avait joué dans des pièces enfantines sous la direction d'un Max Reinhardt, qui était monté à califourchon sur l'illustre dos de Hilaire Belloc, avait chanté à deux voix avec Noel Coward l'hilarante ballade de *Mrs. Robinson*, aidé sa mère à soigner pendant les week-ends les terribles gueules de bois d'Augustus John avec force tasses de café salé et qui s'était endormie, pratiquement au berceau, en écoutant William Somerset Maugham lui raconter les invraisemblables aventures d'Ashenden, c'était tout à fait dans l'ordre des choses. Harold Farqhuar, le maître-espion qui dirigeait le consulat général, serait ravi d'avoir sous ses ordres la fille d'un vieil ami dont les chevaux de course lui avaient fait gagner autrefois pas mal d'argent. L'honorable Priscilla Scott-Ellis s'installa donc dans son bureau avec vue panoramique sur la Plaza Urquinaona, avec la ferme intention de prouver aux catalans — pour la plupart des germanophiles enragés — que le théâtre de Priestley pouvait être aussi ennuyeux que celui de Martin Walser, mais qu'en revanche le whisky écossais qui arrivait au consulat par la valise diplomatique était moins nocif pour la santé que les acides vins du Rhin que les Allemands offraient lors de leurs dangereuses réceptions dans les salons du Ritz. Priestley resta un inconnu pour les Catalans mais le Johnny Walker dont Lady Farqhuar abreuvait les invités aux cocktails de fin de semaine dans son horrible maison-musée de Sitges eut le succès qu'il méritait par ces temps d'austérité.

Je revis Priscilla Scott-Ellis le lendemain de cette première rencontre, ainsi que le surlendemain et, pratiquement, tous les jours qui suivirent. Six mois plus tard, je l'épousais. Après un court voyage de noces qui eut pour but ultime le Palace d'Estoril, nous quittâmes donc le Portugal dans un vieil avion à hélices par un matin gris et pluvieux — les anges devaient chanter des *fados* derrière les nuages — alors que la guerre devait ravager l'Europe pendant de longs mois encore. Des amis vinrent nous dire adieu à l'aéroport de Lisbonne avec des mines déconfites. Plusieurs avions de passagers se rendant en Angleterre avaient été abattus par les Allemands dans les dernières semaines et nous savions tous les risques que nous prenions en nous lançant dans cette aventure. Lorsque le vieil avion s'éleva enfin dans le ciel, le Portugal devint encore plus petit qu'il n'était en réalité.

Nous laissions derrière nous trois mois d'une vie effrénée — et parfois dangereuse — parmi des gens de tout acabit qui essayaient de quitter l'Europe par n'importe quel moyen. C'étaient pour la plupart des hommes et des femmes désespérés qui avaient perdu en quelques jours tout ce qui pouvait les rattacher encore à leurs pays d'origine. Juifs d'Europe centrale pourchassés par les bourreaux à croix gammées, Hongrois, Polonais et Roumains fuyant les hordes de Staline, Italiens en rupture de ban avec le régime fasciste, Français cherchant à rejoindre l'Afrique du Nord, ou plus simplement Londres, où se trouvait de Gaulle. Tous sans un sou en poche, vivant de ce qu'ils pouvaient vendre encore aux usuriers portugais qui s'enrichissaient.

On apprend beaucoup sur les êtres humains lorsque ceux-ci se trouvent brutalement plongés dans la détresse. La guerre avait ruiné et déraciné — sans espoir de retour — des gens qui connaissaient l'opulence et la richesse depuis des générations. Et il n'y a rien de plus pathétique, de plus désemparé — ni d'aussi méchant et d'aussi égoïste — qu'un homme riche qui se retrouve — injustement, croit-il — en état de pauvreté extrême.

« L'habitude de la pauvreté, me disait un soir un gros propriétaire terrien yougoslave, doit la rendre, par la force des choses, presque acceptable. Mais la pauvreté qui vous saute à la gorge sans crier gare, est tout à fait intolérable ! » On entendait souvent des phrases semblables, à Estoril. Je comprenais enfin ce que signifiaient réellement des expressions comme « panier de crabes » ou « nid de vipères ». Il n'y a pas de meilleurs mots pour décrire cette charmante station balnéaire devenue à la fin de la guerre le rendez-vous de tous les nouveaux pauvres de l'Europe.

On y voyait des drôles de choses. Un Rothschild autrichien buvant son café à crédit au bar du Palace. Le comte Dino Grandi di Mordano, l'ancien ministre des Affaires étrangères qui avait voté au Grand Conseil la chute de Mussolini, allant au marché déguisé en miséreux. Un prince Esterhazy — seigneur de milliers d'âmes — déjeunant d'un mauvais sandwich sous le regard d'une douzaine de bourgeois portugais qui se gavaient de langoustes. Le richissime Geza Pejachevitch comptant les sous qui lui manquaient pour prendre l'autobus de Lisbonne. Et ainsi de suite...

Certains — peu nombreux — prenaient les choses avec une bonne humeur apparente. La merveilleuse Ericka Hoyos bradait ses bijoux pour des clopinettes puis dansait — désespérément — jusqu'aux premières lueurs de l'aube. Les quatre sœurs Gabor — inconnues à l'époque — cuisinaient dans leur chambre d'hôtel, sous l'œil vigilant de Bijou Gabor, leur mère, de succulents goulashes que leurs invités payaient aux prix pratiqués chez Maxim's. J'ai vu échanger une tabatière en or de chez Fabergé contre un lit où passer une heure avec la femme de quelqu'un d'autre et vendre l'alliance de l'épouse morte pour s'acheter une bouteille de cognac et se saouler jusqu'en perdre connaissance. Tout le monde semblait vivre le dernier jour de sa vie. Ayant perdu leur pouvoir économique, les nouveaux pauvres avaient perdu leur raison d'être. Seuls quelques fous et quelques optimistes ne s'en rendirent pas compte.

— A quoi penses-tu ? me demanda ma femme.

Je fis semblant de ne pas l'avoir entendue. A quoi bon lui répondre. En bonne Anglaise qu'elle était, elle n'avait que du mépris pour les vaincus.

Le commissaire de bord nous offrit encore un whisky en s'excusant de nouveau de ne pas nous servir de glace. Je remarquai avec une certaine inquiétude que ma femme vidait son verre d'un trait avec l'air d'un Socrate avalant sa ciguë. Les trois verres qu'elle avait déjà bus coup sur coup auraient dû la plonger dans une douce béatitude. Il se passait exactement le contraire. Je me dis qu'après tout c'était bien dans l'ordre des choses. Elle avait quitté l'Angleterre sept années auparavant. Elle avait pris part à deux guerres dont tout a déjà été dit. Elle avait conduit une ambulance sur les fronts espagnols. Elle avait été promue au grade de colonel polonais par le général Anders sur je ne sais plus quel champ de bataille. Un autre général, français celui-là, s'était entiché d'elle au point de la nommer aide de camp féminin dans son état-major. Elle était revenue en Espagne pour prouver aux Catalans que l'Intelligence Service anglais ne s'occupait que de culture. Elle avait été sur le point d'être assassinée par des agents allemands qui la croyaient en possession de secrets dont elle n'avait pas la moindre idée. Elle avait quitté sa famille, jeune célibataire de vingt ans et elle revenait aujourd'hui à la maison mariée à un Espagnol dont Lord et Lady Howard ne savaient que ce qu'elle avait bien voulu leur raconter dans des lettres dont la moitié n'était jamais parvenue à destination. Pour des parents anglais, épouser un étranger — latin de surcroît — c'est toujours une dégringolade dans l'échelle de valeurs britannique, une aventure aux conséquences malheureusement trop prévisibles car on ne prévoit avec lucidité que les désastres. Objectivement, ma femme avait de quoi être énervée.

Le commandant annonça par les haut-parleurs que nous allions atterrir dans dix minutes. On entendit des soupirs d'aise tout au long de la carlingue. Nous n'avions pas été abattus — comme ce pauvre Leslie Howard —, nous étions bien vivants et nous allions nous poser sains et saufs sur cette île qui était pour la plupart des passagers, dont ma femme, la terre bénie qui les avait épargnés du malheur d'être nés ailleurs.

Je me penchai sur Pip et lui demandai :

— Emue ?

Elle me regarda de son œil froid comme si je venais de proférer une obscénité.

— Fatiguée, simplement.

Elle était, comme toujours, claire et précise. Elle alluma une cigarette, laissa passer un temps et dit :

— Ne t'étonne pas trop si personne ne vient nous recevoir à l'aéroport.

Je restai sans voix quelques instants.

— Que veux-tu dire ?

Elle se força pour sembler naturelle.
— A cette époque de l'année, mes parents sont toujours au Dean Castle en Ecosse.
Je commençai à m'indigner :
— Mais enfin ! Ils ne t'ont pas vue depuis des années !
— Ils savent que je vais très bien.
— Mais, moi ? Ils ne me connaissent pas, moi ! Et ils n'auraient pas la curiosité de...
Elle coupa court :
— Les Anglais ne passent pas leur vie à regarder par les trous de serrure.
J'essayai de raisonner.
— Mais tes sœurs, tes quatre sœurs, elles sont aussi à la campagne ?
A son tour, ma femme s'impatienta :
— Même si elles avaient le temps de venir m'accueillir, ce dont je doute, comment sauraient-elles que j'arrive aujourd'hui en Angleterre ?
— Mais bon sang ! Tes parents, eux, le savent !
— Mes parents et mes sœurs — et je te rappelle qu'elles sont toutes mariées — ne vivent pas ensemble.
Et elle ajouta, comme s'il s'agissait d'un argument massue :
— Tout le monde habite des régions différentes. Papa et maman, l'Ecosse. Elizabeth, le Nottinghamshire. Bromwen et Gaënor, le Sussex et les Seymour ne quittent plus depuis des années leur maison dans le Somerset.
Je m'insurgeai de nouveau :
— Et le téléphone alors ? A quoi il sert le téléphone ?
Elle mit quelques secondes à répondre. Elle le fit après mûre réflexion. Lorsqu'elle parla — ce fut une sorte de hennissement — elle avait vraiment la gueule du favori qui vient de perdre le Grand National par la maladresse de son cavalier. Elle haussa les épaules et murmura, soudain très lasse :
— Oh... *After all you wouldn't understand...*
Je restai bouche bée. Elle avait bien dit ça ! « *After all you wouldn't understand.* » Ce qui voulait dire : après tout tu ne pourrais pas comprendre. Et elle avait appuyé sur le *you* avec un dédain qui lui sortait des tripes ! « You »,

le non-Anglais, l'étranger, le latin, le métèque, quoi ! qui ne comprendrait jamais que chaque Anglais est une île solitaire autour de laquelle on nous permet de nager, mais jamais d'aborder.

Ma femme avait raison. Personne n'était là pour nous recevoir. Pas de fleurs comme chez nous, pas de sourires, pas de baisers, pas de larmes. Pas d'exclamations, de cris de joie. Pas de tendresse. Pas d'amour. Rien que de la glace. De la glace que les Latins font flotter dans leurs boissons et les Anglais dans leurs entrailles. Thackeray a écrit : « Comme il est difficile de faire admettre à un Anglais qu'il a des sentiments !... »

Je mis plus d'une heure à passer à travers les différents services des passeports et des douanes. Je dus me séparer de ma femme — laquelle franchit superbement la porte réservée aux fidèles sujets de Sa Grâcieuse Majesté — pour aller prendre place dans la queue des étrangers sous le regard hostile des fonctionnaires qui devaient voir en chacun de nous, sinon un délinquant, tout au moins un espion en puissance. Je fus examiné, fouillé et palpé sous toutes les coutures.

— Quelle est la raison de votre venue au Royaume-Uni ? me demanda le préposé aux passeports.

— Voyage de noces.

— *What ?*

Il avait sursauté. C'était un petit homme roux au col crasseux et aux grandes oreilles qui remuaient, inquiètes, comme celles d'un lapin.

— Voyage de noces, répétai-je avec calme.

Le petit homme appela d'un geste son collègue le plus proche. Ils discutèrent tous les deux à voix basse pendant quelques instants sans cesser de me regarder. Puis le collègue m'interrogea à son tour :

— Où est votre femme ?

Je montrai du doigt la porte réservée aux fidèles sujets de l'Empire. Ils blêmirent de concert. Le collègue s'écria :

— Mais elle n'a pas le droit ! Cette porte est réservée aux...

— ... ma femme est anglaise.

Ils eurent l'air carrément effondrés. Une Anglaise qui

épouse un étranger en temps de guerre? Où va le monde!...

— Comment s'appelle votre femme?

Je le leur dis. L'effondrement dont ils faisaient preuve s'accentua.

Le fonctionnaire aux oreilles de lapin tamponna avec violence mon passeport et aboya :

— Au suivant!

— Bonne lune de miel, sir, me souhaita le collègue sur le ton d'une infinie tristesse.

Je retrouvai ma femme dans le hall de l'aérogare, entourée d'une montagne de valises. J'allais lui dire quelque chose de sarcastique à propos de l'accueil que les Anglais réservent aux *aliens*, lorsqu'un très vieux chauffeur en uniforme bleu marine s'approcha de nous la casquette à la main. Il s'inclina brièvement devant ma femme et d'une voix qui tremblait légèrement, il murmura :

— *Welcome home, Miss Priscilla* (1).

Non pas Mrs. de Villallonga, non. Miss Priscilla. Vierge et guerrière. Pourquoi pas mon colonel? me dis-je.

— Tomkins!

Le visage de ma femme s'était illuminé fugacement. Les joues du vieil homme rosirent. Il était évident qu'ils avaient tous les deux pas mal de choses à se raconter mais, naturellement, ils n'en firent rien. Tomkins remit sa casquette et annonça :

— Lord et Lady Howard vous attendent au Dean Castle, Miss Priscilla.

Le vieux chauffeur n'avait même pas daigné me regarder. Il appela un porteur qui se précipita sur nos bagages en tirant sa charrette.

— Nous partons donc en Ecosse? demandai-je à mon épouse le plus calmement possible.

— Oui.

— Maintenant?

— Oui.

— C'est à combien de kilomètres d'ici, l'Ecosse?

(1) « Bienvenue, Miss Priscilla. »

— Six cents, sept cents peut-être.

— Ne pourrions-nous pas rester à Londres au moins pour une nuit ?

Tomkins ignorant toujours mon existence, demanda d'un geste à ma femme de le suivre. Moi, je suivis ma femme.

— La plupart des hôtels de Londres sont réquisitionnés depuis le début de la guerre, m'expliqua Pip tout en marchant vers la sortie de l'aérogare, nous n'avons aucune chance de trouver des chambres libres en ville à moins d'avoir réservé des mois à l'avance.

— Mais pourquoi aller à l'hôtel ? Pourquoi ne pas nous installer pour la nuit chez tes parents ?

— Seaford House est occupée par les services de la Marine. Et d'ailleurs je n'ai pas l'habitude de m'installer chez mes parents sans en avoir la permission.

Elle pressa le pas vers les grandes portes vitrées et ajouta par-dessus l'épaule :

— Papa et maman nous attendent en Ecosse.

— Alors, il faut aller en Ecosse.

— *Exactly.*

Nous sortîmes du hall de l'aérogare à la suite de Tomkins et du porteur chargé comme une bourrique. La voiture nous attendait au bord du trottoir. C'était une antique et somptueuse Rolls-Royce noire et jaune des années 20.

— *My God!* soupira ma femme en la voyant. Vous l'avez donc empruntée au musée ?

J'appris que Lord Howard collectionnait plusieurs douzaines de voitures anciennes dans un musée privé qu'il avait construit dans la périphérie de Londres.

— Les deux autres Rolls, la Daimler de Lady Howard et les deux Jaguar ont été offertes par Lord Howard aux différents services de l'armée, expliqua Tomkins en ouvrant la portière de la superbe machine. Et il ajouta : Lord et Lady Howard n'ont gardé pour leur service personnel qu'une petite Austin et une MG de sport. Ils m'ont donné l'ordre d'emprunter celle-ci au... au musée pour vous emmener en Ecosse, Miss Priscilla.

— Elle est vraiment en état de marche ? m'inquiétai-je.

— Elle roule comme si elle venait de sortir de l'usine, répondit Tomkins en s'adressant exclusivement à Miss Priscilla.

L'intérieur de la voiture était tapissé de velours bleu de nuit frappé çà et là aux armes du 8e Baron Seaford, mon beau-père. De chaque côté des portières il y avait un porte-bouquet contenant des roses fraîches et, encastré dans le panneau en bois verni qui nous séparait du conducteur, j'aperçus un bar comprenant, outre les trois gros flacons en cristal taillé — sherry, whisky et gin —, deux boîtes de cigares — un miracle par les temps qui couraient ! — et un carton de cigarettes Muratti. Juste au-dessus du bar on avait agencé une petite bibliothèque où étaient disposés plusieurs livres soigneusement reliés en cuir rouge. Le Gotha dans son édition 1843-1940, les sonnets de Shakespeare, un recueil des maximes d'Oscar Wilde, deux romans de Willy Maugham et un manuel du parfait pêcheur de saumon. Soigneusement pliés derrière nos têtes se trouvaient deux plaids écossais et deux petits oreillers de voyage. Sur le siège arrière de la Rolls où nous prîmes place, je découvris une couverture en vigogne dont nous nous empressâmes d'envelopper nos jambes.

— Je vous ai apporté quelques revues pour le voyage, Miss Priscilla, dit Tomkins en tendant à ma femme le *Tatler's* et plusieurs exemplaires de *Punch*.

— Tomkins, ce monsieur qui est avec moi est mon mari, se décida à dire enfin ma femme.

— *Pleased to meet you, sir* (1), dit Tomkins sans daigner me regarder.

Pip alluma une cigarette, se servit un verre de gin et ordonna :

— *Let's go, Tomkins* (2).

L'antique véhicule s'ébranla avec un bruit de soie caressée par la main d'un ange. Le voyage fut un

(1) « Enchanté, sir. »
(2) « En marche, Tomkins. »

cauchemar mais j'en garde encore aujourd'hui le souvenir d'une aventure merveilleusement enrichissante.

Nous aurions dû normalement couvrir les six cents ou sept cents kilomètres qui nous séparaient de l'Ecosse en une seule journée de voyage. Mais soixante-douze heures plus tard nous étions encore loin d'être arrivés à destination. Le voyage dura trois jours et trois nuits que je n'oublierai jamais. La Rolls dépassa rarement les cinquante kilomètres à l'heure. En partie parce que les routes étaient dans un état vraiment détestable, mais aussi parce que Tomkins était convaincu qu'une Rolls doit être conduite avec dignité, c'est-à-dire lentement, avec pompe et mesure. D'autre part, notre chauffeur, qui frôlait de près sa soixante-dixième année, avait besoin d'un court repos a peu près toutes les deux heures.

Nous avions quitté l'aéroport de Londres sous une pluie battante. Il faisait un froid d'enfer et très vite le brouillard nous enveloppa comme dans l'un de ces vieux films où mon ami Christopher Lee mord le cou des jeunes filles trop confiantes. La Rolls roulait littéralement au pas. Tomkins, outrageusement penché sur le volant, le nez contre le pare-brise, cherchait à deviner ce qui se passait à quelques mètres devant le capot de la voiture. Au bout d'un moment, même ma femme s'en inquiéta.

— Tomkins, voulez-vous que mon mari prenne le volant ?

Je compris qu'un long frisson parcourait l'échine du vieil homme. Un étranger au volant de sa Rolls ? Et quoi encore ?

— Miss Priscilla, vous n'y pensez pas !

Non, elle n'y pensait pas vraiment. Elle me regarda et s'excusa d'un sourire qu'elle voulut complice, mais qui n'exprimait rien.

Le brouillard s'éclaircissait, puis s'épaississait de nouveau, selon que nous traversions des vallées ou grimpions des collines. Au bout d'une soixantaine de kilomètres, Tomkins rangea la Rolls sur le bord de la route et se retourna sur son siège.

— Miss Priscilla, j'ai besoin de fermer les yeux quelques instants.

— *Of course,* Tomkins. Faites donc.

Le chauffeur laissa aller sa tête en arrière et s'endormit aussitôt. Une minute plus tard il ronflait avec une admirable discrétion. Lorsqu'au bout d'une bonne heure je proposai de le réveiller, ma femme m'en empêcha.

— Laisse-le dormir tranquille. A son âge, il ne faut pas trop lui en demander.

Tomkins dormit une heure d'affilée. Ma femme m'apprit qu'avant d'être chauffeur il avait été cocher d'élite et qu'il n'avait pas son pareil pour conduire des attelages de six chevaux.

— Quel homme pratique.

Mais ma femme était aussi imperméable à mon ironie que je l'étais, moi, au respect que l'on doit aux vieux serviteurs qui refusent de prendre leur retraite. Tomkins piqua un deuxième roupillon cent kilomètres plus loin. La nuit était noire et j'avais perdu toute notion du temps. Avant de s'endormir, Tomkins nous proposa gentiment de manger quelque chose. Nous acceptâmes avec joie. Tomkins descendit de voiture en ouvrant la portière du côté d'un précipice où il manqua de disparaître et déploya sur la table pliante du bar tout ce qu'il trouva à l'intérieur d'un panier à pique-nique astucieusement dissimulé sous notre siège. Décidément, la vie de ma femme — tout au moins lorsqu'elle se trouvait avec moi — était jalonnée de paniers à pique-nique. Tomkins disposa devant nous une grande boîte de foie gras, du fromage soigneusement enveloppé dans du papier d'argent, plusieurs ailes de poulet froid, des croquettes de saumon, du jambon d'York et une bouteille de sauternes qui remontait aux années où était née la Rolls. Puis, Tomkins s'installa de nouveau derrière son volant et s'endormit sans faire plus de manières.

Nous dînâmes aux chandelles — une chandelle, pour être précis, que ma femme avait trouvée dans un coin du bar — en buvant le sauternes qui s'avéra être un très grand cru et en écoutant la pluie clapoter sur le toit de la voiture.

— C'est amusant, dit ma femme.

— Quoi donc ?

— Tout ça.
— Oui.
Après le café elle avala deux whiskys bien tassés et s'endormit à son tour pendant que j'allumais un Rey del Mundo parfaitement humidifié. Tomkins ronflait à l'avant, ma femme ronflait à l'arrière. C'était le moment de feuilleter le Gotha. J'appris que Lord Howard, 8e Baron Seaford, était le propriétaire de Seaford House, dans Belgrave Square, à Londres, du Dean Castle, près de Kilmarnock, en Ecosse, et de Chirk Castle, au Pays de Galles. Je découvris qu'il possédait, avec le Duc de Westminster, la moitié du centre de Londres, qu'il était le propriétaire d'une écurie de courses, de mines d'or en Afrique du Sud, d'une compagnie de navigation, la South American Saint Line, de grandes propriétés agricoles au Kenya, de journaux en Australie, etc. Maman pouvait être fière de moi. J'avais fait un beau mariage. Du moins je le croyais.
Je m'assoupis à mon tour, les pieds gelés, en m'efforçant de faire des beaux rêves. Lorsque je me réveillai plusieurs heures plus tard, la Rolls roulait toujours, silencieuse et altière, à travers une campagne où paissaient des vaches qui ne ressemblaient en rien à celles de mon pays. Elles auraient donné du thé au lieu de lait que cela ne m'aurait pas étonné outre mesure.
— Du café ? me proposa Pip.
— Oui, merci.
Elle m'en servit une pleine tasse. Le service était en porcelaine de Worcester et les cuillères en argent.
— Veux-tu un petit verre de cognac avec ton café ? C'est très bon pour le froid.
— Oui, pourquoi pas ?
C'était un armagnac d'une très grande qualité.
— D'où l'as-tu sorti ?
— Tomkins.
— C'est une perle, cet homme.
— Je sais.
Elle était pomponnée et fraîche comme une rose. Tomkins, lui, était rasé de près.
— Comment est-ce possible ?

— Quoi donc ? s'étonna-t-elle.
— Non, rien.
Cela dura encore deux jours et deux nuits. Nous dormîmes et nous bûmes sans jamais quitter la voiture. Les provisions de bouche semblaient être inépuisables. Au sauternes de la première nuit succédèrent des bordeaux aux jolis corps et des bourgognes non moins salubres. Les cigares de mon beau-père étaient excellents.
Nous ne nous arrêtâmes jamais devant les belles auberges — *The Horse and the Dragon, The King's Neck, The Elephant and the three Roses* — qui se succédaient le long de la route. Tomkins ne l'aurait pas permis. On lui avait donné des ordres. Miss Priscilla ne devait pas se mêler à n'importe qui.
Comment est-ce l'Angleterre lorsqu'on la parcourt en Rolls-Royce pendant trois jours et trois nuits ? C'est vert, c'est froid, c'est humide et c'est aussi ennuyeux que de se promener de long en large dans un jardin de banlieue.
L'Ecosse, en revanche, c'est mauve. D'un joli mauve délavé de carte postale. Tout est mauve. Le ciel et les nuages, la plupart des fleurs sauvages, les vieilles pierres, les joues des enfants transis de froid, les mains des femmes gercées par les lessives et les cernes sous les yeux des vieux gentlemen alcooliques.
Nous arrivâmes au Dean à sept heures de l'après-midi, après avoir traversé Kilmarnock, une petite ville provinciale affreusement triste, entourée de crêtes rocheuses couvertes d'une mousse, naturellement, mauve.
Dean Castle, un ancien couvent-forteresse dont l'Ecosse faisait état dans ses livres d'histoire, se trouvait au centre d'un parc de plusieurs hectares où les cerfs et les sangliers se donnaient rendez-vous la nuit venue pour aller boire l'eau cristalline et glacée des étangs artificiels. Les parcs écossais, que l'on aime laisser à l'état sauvage, ont souvent l'aspect d'une chevelure de femme qui aurait oublié d'aller chez son coiffeur depuis des mois.
Le Castle consistait principalement en une grosse tour carrée qui avait servi autrefois de prison royale. En guise de fenêtres, elle avait quelques meurtrières qui avaient

l'air de vieilles cicatrices. Deux ailes, plus modernes de plusieurs siècles que la tour, partaient l'une à droite, l'autre à gauche, couvertes de lierre roux d'un effet on ne peut plus romantique.

La Rolls s'arrêta devant une énorme porte en chêne bardée de clous en bronze. Tomkins s'empressa de tirer une chaîne qui pendait de la griffe d'un lion et un carillon résonna longuement à l'intérieur de la lugubre bâtisse. Il faisait nuit depuis quelque temps déjà et le vent ululait entre les branches des arbres immenses, toujours comme dans les vieux films de ce cher Christopher Lee. Après une attente qui me parut interminable, la porte s'ouvrit lentement en grinçant sur ses gonds et un très très vieil homme en livrée vert bouteille se précipita sur ma femme les bajoues tremblantes d'émotion.

— Oh... Miss Priscilla... Miss Priscilla...

Ma femme l'accueillit entre ses bras — autrement il serait tombé — sous l'œil réprobateur de Tomkins.

— Gordon... voyons... calme-toi !

Le vieil homme se mit à pleurer tout son soûl. De gros sanglots de fidèle serviteur d'autrefois. Je constatai, rassuré, que les Ecossais se laissent aller plus facilement que les Anglais au choc émotif des retrouvailles.

— Il m'a vu naître, tu comprends... murmura ma femme, émue malgré elle.

Tandis que nous pénétrions dans la maison — si toutefois l'on pouvait appeler cela une maison — derrière le pauvre Tomkins chargé de valises, le vieux Gordon expliqua en bégayant que Lord et Lady Howard étaient déjà couchés, et qu'ils nous verraient le lendemain au petit déjeuner. Je me sentis raidir de stupéfaction. Pip revenait chez elle après des années d'absence et ses parents n'avaient pas cru nécessaire d'être présents pour lui souhaiter la bienvenue ! On était loin des réceptions tribales auxquelles m'avait habitué l'Espagne.

Ma femme avait eu quand même un haut-le-corps.

Tomkins, qui s'en rendit compte, fit de son mieux pour arranger les choses.

— Ici, depuis le début de la guerre, nous nous couchons tous avec les poules. Le chauffage ne marche plus car nous ne disposons plus de charbon, ni du bois nécessaire pour allumer toutes les cheminées. Sans compter que nous n'avons que quelques heures d'électricité par jour. Alors, nous réglons nos horaires sur le soleil. C'est la seule façon, Miss Priscilla, de ne pas vivre dans le noir et de ne pas mourir de froid.

— Je comprends, soupira ma femme. A quelle heure le petit déjeuner, Gordon ?

— A sept heures, Miss Priscilla, dans la grande salle à manger. Miss Bromwen, Miss Elizabeth et Miss Gaënor sont arrivées hier au soir. Miss Bromwen avec son mari et Miss Elizabeth avec ses deux filles.

Tomkins n'était donc pas le seul, me dis-je, à vouloir ignorer la qualité de femmes mariées des filles de Lord Howard. S'apercevant de la tête que je faisais, Pip me présenta de nouveau dans les règles.

— Gordon, ce monsieur est mon mari. Vous ne devriez plus m'appeler Miss.

— Comment alors, Miss ?

Elle épela son nom de femme mariée en teintant le nom aux consonances latines d'un fort accent anglais. Tomkins et Gordon l'écoutèrent attentivement, après quoi ils dirent à l'unisson :

— Très bien, Miss.

J'étais tellement fatigué par le long voyage que je n'eus même pas la curiosité de regarder autour de moi alors que nous nous dirigions vers notre chambre à coucher précédés par le vieux Gordon qui tenait à bout de bras un chandelier en argent massif avec lequel il éclairait notre chemin.

A la lueur tremblante des bougies, l'intérieur du Dean me sembla sinistre. Des ancêtres suspendus aux murs nous regardèrent passer, la mine rébarbative. Pourquoi les ancêtres, quel que soit leur pays d'origine, sont-ils toujours des guerriers tenant à la main un bâton de maréchal ou alors d'affreux bonshommes obèses comptant des pièces d'or sous le regard hargneux d'un bouledogue qui leur ressemble ?

Notre chambre à coucher — Pip me raconta le lendemain que Bonnie Prince Charles y avait dormi une nuit alors que l'orage l'avait surpris chassant dans les parages — était aussi vaste qu'un hall de gare et aussi accueillante qu'une chambre à gaz. Le lit à baldaquin, immense, était à première vue inaccessible. Il fallait se servir d'un escalier en acajou à trois marches pour s'y jucher. Je n'avais jamais vu pareille salle de bains, aux proportions aussi démesurées que celles de la chambre à coucher, et où quelqu'un, saisi par le besoin frénétique d'aérer, avait laissé l'unique fenêtre grande ouverte. Dégoûté, je me couchai en gardant mes chaussettes dans des draps aussi raides qu'un suaire sibérien. Ma femme, elle, prit une douche froide et, vêtue d'une simple chemise de nuit, se mit à défaire les valises. La température polaire semblait être son élément naturel. Il est vrai que lorsqu'elle grimpa à son tour sur le lit, elle était aussi mauve que le reste de l'Ecosse.

J'avais l'impression de dormir depuis à peine dix minutes lorsque je sentis une main qui frôlait mon épaule tandis qu'une voix — celle de Gordon — murmurait à mon oreille :

— *Your tea, sir.*

Pour les Latins en général et pour les Espagnols en particulier, le thé est une boisson médicinale réservée aux seuls malades. Mais pour les Anglais, la première tasse de thé prise aux lueurs de l'aube — surtout si on l'agrémente d'un petit verre de gin, selon l'habitude de mon épouse — doit être considérée comme une source de vie et d'énergie. En tout cas, c'était bien la première fois que j'en buvais à six heures du matin. Cela me causa, outre le choc, une légère nausée.

Dans la chambre à coucher, le froid était plus intense que la veille de notre arrivée. Je me levai en grelottant et je m'habillai aussi promptement qu'un pompier appelé à éteindre un incendie. De la fenêtre de la salle de bains j'aperçus le parc qui émergeait lentement de la brume tandis que dans le ciel, au-dessus des arbres centenaires, le soleil — un pâle soleil lunaire — luttait sans espoir pour s'arracher aux nuages. J'enfilai mon pardessus en poil de chameau et me mis à faire les cent pas dans la pièce tandis que ma femme, toujours en chemise de nuit, se maquillait en prenant tout son temps.

— Nous allons être en retard, m'impatientai-je.

— Descends dans la salle à manger, je te rejoindrai dans quelques instants.

Elle m'indiqua le chemin à suivre :

— Tu prends le couloir sur ta droite jusqu'au portrait de l'amiral borgne avec un singe sur les genoux, puis tu tournes à gauche jusqu'à la panthère empaillée, tu parcours encore cent mètres, tu dépasses Henry VIII, tu tournes de nouveau à droite, tu traverses un petit hall tapissé de hallebardes et c'est juste la porte en face.

Je suivis au pied de la lettre l'itinéraire indiqué et je me retrouvai, en effet, devant une porte que je dus pousser à deux mains tant elle était lourde.

La salle à manger d'apparat du Dean Castle était, de toute évidence, l'ancien réfectoire des moines-guerriers. Une belle pièce d'une cinquantaine de mètres, au plafond voûté et aux murs en pierre grise. Il y régnait un froid terrible.

A l'autre bout d'une longue table en bois poli sur laquelle était disposée une invraisemblable collection de pièces d'argenterie Queen Anne, quelqu'un lisait le *Times*. Je m'avançai donc vers l'inconnu qui se cachait derrière le journal largement déployé. Mes pas résonnèrent sur les dalles en provoquant d'étranges échos. Arrivé à la hauteur du lecteur, je m'arrêtai. Lentement, le *Times* s'abaissa.

Derrière le journal il y avait un homme revêtu d'une armure. Une armure de joute, de celles que les experts appellent « des milanaises ». Il ne manquait à l'armure en question aucune de ses pièces. Tout y était. Le casque, la gorgière, la cotte de mailles, la cuirasse, les épaulières, les genouillères, les jambières, la brigandine, le lambrequin, etc. Même les mains qui soutenaient le *Times* portaient les gantelets qui protègent pendant la bataille les poignets qui soutiennent l'épée.

L'homme accoutré de la sorte était de courte taille et légèrement bedonnant. Il avait les joues couperosées —

c'était vraiment la seule chose que je voyais de lui — et portait des besicles à l'ancienne, cerclées d'or. Il rougit violemment en me voyant.

— *Good morning, sir,* dis-je, à défaut de quelque chose de plus intelligent.

L'homme — qui devait être un ancien d'Oxford — bafouilla élégamment :

— Vous... vous... devez être mon... mon nouveau gendre, *what* ?

— En effet, monsieur.

Mon beau-père bégaya de nouveau :

— *Have a cup of tea* (1).

Le *Times* remonta brusquement et Lord Howard de Walden disparut de ma vue. Je m'assis et me servis une tasse de thé. Et pendant quelques longues minutes nous restâmes tous les deux en silence, moi à boire l'insipide breuvage, lui à lire son journal.

La première à entrer à ma suite dans la salle à manger fut mon épouse. Tailleur en tweed écossais, souliers plats, pull de cachemire et trois rangs de petites perles. Bon chic, bon genre anglais pour les jours de pluie à la campagne. Elle s'approcha de son père à grands pas décidés.

— Hello, papa.

Le journal descendit de nouveau au ras de la table. Les yeux de l'homme en armure feignirent la surprise.

— Oh !... Hello, darling.

Pas de baiser, pas d'effusions. L'armure était l'obstacle idéal à tout laisser aller.

— Vous avez fait bon voyage ?

— Excellent, papa.

— Un peu long, peut-être.

— Trois jours.

Ma femme extirpa une minuscule brioche d'une énorme soucoupe en argent Georges III et la grignota du bout des lèvres.

— Ton mari est espagnol, n'est-ce pas ? lui demanda Lord Howard sans grande curiosité.

(1) « Prenez une tasse de thé. »

— Oui, papa.
— C'est ce que j'avais cru comprendre d'après tes lettres.
Puis, rougissant de nouveau, il s'adressa à moi.
— Vous avez quand même fini par la gagner.
— Quoi donc, monsieur ?
— Votre guerre.
— Ah... oui.
Lord Howard repoussa son journal, but un peu de son thé et murmura :
— Vous croyez aux guerres justes ?
— Non, monsieur.
— Moi non plus. Elles font progresser les arts et l'industrie, mais elles ne sont jamais justes.
Il se tut, réfléchit quelques instants et ajouta, morose :
— Winnie Churchill y croit, lui, aux guerres justes. Mais, naturellement, sa mère est américaine, what ?
La porte s'ouvrit et Lady Howard pénétra dans la salle à manger, faisant claquer sur les dalles ses bottes cloutées. C'était Pip en beaucoup plus grand, en beaucoup plus important. Yeux gris impénétrables, grand nez aquilin à la Van Raalte, poudre de riz sur les longues joues chevalines et cheveux d'acier aux reflets bleus.
Elle effleura la joue de sa fille d'un baiser imperceptible.
— Hello, darling.
— Hello, mamma !
— Bon voyage ?
— Excellent.
— Un peu long, sûrement.
— Trois jours et trois nuits.
— Il va falloir bientôt songer à remplacer Tomkins.
J'allais mentionner la vieillesse de la Rolls, lorsque deux femmes et un homme pénétrèrent en se pressant dans la salle à manger précédés de plusieurs chiens couleur de miel. L'homme, très grand, très beau, était en jodhpurs et blouson de daim. Il boitait de la jambe droite et son infirmité lui arrachait des grimaces de souffrance qu'il n'arrivait pas à dissimuler. Pip fit les présentations. Il s'agissait de sa sœur Elizabeth, veuve du comte Serge

Orlov-Davidov et de Bromwen et James Lindsay. Tout le monde prononça à mon égard des phrases inintelligibles qui se voulaient aimables.

Bromwen était une forte fille au visage rebondi couleur d'abricot. Elle avait des mains abîmées par le jardinage et riait joyeusement au moindre mot prononcé par son mari. « Donne-moi du thé », « Ha ! Ha ! », « Passe-moi le sucre », « Ha ! Ha ! ». Elizabeth, bien plus fine et sûrement beaucoup plus intelligente, avait un joli visage triste aux yeux cernés d'ombres. J'appris plus tard qu'elle jouait du violoncelle dans un orchestre reputé et qu'elle avait été fiancée pendant quelques mois au célèbre Piatigorsky, lequel, malheureusement, jouait beaucoup mieux qu'elle, ce qui, pour des raisons obscures, mit fin à leurs projets de mariage.

— Connaissez-vous Pablo Casals ? me demanda-t-elle par-dessus sa tasse pleine.

— Hélas, non.

— C'est le plus grand violoncelliste du monde.

— Oui, je sais.

— Beaucoup plus grand que Piatigorsky.

— Je n'ai jamais entendu jouer Piatigorsky.

Je m'étais fait une amie pour la vie.

Quelques instants plus tard, James Lindsay me demanda :

— Aimez-vous les oiseaux ?

Lorsqu'on pose cette question à un Espagnol, celui-ci pense « chasse » automatiquement. Il pense aussi « cuisine » et à la meilleure façon d'assaisonner perdrix, palombes, faisans et autres volatiles.

— Oui, répondis-je en toute bonne foi, je les aime légèrement faisandés — surtout les perdrix — et si possible, agrémentés d'un soupçon d'ail.

Un silence tomba, curieusement dense, autour de la table. Le regard soutenu que pointa sur moi James Lindsay avait des lueurs meurtrières. Je ne savais pas que depuis qu'il s'était fracassé une jambe en sautant en parachute, il était devenu illustrateur spécialisé dans les oiseaux, avec une très bonne cote chez les éditeurs.

L'atmosphère était à couper au couteau. Dieu merci, ce

fut le moment que choisit Gordon pour entrer dans la salle à manger, vêtu d'un kilt aux couleurs de la maison et jouant avec entrain de la cornemuse.

De tous les bruits que je connaisse, celui qu'émet une cornemuse est pour moi le plus désagréable. Gordon — j'imaginai qu'il s'agissait d'une vieille habitude — se mit à tourner lentement autour de la table — étant donné la longueur de celle-ci, chaque tour prenait une bonne dizaine de minutes — en jouant des airs qui sonnaient tous pareils à mes oreilles, mais qui semblaient ravir celles de Lord Howard. A plusieurs reprises, mon beau-père ordonna :

— De nouveau, Gordon, encore une fois...

Cela dura une bonne demi-heure. Gordon parti, la conversation reprit son train-train. On parla un peu de tout. D'un bal au Dorchester en l'honneur d'un maharadja qui avait offert à l'Angleterre un canon antiaérien en argent massif, d'un rhume que le roi traînait depuis plusieurs semaines, du dernier discours de Winnie Churchill « outrageusement démagogique », signala Lady Howard et des noms qu'il fallait donner aux six petits chiens nés la veille au soir dans les écuries du château. Mais personne ne me demanda à aucun moment ni qui j'étais exactement, ni d'où je sortais, ni quels étaient mes projets d'avenir... Rien. Je me suis souvent demandé si ce manque de curiosité, si cette pudeur maladive que l'on admire tant chez les Anglais, ne seraient après tout que de la pure — et méprisante — indifférence, car je soupçonne que rien n'intéresse moins un Anglais, rien n'éveille moins sa curiosité, que de savoir ce que pense ou peut sentir un étranger. Et j'en étais un.

Observateur de moi-même pendant quelques instants, je me vis — ce qui me mit au bord du fou rire — assis à cette table qui croulait sous l'argenterie, mais où il n'y avait pratiquement rien à manger, entouré de ces doux dingues — dont l'un portait une armure de bataille et l'autre des bottes propres à attaquer l'Anapurna —, bercé par les plaintes aigres-douces d'un instrument qui a le don de mettre mes nerfs en pelote.

Je réfléchissais à ce que cette situation avait d'absurde,

lorsque je sentis posé sur moi le regard de ma belle-sœur Elizabeth. C'était un regard amical et complice qui pouvait signifier : « Mon pauvre vieux, dans quel guêpier êtes-vous venu vous fourrer... »

Sur ce, Lady Howard se tourna vers moi, l'air avenant.

— A propos... comment dois-je vous appeler ?

— José.

— Don José ?

— Non. José.

— Dommage. J'aimais bien l'idée d'avoir un Don José pour gendre.

Je ris poliment. Elle se versa une tasse de ceylan d'une théière en argent massif qu'elle dut soulever à deux mains et s'enquit :

— Avez-vous eu assez de couvertures cette nuit ?

Pour toute réponse et sans le faire exprès, j'éternuai.

— Joli sens de l'humour, diagnostiqua ma belle-mère, souriante.

Quelques secondes plus tard elle me surprit à regarder son mari qui s'affairait maladroitement à tourner les pages du *Times* avec ses doigts bardés de fer.

— Oui, je sais... il adore les armures, murmura-t-elle condescendante et ravie de surprendre l'étranger ébahi que j'étais.

Gordon s'éclipsa, sa cornemuse s'essoufflant enfin sur une dernière et longue plainte. Nous nous levâmes tous de table et nous quittâmes la salle à manger à la suite de Lord Howard dont les pas retentissaient avec un bruit de ferraille sur les vieilles dalles brunies par le temps.

Lady Howard se retira pour faire son courrier et Pip monta dans sa chambre pour mettre de l'ordre dans ses armoires. Gaënor et Bromwen disparurent derrière les Lindsay suivis de leurs chiens. Je me demandais ce que j'allais devenir lorsque Elizabeth posa une main sur mon bras.

— Venez vous promener dans le parc avec moi, proposa-t-elle, compatissante.

Elle s'emmitoufla dans une cape de grosse laine et me conseilla de passer autour de mon cou une des nombreuses écharpes qui pendaient à une corne de rhinocéros dans le vestibule glacé.

Le parc, immense et lugubre, baignait encore dans la brume du petit matin.

— Il fera beau plus tard, s'excusa Elizabeth sur le ton d'une petite fille prise en faute.

Nous marchâmes en silence pendant quelques minutes.

— Vous êtes catholique, n'est-ce pas ? demanda soudain ma belle-sœur.

Je n'étais pas habitué à ce que l'on me parlât de religion d'aussi bon matin. Je répondis, avec un rien de désinvolture :

— Catholique ? Disons que je suis espagnol.

Elle me jeta un coup d'œil surpris.

— Je vous ai posé une question sérieuse, remarqua-t-elle d'une voix tendue.

— Je vous demande pardon. Oui, je suis catholique de naissance, mais agnostique par conviction.

Elle leva vers moi un petit visage à l'expression douloureuse.

— Moi, dit-elle, je suis devenue catholique au début de la guerre.

Elle souffla sur le bout de ses doigts gantés et ajouta :

— J'ai été élevée dans la foi des protestants. Je n'en ai jamais été satisfaite. Les protestants n'ont pas le sens de l'amour. Ils vous laissent seul face à face avec votre conscience. Il n'y a pas d'amour dans cette solitude. Les catholiques, avec tous leurs défauts, avec leurs papes souvent imprésentables, ont beaucoup mieux compris le message du Christ. Il nous a dit que l'amour est quelque chose qu'il faut apprendre jour après jour.

— Aimez-vous les uns les autres... C'est difficile.

— Oui, mais cela vaut la peine d'essayer.

Elle tourna dans une allée qui menait vers quelque chose qui brillait au loin et qui me sembla être la surface d'un petit lac artificiel.

— Vous savez, dit Elizabeth, je suis à moitié juive par ma mère. Le message du Christ est difficile à saisir par les « gentils ». C'est un message spécifiquement juif, il donne, par exemple, beaucoup d'importance à la sensualité, ce qui me semble logique car je ne crois pas que Jésus fût un être asexué. Il avait sûrement connu la femme. Il a été probablement marié. Il y a trop souvent d'évidentes pulsions sexuelles dans le tréfonds de ses paroles. Malheureusement, on a beaucoup compliqué son message au cours des siècles, un message qui était au départ d'une grande simplicité : aimez-vous les uns les autres.

— Simples comme le sont toujours les mots qui appellent à la révolution.

— Il parlait pour des gens sans aucune sorte d'éducation. Ses disciples n'étaient ni intelligents, ni cultivés...

— Judas, me semble-t-il, l'était.

— Peut-être. C'était le seul dans l'entourage de Jésus qui savait lire et écrire. Une sorte d'intellectuel, ce qui lui a beaucoup facilité la tâche au moment de trahir. Il fut peut-être aussi le seul à comprendre combien le message du Maître pouvait être dangereux pour l'ordre établi. Il a très vite compris que la dénonciation d'un tel danger pouvait se monnayer très cher. Moi, je n'ai jamais cru aux trente deniers. Judas a dû vendre Jésus pour beaucoup plus d'argent.

— Et puis il s'est pendu.

— Ce qui prouve que même les capitalistes ont une conscience.

Elle avait un rire gai et clair, innocent et chaleureux.

— Vous croyez vraiment à l'existence de Dieu ? lui demandai-je en la prenant par le bras.

— Je crois que Dieu existe dans tout ce que j'aime. Surtout dans la musique. Mozart, c'est Dieu. La voix de Chaliapine quand il chante la mort de Don Quichotte, c'est Dieu. Quand je joue du violoncelle, je suis presque Dieu...

Elle rit encore en écartant d'un geste la mèche folle qui tombait sur son petit front buté.

— Mais, vous savez, si j'assume l'existence de Dieu sans me poser trop de questions, c'est toujours à l'autre que je m'intéresse.

— A l'autre ?

— A Jésus, pas au Christ.

Je pris à peine le temps de réfléchir.

— Quelle différence existe donc entre Jésus et le Christ ?

Elle me regarda de nouveau sans prendre cette fois la peine de masquer sa surprise.

— Décidément, pour un catholique, même espagnol, vous ne semblez pas très versé dans la matière. La différence, dites-vous ? Mais elle me semble évidente. Jésus, c'est l'homme, le fils de Joseph, le menuisier. Le Christ, c'est Jésus « possédé » par Dieu. Lorsque Jésus dit : « Mon Père et moi nous sommes Un », il cesse d'être un simple mortel et devient le Christ.

Que pouvais-je dire ? Indifférent depuis toujours à toute question religieuse, à toute croyance, voilà que je me retrouvais soudain au fin fond d'un parc écossais aux côtés d'une belle-sœur jusque-là inconnue qui me parlait du Christ et de Jésus sur le ton de quelqu'un qui célèbre les vertus d'un couple d'amis très chers.

Elizabeth Orlov-Davidov accéléra le pas. Le petit lac artificiel reflétait sur ses eaux mortes les hauts sapins noirs qui l'entouraient.

— Pour un Juif, Jésus est quelqu'un de fascinant.

— Ce sont pourtant les Juifs qui l'ont crucifié.

— Ils l'ont tué parce qu'il sortait de l'ordinaire. C'était dans l'ordre des choses.

— Ah...

— Jésus est né Juif et les Juifs l'ont rejeté comme les Hindous ont rejeté Bouddha qui était lui-même Hindou.

— Et vous trouvez cela normal ?

— Je crois que l'explication est assez simple. La race juive est la plus réprimée qui soit. Les Juifs sont moralistes et puritains. Ils ont un profond respect pour la Loi. Leur héros national ce n'est pas Jésus, c'est Moïse. Il leur a donné des lois hors desquelles les Juifs ne savent pas vivre. Ils ont la passion de l'ordre peut-être encore plus que les Allemands. Tout ce qu'ils font, ils le font bien. Ce sont surtout des gens qui n'aiment pas être dérangés. Ils attendaient le Messie depuis la nuit des temps et lorsque le Messie est arrivé ils n'ont pas voulu y croire. Parce que cela les dérangeait. Dans leurs habitudes, dans leurs espérances. Ils étaient trop confortablement installés dans l'attente. Et puis voilà que Jésus est venu en apportant avec lui le chaos. Il nie ce qui est établi. Il met en doute le bien fondé des lois. Il prêche l'amour — cette folie ! — et donne à choisir entre le passé et la réalité, c'est-à-dire lui. Il dit aussi des choses terribles. Il dit : « Si tu te donnes à respecter la Loi, tu es un homme mort. Seul l'amour te fera vivre. » Il met tout sens dessus dessous. Les Juifs ne pouvaient réagir qu'avec violence. La violence qu'engendre la peur.

— Et ils le crucifièrent.

— Ils ne pouvaient agir autrement. Jésus n'était pas un des leurs. Il n'était ni prêtre, ni politicien, et pourtant il discourait en public entouré de pauvres de gens, d'ivrognes et de prostituées. Il leur parlait d'amour et de poésie. Il leur racontait qu'il fallait aimer la vie pour la vie, que l'amour était bien plus important que la Loi et que le succès ne valait pas la charité. C'étaient des mots difficiles à supporter par les gens en place, par ceux qui détenaient le pouvoir. Jésus les mettait au pied du mur. Il leur fallait choisir, leur disait-il, entre lui et la tradition. La tradition, pour les Juifs, c'était le commerce, le négoce, l'argent. Ils choisirent, naturellement, la tradition. L'homme moyen aime à vivre dans le passé. Le passé, c'est toujours quelque chose de solide, de bien établi. On investit beaucoup dans le passé. Mettre en doute le passé, c'est une aventure intellectuelle qui n'est pas à la portée de tout le monde. Pour beaucoup de gens, le changement, le futur, c'est la mort. Jésus niait le passé et la Loi. Il prêchait la poésie et l'amour. Et il se disait le fils de Dieu. Il fallait le tuer. Et ils le tuèrent.

Elle fit une pause et ajouta :

— Depuis, nous continuons à le crucifier un peu tous les jours.

Je frémis. Cela tournait au sermon. Mais, Dieu merci, elle n'alla pas plus loin. En bonne Anglaise qu'elle était, elle avait le sens de la mesure.

Nous contournâmes le petit lac d'un pas léger. Une barque peinte en blanc flottait abandonnée sur l'eau immobile. Elizabeth Orlov-Davidov m'avait conduit au-delà des confins du grand parc devenu une sorte de forêt de plus en plus épaisse.

— Vous n'avez jamais eu la foi ?

Elle avait pris le ton du bon docteur qui s'inquiète de vos maladies de jeunesse.

— Non, jamais.

— C'est curieux...

Je me rattrapai :

— J'ai dû croire en quelque chose lorsque j'étais enfant, comme tout le monde. Mais après une première année passée chez les jésuites, je me suis détaché à tout jamais de cette religion qui m'était imposée à coups de lieux communs.

— Comme c'est triste.

— Je n'en ai jamais souffert. Je n'étais ni pour, ni contre. J'étais tout simplement indifférent.

— L'indifférence, murmura Elizabeth, c'est un peu une façon de mourir avant l'heure.

Un nuage se déchira et je sentis sur mon visage la tiédeur d'un rayon de soleil.

— Où allons-nous ? demandai-je.

Elle ne répondit pas à ma question, mais m'en posa une autre.

— Vous ne priez donc jamais ?

Quand avais-je donc prié pour la dernière fois ? Je n'osai pas le lui avouer. Cela s'était passé dans un avion alors qu'en survolant Casablanca le commandant nous avait annoncé par les haut-parleurs que le train d'atterrissage était bloqué. Il me répugnait de mentir à Elizabeth. Je préférai tergiverser.

— Chaque fois que je vois quelqu'un prier je me dis : voilà quelqu'un qui a des problèmes. Quelqu'un qui a peur et qui demande une faveur. On prie pour garder l'amour d'une femme, pour sauver la vie de son enfant, pour avoir du succès dans ses affaires. On prie quand on est malheureux, jamais quand on nage dans le bonheur. Je dirais même que lorsqu'une personne est heureuse elle ne pense pas à Dieu.

— Peut-être parce qu'elle ne sait pas que le bonheur est en soi une prière.

— Peut-être.

Et j'ajoutai, tout en sachant que je tombais dans la plus banale des platitudes :

— En ce qui me concerne, ma religion c'est le bonheur.

Elle s'arrêta de marcher, plus surprise qu'intriguée :

— Vous êtes vraiment heureux ?

— Par moments, oui.

Sans me quitter des yeux, elle me demanda :

— Etes-vous amoureux de ma sœur ?

— Non.

Elle recommença à marcher, lentement cette fois, comme si elle comptait ses pas.

— Pourquoi l'avez-vous épousée ?

— Parce que je crois que nous pouvons être amis.

Et comme elle ne disait rien, j'expliquai avec un peu trop d'empressement :

— Et aussi, naturellement, parce que je l'aime bien.

— Le sait-elle ?

— Quoi donc ?

— Que vous l'avez épousée parce que vous l'aimez bien. Seulement parce que vous l'aimez bien.

— Je pense que oui. Nous n'en avons jamais parlé.

Elle s'arrêta de nouveau et de nouveau elle me regarda.

— Quel âge avez-vous ?

— Vingt et un ans.

Elle sourit imperceptiblement.

— Vous n'avez pas de religion et vous ne comprenez rien aux femmes. Vous en avez du chemin à parcourir !...

A quelques mètres devant nous, se dressait une petite construction en pierre de taille surmontée d'une croix très simple en fer forgé.

— Qu'est-ce que c'est ?

— Une chapelle. Ma chapelle. Je l'ai construite pour venir m'y réfugier lorsque je sens qu'il me convient de fuir.

— Fuir quoi ? Fuir qui ?

— Des gens malheureux comme vous.

Elle laissa échapper l'étrange petit rire auquel je m'étais déjà habitué et qui avait le don de rajeunir son joli visage bleui par le froid.

— Les gens malheureux, ajouta-t-elle, me font très peur.

— Ah bon... Pourquoi ?

— Parce que les personnes même très intelligentes deviennent, lorsqu'elles sont malheureuses, bêtes et méchantes. Et ce qui est pire, elles l'ignorent.

Elle sortit une grosse clef d'une de ses poches et ouvrit la porte de la chapelle.

— Venez, entrons...

L'intérieur de la petite construction était, malgré sa nudité, curieusement tiède et accueillante. Trois des murs blanchis à la chaux étaient vides, mais sur le quatrième, là où aurait dû se trouver l'autel, j'aperçus dans un cadre doré une copie assez médiocre d'une vierge atomique de Dali.

La chapelle était totalement vide, à l'exception d'un banc posé contre le mur, d'un vieux fauteuil en osier, d'un tabouret de pianiste et d'un grand violoncelle posé par terre dans son étui.

— Et maintenant, dit Elizabeth Orlov, nous allons prier.

Je protestai, vaguement agacé :

— Je ne sais pas prier !

— Mais si, vous verrez...

Elle prit le violoncelle avec des gestes d'une grande délicatesse, s'assit sur le tabouret et m'invita d'un geste à m'installer sur le banc placé en face d'elle.

Le premier son qu'elle tira de son instrument me transporta. Son violoncelle — j'avais rarement vu un aussi bel objet — était probablement un instrument d'un prix incalculable. J'appris plus tard qu'il avait été fabriqué à Crémone, au XVIIIe siècle, par Antonio Fioravanti et que c'était un cadeau que lui avait offert son père le jour de son mariage avec Serge Orlov-Davidov.

Elle jouait d'une main ferme et sensible — c'est avec une main comme la sienne que l'on mène avec bonheur un cheval sur l'obstacle —, les yeux fermés, le visage crispé par l'effort intérieur, son profil devenu aussi aigu et précis que celui d'un oiseau de proie. Je reconnus le *nicht schnell* du *Concerto pour violoncelle et orchestre en la mineur*, op. 129, de Schumann. Le deuxième mouvement, très lent, sous forme de *romanza*, dévoila la maîtrise de la musicienne. Lorsqu'elle attaqua un peu plus tard le *finale*, j'avais compris ce que « prier » signifiait dans la bouche de ma belle-sœur Elizabeth.

Lorsque le silence se fit, elle resta un long moment immobile, l'archet posé en travers de ses genoux. Puis, elle se tourna vers moi, très pâle, et soupira :

— Vous voyez comme c'est facile...

Lentement, sans lâcher son instrument, elle se leva.

— Allons faire le tour du lac et puis rentrons à la maison.

Elle rangea soigneusement le violoncelle dans son étui et me demanda de lui poser sa cape sur ses épaules.

— Vous jouez merveilleusement.

— Dans quelques années je jouerai beaucoup mieux. Le sentiment, sans la technique, ça ne donne jamais grand-chose...

Nous sortîmes de nouveau dans le parc. Un soleil prudent et maladif brillait sporadiquement parmi les nuages. Nous contournâmes le lac dans le sens contraire à celui de notre arrivée. Au coin d'une allée forestière, trois chevaux au galop nous dépassèrent. C'étaient les Lindsay suivis de Gaënor Heathcote-Amory sur une jument rouanne. Elizabeth les regarda s'éloigner avec ce qui me sembla être un soupçon d'envie.

— Vous ne montez jamais avec vos sœurs ?

Elle posa sur moi son regard bleu et sourit du bout des lèvres.

— Rarement. Il m'est assez difficile de prier à cheval...

Je m'aperçus soudain qu'elle était très belle. Je me dis, bêtement, que je m'étais peut-être trompé de sœur. Comme si elle avait deviné ma pensée, elle me prit par le bras en disant :

— Allons, venez, je commence à avoir vraiment froid.

Elle pressa le pas et ajouta :

— J'ai toujours froid lorsque je m'arrête de jouer.

Nous marchâmes dix bonnes minutes sans plus parler ni l'un ni l'autre. J'avais soudainement la curieuse impression de connaître Elizabeth Orlov depuis toute une vie. Une sorte de secrète complicité m'attachait déjà à elle. Nous avions « prié » ensemble, elle en jouant de son violoncelle, moi en l'écoutant presque sans respirer. L'Ecosse devenait de moins en moins inhospitalière. Je m'amusais.

La brume s'était levée et le soleil s'ouvrait enfin un chemin dans le ciel hostile. Le parc transformé en redoutable forêt aux alentours du lac redevenait petit à petit civilisé. Des fleurs aux couleurs chatoyantes égayaient çà et là les arbustes taillés en forme d'animaux héraldiques. Le gazon se transformait sous mes pas en moelleuse moquette. Le Dean Castle apparut au bout d'une longue allée semée de gravier rose.

Soudain, j'entendis distinctement — et plusieurs fois répété — un cri qui déchirait l'espace au-dessus de nos têtes. Je reconnus avec effroi le hurlement lugubre des Walkyries célébrant la sombre gloire du Walhalla wagnérien. Il n'y avait pas à s'y tromper. Enfant — je devais avoir à peine huit ans — ma grand-mère Castellvell me traînait deux fois par semaine aux matinées de l'Opéra de Barcelone dès que la *Tétralogie* inaugurait la saison d'hiver. Je m'y étais morfondu trop souvent pour ne pas reconnaître d'emblée le sinistre ululement qui me donnait autrefois la chair de poule.

— Qu'est-ce que c'est que ça ?

Elizabeth Orlov haussa les épaules sans cesser de marcher.

— Rien. C'est maman qui nous annonce le déjeuner.

J'appris ainsi que chaque jour, à midi précis, Lady Howard montait sur les toits du Dean Castle et rameutait les membres de sa famille épars sur les quelques centaines d'hectares qui entouraient le château.

J'émis une opinion absolument idiote :

— Elle a une voix extraordinaire !

— Oui. Elle est, dit-on, la plus grande chanteuse amateur de l'Angleterre. En tout cas, Furtwängler la réclame chaque fois qu'il vient diriger du Wagner à Covent Garden.

Je m'étais marié avec quelqu'un dont la famille sortait de l'ordinaire.

Nous restâmes ma femme et moi au Dean Castle pendant encore deux longues semaines. Deux semaines pleines d'imprévus et de surprises plus déconcertantes les unes que les autres. Je m'habituai assez vite à l'insipide nourriture anglaise, aux immondes *jellies* couleur violine, aux feux de cheminée qui vous brûlaient le visage et aux fenêtres toujours grandes ouvertes qui vous glaçaient le reste du corps. Mais je m'habituai beaucoup plus difficilement aux inquiétantes étrangetés de ma belle-famille. Elizabeth Orlov exceptée — je me demande encore si je n'étais pas tombé vaguement amoureux d'elle — je n'eus que très rarement l'occasion d'échanger quelques mots avec ses sœurs et plus rarement encore avec le taciturne et mélancolique James Lindsay. Mes courts dialogues avec Bromwen et Gaënor — de préférence à l'heure du petit-déjeuner — versaient sur des thèmes aussi passionnants que le temps, temps qui était d'ailleurs toujours « *a lovely weather* (1) » surtout lorsqu'il pleuvait des cordes. Je garde de ces deux belles-sœurs le souvenir de deux femmes laides et platement ennuyeuses dont l'une s'occupait avec efficacité des finances du Parti Liberal local et l'autre de l'éducation spartiate de deux fils aux grandes mains rouges et au regard bovin que les Lindsay destinaient, par tradition, à la carrière militaire. L'aîné est aujourd'hui un général à la retraite et le cadet toujours colonel au *Black Watch*, un régiment écossais suprêmement distingué.

Les deux sœurs avaient un net penchant pour les *pink-gins* et la croyance profondément ancrée que l'adultère, lorsqu'il est pratiqué entre gens de bonne compagnie, ne tire jamais à conséquence. Je dus donc éviter à deux reprises — la première fois dans la bibliothèque du château et la deuxième dans la remise des jardiniers — des situations qui auraient pu mettre en péril immédiat le déjà fragile équilibre de mon mariage.

Lord Howard — que je n'appelais pas encore Tommy

(1) « Un temps superbe. »

— méritait à lui seul le livre que je m'étais promis d'écrire un jour. Il n'adressait pratiquement jamais la parole à sa femme ni à ses filles. C'est à peine s'il les regardait. Quant aux autres membres de sa famille — beaux-fils, nièces et neveux — il ignorait simplement leur existence. Ce n'était pas un méchant homme, loin de là. Il était simplement très malheureux. Depuis de longues années il était éperdument amoureux d'une femme mariée et mère de six enfants qui habitait un immense et illustre château des environs. Il ne la voyait que de temps à autre, lors d'un baptême ou d'un mariage qui réunissait sous un unique toit les quelques voisins appartenant à la même caste. Lorsqu'il mourut entre les bras de sa femme quelques années plus tard, il prononça plusieurs fois à haute et intelligible voix le nom d'Atalanta, son vieil amour impossible auquel il fut fidèle jusqu'à son dernier soupir. Il mourut à soixante-douze ans des suites d'une opération du foie que ses médecins n'eurent pas le courage de pratiquer. « Nous ne pouvons pas l'opérer — expliquèrent les médecins à Lady Howard — car les analyses que nous lui avons faites révèlent que son sang est devenu à quatre-vingt-dix pour cent de l'alcool pur ». Les grandes marques de whisky se firent représenter aux funérailles de Lord Howard par tous leurs présidents sans exception, flanqués de leurs plus gros actionnaires.

Pendant mon séjour au Dean Castle, mon beau-père ne quitta son armure qu'à l'occasion d'une visite protocolaire que lui rendit un évêque anglican de passage dans la région. Autrement, bardé de fer de la tête aux pieds, il avait toujours l'air d'être sur le point de partir en guerre. Je remarquai très vite qu'il possédait deux sortes d'armures. Celles qu'il revêtait le matin étaient d'une grande simplicité, sans ornements, ni fioritures. Mais celles qu'il mettait le soir pour dîner étaient vraiment splendides, bellement ouvragées et brillant toujours de mille feux. Il en avait une — sortie, m'expliqua-t-il, des ateliers florentins du Pisanello — qui avait appartenu à François Ier, roi de France et qu'il avait payée une fortune à Madrid où le monarque français avait été longuement emprisonné. Pip, que ce goût médiéval de son père pour les armures semblait agacer prodigieusement, me raconta qu'il en possédait une centaine dont la plupart auraient eue leur vraie place dans un musée.

Une fois par mois, Lord Howard s'enfermait dans l'armurerie du Dean avec un jeune valet et là, des heures durant, il polissait à l'aide d'un mystérieux produit provenant d'Allemagne, chaque cotte de mailles, bouclier, casque, gorgerin, tassette ou lambrequin sur lesquelles il découvrait la moindre trace de rouille.

Un matin que je parcourais à bicyclette avec ma femme le long couloir voûté qui traversait en diagonale le château, nous passâmes devant une porte fermée derrière laquelle quelqu'un tapait à grands coups de marteau sur ce qui me sembla être une enclume. Ma femme s'empressa de satisfaire ma curiosité.

— C'est Angus MacPherson, le maréchal-ferrant de Kilmarnock qui prend des mesures sur papa pour une nouvelle armure.

Lady Howard, elle, installée devant un beau bureau Louis XV digne d'un Premier ministre, écrivait chaque jour son courrier à longueur de matinée. Elle recevait, en réponse aux siennes, des lettres du monde entier. Elle avait des amis un peu partout — écrivains, diplomates, politiciens, acteurs, grands financiers internationaux — auxquels elle aimait à prodiguer par écrit toute sorte de conseils et, parfois, des remontrances. Elle écrivait longuement, aux directeurs des différents journaux qu'elle lisait chaque matin de la première à la dernière ligne. Le *Times* était depuis des années sa cible préférée. Elle signalait d'une plume acerbe à son directeur les erreurs qu'elle croyait être dues à la malveillance des rédacteurs « probablement subjugués, étant donné leur milieu social, par le marxisme-léninisme ». Elle adressait aussi des missives aux membres de la famille royale, présidents d'honneur des entreprises charitables dont elle était présidente *de facto*.

Elle guettait chaque matin l'arrivée du facteur avec l'anxiété de la jeune femme emprisonnée au château de Barbe-Bleue. Lorsqu'elle trouvait parmi les enveloppes que lui apportait Gordon sur un plateau d'argent, celle ou celles qui portaient gravées au verso les mots magiques « Buckingham Palace », elle devenait tout sucre tout miel pour le restant de la journée.

Je m'installai un matin derrière le bureau de Lady Howard pour écrire une carte postale que je comptais envoyer à ma mère. Je pris pour l'affranchir les quelques timbres-poste qui m'étaient nécessaires dans une charmante petite boîte en nacre posée devant moi. A l'heure du déjeuner Lady Howard s'abstint de m'adresser la parole. A l'heure du thé, puis à celle du dîner, elle persista dans son silence à mon égard. Je lui posai pour la forme quelques questions banales auxquelles elle répondit à peine du bout des lèvres. Elle me faisait carrément la gueule.

Je demandai à ma femme d'enquêter sur les causes de cette soudaine froideur. Pip alla trouver sa mère et les deux femmes eurent un très bref entretien.

— Il paraît que tu aurais pris plusieurs timbres-poste dans la petite boîte en nacre qui se trouve sur le bureau de ma mère, me dit mon épouse sur un ton navrée.

— Oui, et alors ?

Pip leva les yeux au ciel.

— Et alors ? Et bien, tu as commis, tout simplement, le crime impardonnable. Tu peux fouiller dans son sac et lui emprunter plusieurs centaines de livres, elle ne dira rien. Mais pour l'amour du ciel, ne touche pas à ses timbres-poste ! Elle a quitté papa pendant plusieurs mois parce qu'il avait commis la même imprudence...

— Mais...

— Il n'y a pas de mais ! Elle est comme ça ! Alors, ne discute pas !

Lady Howard, tenant peut-être compte de ma qualité d'étranger, mit seulement cinq jours à m'adresser de nouveau la parole. Ce fut pour me demander :

— Est-ce que vos parents sont toujours vivants ?

C'était bien la première fois qu'elle daignait me poser une question me concernant personnellement. Les Indiens font la paix en fumant avec vous une pipe, les Anglais la font en prenant enfin conscience de votre existence.

— Oui, Lady Howard, mes parents sont toujours vivants.

Elle me donna une petite tape sur la main et soupira, soulagée :

— *That's a good boy !*

Elle avait peut-être cru jusqu'alors que je les avais assassinés. Ce sont des choses que les Anglais pensent que nous pratiquons couramment en Espagne.

Lady Howard et mes belles-sœurs parlaient souvent à table d'une certaine tante Sybil dont le caractère était, semblait-il, épouvantable. Elle se plaignait continuellement de tout. Du bruit que faisaient le matin les enfants Lindsay dans la nursery. De Gordon, qui ratait de plus en plus de notes en jouant de la cornemuse. De cet horrible Mr. Attlee qui avait l'air d'une souris malade et qui ne répondait pas à ses lettres. Selon Bromwen, elle s'était plainte dernièrement de ne pas avoir été encore présentée à cet Espagnol que Priscilla venait d'épouser.

Entendant parler d'elle à peu près à chaque petit déjeuner, mais ne l'ayant encore jamais rencontrée, je me dis que la tante Sybil devait être une grande malade, ou bien quelqu'un que le grand âge obligeait à garder la chambre. Un matin je posai carrément la question :

— Cette tante Sybil dont vous parlez, est-elle une grande malade ?

Lady Howard haussa les sourcils :

— Malade ? Tante Sybil ? Mais quelle idée !

— Alors, elle n'est pas malade ?...

— Tante Sybil est morte.

— Morte !

Autour de la table tout le monde me regardait d'un air vaguement consterné.

— Tante Sybil, expliqua calmement ma belle-mère, est morte étranglée au XVe siècle par son mari, Lord Olivier Buchan, un ancêtre de Tommy, dans une des chambres de la tour.

Et Lady Howard continua à tartiner paisiblement le toast minuscule qu'elle tenait entre les doigts. J'eus soudain envie de hurler.

— Mais, dis-je en me contenant, vous parlez de la tante Sybil comme si elle était toujours vivante !

Ils me regardèrent, les uns les autres, avec des mines gênées.

— Dans un certain sens, répondit patiemment ma belle-mère, tante Sybil est... vivante. Du moins, nous la voyons tous assez régulièrement.

— Et... elle vous parle ?

— Mon Dieu, oui. Elle n'arrête pas.

Lord Howard releva légèrement la visière de son heaume et marmonna en rougissant :

— Il s'agit d'un fantôme extrêmement encombrant. Personnellement, je trouve la tante Sybil insupportable.

— Tante Sybil, la vérité soit dite, n'était pas très recommandable, expliqua Lady Howard sur un ton délibérément mondain, Lord Buchan l'épousa sans trop tenir compte du fait qu'elle appartenait à un autre milieu que le sien. Et, naturellement, il finit par l'étrangler.

Des années plus tard, quoique pour des raisons complètement différentes, je fus moi-même sur le point d'étrangler ma femme anglaise dans une chambre d'hôtel, à Paris. Mais, ce matin-là, je jugeais les méthodes de Lord Buchan plutôt expéditives.

— Mais enfin, voyons, vous ne croyez pas, j'espère, à ces histoires de fantômes ! m'écriais-je imprudemment.

Lord et Lady Howard, mes trois belles-sœurs et mon beau-frère James fixèrent tous ma femme du même regard implacable. Un regard qui de toute évidence signifiait : mais qu'est-ce que c'est cet hurluberlu que tu as ramené à la maison ?

Elizabeth, la douce et catholique Elizabeth Orlov, fut la première à voler à mon secours.

— Sybil, dit-elle, est un fantôme très célèbre en Angleterre. Personne ne met en doute son existence. Et puis d'ailleurs, ce n'est pas le seul fantôme à hanter le Dean Castle. Nous avons aussi le Décrocheur. Il existe, comme Sybil, quoique personne ne l'ait jamais vu.

— Alors, m'obstinais-je, comment savez-vous qu'il existe ?

Découragée, Elizabeth Orlov céda la parole à sa mère.

— Dans le grand salon dit « des tapisseries Flamandes », expliqua Lady Howard, il y a douze portraits de famille qui, tous les 31 décembre, à minuit et cinq minutes, se décrochent au même moment des murs où ils sont pendus et tombent à terre avec fracas.

— Et c'est le Décrocheur...

— ... Qui d'autre ?

— A Chirk Castle, que vous ne connaissez pas encore, intervint James Lindsay, jusqu'alors silencieux, sévit la fameuse « main glacée » qui suscite de nombreuses conférences et de très sérieuses études, toutes par des experts russes en parapsychologie.

— Qu'est-ce que c'est que cette histoire de main glacée ?

— C'est une main très humide et très froide qui se pose aux premières lueurs de l'aube sur le front des dormeurs ayant commis le péché d'adultère dans la semaine précédente.

— Comme vous pouvez l'imaginer, intervint de nouveau Lady Howard, nous ne laissons dormir dans la chambre mauve — c'est dans cette pièce que la main se manifeste — que des personnes aux mœurs irréprochables. Malheureusement, il y a de nos jours tellement de gens qui mènent une double existence, qu'il s'avère parfois difficile d'éviter que la main glacée...

— ... Si nous changions de conversation ?, coupa brusquement Lord Howard sur un ton bourru.

Nous obéîmes tous sans discuter. Je me promis néanmoins d'avoir, en privé, une nouvelle conversation avec ma belle-sœur Orlov, cette catholique de fraîche date qui croyait à l'existence des fantômes, de même qu'elle croyait fermement à celle de Jésus, le fils du charpentier. A la réflexion, cela n'avait rien d'extraordinaire. Croire à Jésus, l'homme qui marchait sur les eaux, multipliait les pains et ressucitait les morts, mais nier les va-et-vient de la tante Sybil sous les combles du château, ainsi que les farces enfantines du décrocheur de tableaux, n'aurait pas eu de sens pour une jeune Anglaise de bonne famille habituée depuis sa plus tendre enfance à privilégier la raison au détriment des sentiments.

Alors que nous quittions la salle à manger, Lady Howard me souffla à l'oreille :

— La tante Sybil a été très maladroite avec le pauvre Tommy. Il est le seul à ne jamais l'avoir vue.

Le dernier week-end que nous passâmes au Dean Castle fut assez mouvementé. Chaque année, avant de quitter le château jusqu'à la saison suivante, les Howard de Walden donnaient un bal auquel étaient invitées plusieurs centaines de personnes triées sur le volet. Ils avaient aussi l'habitude de convier une trentaine d'amis intimes à passer chez eux la fin de la semaine qui précédait l'événement connu dans la région comme le « Bal écossais ». Les anciennes cellules des moines, converties en confortables chambres d'hôte, accueillaient donc pendant deux ou trois jours des gens venus des quatre coins de l'Angleterre, la plupart d'entre eux accompagnés de leurs propres domestiques et, naturellement, de leurs chauffeurs. Dès le vendredi après-midi, la cour du Dean se remplissait d'antiques Rolls-Royce, de vénérables Daimler et de quelques voitures de sport, luisantes comme des insectes nocturnes pour l'occasion.

Malgré les restrictions draconiennes dans le pays, l'alcool coula à flots pendant tout le week-end. Devinant peut-être que ce serait le dernier Bal écossais célébré au Dean, Lord Howard décida de mettre à sac ses caves et d'offrir à ses invités un généreux échantillon de ses meilleurs crus. Il s'abstint néanmoins de toucher à ses légendaires bourgognes, ainsi qu'à la cinquantaine de bouteilles de château-Yquem. J'eus l'honneur d'en vider une, à l'aube du samedi, dans le secret de sa bibliothèque privée où aucun membre de la famille n'avait le droit d'entrer.

— Lorsque ce vin n'existera plus, me confia-t-il en bégayant furieusement, les hommes vraiment civilisés n'auront plus aucune raison de vivre.

Entre ce moment — que je qualifierai presque de

magique — et celui de sa mort, Tommy Howard eut heureusement le temps de vider allègrement toutes ses bouteilles de Château-Yquem ainsi qu'une formidable quantité de magnums et de jéroboams sortis des caves de Mme Veuve Clicquot à laquelle Lord Howard avait fait allégeance une soixantaine d'années auparavant.

Je passai les premières heures du vendredi soir au pied du grand escalier d'honneur à recevoir, auprès de mes beaux-parents et de ma femme, les invités dont les noms, titres et qualités étaient annoncés, d'une voix de stentor, par un « aboyeur » venu de Londres.

L'arrivée vers huit heures d'un des ducs royaux — Gloucester, pour être précis — provoqua un murmure respectueux parmi la *gentry* qui emplissait les salons. L'altesse ressemblait vaguement à un phoque que l'on aurait privé à la dernière minute de la sardine promise. Immense, moustachu, le regard globuleux et le geste raide, il baisa la main de ma belle-mère et donna une grande tape, rude et amicale, sur l'épaule de Lord Howard qui chancela sous l'impact. Au même moment, le duc royal étouffa un cri et leva en l'air sa main droite qui s'était mise à saigner.

Mon beau-père avait revêtu pour l'occasion la copie exacte de l'armure de guerre que Charles V avait portée à la bataille de Mülhberg. En cognant un peu trop fort sur l'épaulette finement ciselée de l'armure, le duc s'était coupé à la base de l'index. Il se mit à sucer son doigt en grommelant des jurons scatologiques dans la plus belle tradition militaire. La duchesse — menue, blonde, au regard d'une extrême froideur — intervint pour calmer son époux qui oublia l'incident et alla se frayer un chemin parmi la foule obséquieuse qui s'ouvrit devant lui comme la mer Rouge sous la poussée des Juifs.

— Tommy, murmura Lady Howard dépitée, vous auriez dû vous mettre en frac comme tout le monde au lieu de vous enfermer dans cette ridicule boîte à sardines !

Lord Howard était dans l'impossibilité de hausser les épaules. Il se contenta de ronchonner :

— Il n'avait qu'à ne pas me taper dessus. Après tout, nous n'avons jamais gardé les cochons ensemble.

D'autres ducs — des ducs du commun, ceux-là — s'égayèrent avec leur duchesse et leurs honorables rejetons à travers les neuf grands salons illuminés *a giorno* en consommant d'incroyables quantités de gin et de whisky, le champagne étant réservé aux vierges hypothétiques et aux très vieux messieurs dont le foie n'était plus qu'un souvenir.

Le bal à proprement parler n'ayant lieu que le dimanche, j'eus tout mon temps pour étudier de près le comportement en société de ces étranges animaux qu'étaient pour moi les Anglais. Des bien curieuses bêtes, en réalité. Ayant épousé l'une d'entre elles, je commençais à paniquer.

Le samedi soir, à minuit, je m'en ouvris à la tendre, douce, catholique et, peut-être, perverse Elizabeth Orlov. Elle portait ce soir-là une ravissante robe en velours mauve qui rehaussait l'extrême pâleur de son teint. Une petite tiare en diamants taillés à l'ancienne était placée, comme en équilibre, sur sa tête qui semblait elle-même avoir été posée par des mains imprudentes sur un cou trop mince et trop long.

— Elizabeth, je vais depuis longtemps de groupe en groupe, mais personne ne m'adresse la parole.

Elle devait en être à son troisième ou quatrième whisky car elle titubait légèrement.

— Les Anglais ne parlent que très rarement aux étrangers.

— Pourquoi ?

— Parce qu'ils n'ont rien à leur dire. D'ailleurs, ils n'ont pratiquement rien à se dire entre eux. Et puis...

Mais elle s'arrêta net de parler, comme si elle avait été sur le point de commettre un impair.

— Qu'alliez-vous me dire, Elizabeth ?

— Je... je ne sais pas si vous allez comprendre.

— Dites toujours.

Elle avala le peu de liquide qui restait dans son verre.

— Je vous disais que les Anglais... Mais ce soir, ici, les Anglais qui s'y trouvent, ce sont des Anglais différents. Ils appartiennent tous à cette classe de la société que les Français, si attachés à leur cuisine, appellent « le gratin ». Des Anglais assez spéciaux qu'un Anglais du commun aurait lui-même assez de mal à comprendre, car si vous prenez la peine de les écouter, vous constaterez qu'ils ne parlent presque pas. Ils font des bruits, des bruits soigneusement codés qui leur servent de langage et qui leur épargnent la peine de construire de vraies phrases.

Elle prit un nouveau verre sur le plateau d'un valet de pied qui passait près d'elle et y mouilla brièvement ses lèvres. Puis elle reprit :

— Mais ne vous y trompez pas. Il y a bruits et bruits. Ils ne sont en aucun cas interchangeables. Prenez les ducs, par exemple. Ils ne font que des bruits de ducs. Rien à voir avec ceux que ferait un militaire ou un marin. Encore moins avec ceux dont se serviraient un diplomate ou un juriste. Vous ne me croyez pas ? Allez trouver Gloucester, si vous l'osez, et dites-lui sur ce ton charmant qui est le vôtre : « Altesse, je viens d'arriver en Angleterre et je m'y amuse beaucoup ! » Il vous regardera vaguement étonné et vous répondra en aboyant quelque chose comme : « Hough ! », ce qui pour n'importe quel autre duc voudra dire : « Et pourquoi diable êtes-vous venu ici, alors que vous auriez pu rester tranquillement chez vous sans emmerder personne ! »

— Je vois. C'est presque du morse.

Elle me gratifia d'un de ces sourires très particuliers qui avaient le don de me bouleverser.

— Pour des cerveaux qui ne sont généralement pas très développés le langage de Morse est plus que suffisant.

— Mais dites-moi, Elizabeth... vos poètes, vos écrivains, vos dramaturges... de quel genre de bruits se servent-ils ?

— Ah, non ! Ceux-là ne font pas de bruits ! Ils parlent ! Mais ce sont des gens que les ducs et leurs amis ne fréquentent pas.

Elle pouffa dans son verre et ajouta :

— Papa et maman le font, mais, vous savez bien, ce sont des excentriques !

Elizabeth Orlov m'entraîna dans son sillage à travers les salons bondés de danseurs. Trois orchestres venus de Londres jouaient, l'un des valses lentes pour les personnes âgées, l'autre des slow-foxes pour les adultes et le troisième du dixieland jazz pour les jeunes au-dessous de vingt ans.

Loin de la cohue dansante, à l'écart dans un petit hall à peine éclairé par la tremblante lumière que dispensaient les bougies d'un candélabre posé sur un Steinway demi-queue, un Noir d'une quarantaine d'années, engoncé dans un frac impeccable, un gardénia à la boutonnière, murmurait plutôt qu'il ne chantait *A nightingale sings in Berkeley Square* (1). Sa voix sourde et mélodieuse vous prenait aux tripes.

— Qui est-ce ?

— Hutch. Le célèbre Hutch. Il est devenu la coqueluche de Londres depuis que l'on raconte que Lady Mountbatten est folle de lui.

— Est-ce vrai ?

— Sûrement pas. Edwina est bien trop snob pour se commettre avec un nègre.

Le nègre en question salua Elizabeth Orlov d'un chaud sourire. Il interrompit net la sirupeuse mélodie qui coulait d'entre ses doigts et plaqua, magistralement, les premiers accords d'une sonate de Mozart. Puis, comme si de rien n'était, il reprit sa chansonnette de la même voix prenante et sensuelle.

Agglutinées autour du piano, une douzaine de femmes dévoraient le beau Noir des yeux. Elles transpiraient toutes abondamment. J'en fis la remarque à ma belle-sœur.

— Oui, elles ont toutes beaucoup bu. Mais, pour la plupart, c'est la peur qui les fait transpirer.

— La peur ?

— Oui, la peur du sexe. C'est notre grande faille

(1) *Un rossignol chante à Berkeley Square.*

nationale. Prenez ces femmes autour du piano. Toutes et chacune d'entre elles donneraient n'importe quoi pour faire l'amour avec Hutch. Mais elles ont peur. De quoi ? De tout. De ce qu'elles croient savoir et surtout de ce qu'elles ne savent pas. Comment est-ce fait, un nègre ? Est-il vrai que les Noirs sont dotés par la nature de... enfin, vous savez bien. Font-ils l'amour comme n'importe quel homme blanc ? Est-ce qu'ils sentent vraiment mauvais ? Sauf celles qui ont été aux colonies et qui sont devenues expertes en la matière, aucune d'entre elles ne peut répondre à ces questions. Alors elles ont peur de foncer et elles transpirent.

Elizabeth Orlov posa son verre vide sur une console.

— Mais il n'y a pas que les femmes qui transpirent dans ce pays, persifla-t-elle, les hommes aussi sont terrorisés par le sexe. Ils ont été élevés dans leurs collèges et leurs universités dans la crainte et, surtout, dans l'ignorance des femmes. Pour un Anglais de vingt ans, une femme c'est le dragon heureusement terrassé par saint Georges. N'importe quel Anglais bien né connaît mieux les habitudes des saumons et des anguilles que celles des femmes. Alors, dès qu'ils sont obligés de nous faire face, ils ne transpirent pas, ils ruissellent ! Faites-moi danser, s'il vous plaît.

Nous choisîmes le salon des slow-foxes. Autour de nous des couples fiévreux dansaient joue contre joue, collés les uns aux autres par cette sueur mystérieuse qui fait des Anglais des êtres assez répugnants dès qu'ils ont entre leurs bras quelqu'un du sexe opposé. Elizabeth, Dieu merci, se maintint sèche jusqu'aux premières lueurs de l'aube.

Bien plus tard dans la nuit — ma belle-sœur s'étant soudainement plainte d'une forte migraine était partie se coucher — je dansai avec Lady Howard qui me marcha systématiquement sur les pieds ainsi qu'avec une ravissante maharani de Patiâla, le cou cerclé de perles noires grosses comme des œufs de pigeon et qui sentait fortement l'ail et le N° 5 de Chanel. J'essayai aussi de faire valser ma femme que j'avais récupérée d'entre les bras de son ami Evelyn Waugh, l'illustre humoriste dont j'avais lu presque tous les livres. J'eus l'impression qu'elle ne savait plus très bien où elle se trouvait. Lorsque je lui proposai de monter nous coucher, elle me demanda un shilling pour donner un pourboire au vestiaire. Comme je lui demandais, étonné, de quel vestiaire il s'agissait, elle se mit à rire comme si je venais de dire la chose la plus drôle au monde et alla s'écrouler sur un sofa où, immédiatement, elle s'endormit.

Mes pas me portèrent alors, imprudemment, vers la bibliothèque que je croyais trouver vide et où je dus boire coup sur coup deux ballons d'un merveilleux armagnac que me servit mon beau-père avant de me présenter au général Carton de Wiart qui se trouvait avec lui. C'était un individu très grand et très maigre qui portait un bandeau de soie noire sur l'œil gauche et dont la manche droite pendait, vide, le long de son corps. Je savais vaguement qu'il était le héros de quelque abracadabrante épopée en Afrique équatoriale. En écoutant mon nom, le général bégaya, lui aussi, avec entrain :

— *Spanish... what ?... well... well...*

Mon beau-père lui expliqua que j'avais pris part à la guerre civile espagnole du côté de Franco. Carton de Wiart sursauta, comme piqué par une guêpe :

— Franco ?... *Damned bastard !...* Mis trop longtemps à libérer l'Alcazar !... Son copain Mola... meilleur stratège que lui... naturellement, l'a fait assassiner... *what ?*

Je quittai les deux hommes alors que le général commençait à disposer sur une table les quelques verres vides qui allaient lui permettre d'expliquer à Lord Howard pourquoi Franco avait perdu la première bataille de l'Ebre.

En sortant de la bibliothèque, je tombai sur une très jolie femme d'une quarantaine d'années qui se pendit à mon bras et qui me proposa, d'une voix qui dénotait sa passion pour le tabac et les alcools trop forts :

— Voulez-vous jouer au poker avec moi ?

Je n'eus pas le temps de répondre à son invitation que déjà elle me poussait vers une petite salle de jeux qui communiquait avec la bibliothèque. Chemin faisant, elle s'enquit avec humeur :

— Est-ce que vous aimez les bals, vous ?

— Ma foi...

— Moi, je les déteste ! Il n'y a pas pire façon pour une femme de perdre son temps !

Elle marmonna, coléreuse :

— Ils vous serrent, ils vous tripotent, ils vous font toute sorte de propositions et lorsqu'enfin, fatiguée, vous dites, d'accord, pourquoi pas, allons-y... il n'y a plus jamais personne !

Elle était vraiment très belle. Rousse, la peau très blanche, les yeux gris, les pommettes haut placées dans l'ovale parfait du visage, la bouche large et moqueuse. Elle était pratiquement décolletée jusqu'au nombril et ses seins, libres de toute contrainte, ballottaient tendrement, avec de nostalgiques réminiscences d'œufs mollets.

Elle prit place à une table de bridge, fouilla dans son sac et en tira un jeu de cartes.

— Dieu sait où se trouvent les fiches...

Elles étaient dans une boîte en laque noire posée sur un guéridon. La dame rousse donna les cartes. Elle avait des mains expertes, longues et fines, aux ongles écarlates. J'avais deux as et rien d'autre. Je jetai quelques fiches sur la table et demandai trois cartes. Elle en demanda trois autres et couvrit ma mise. Elle avait deux reines et des poussières. J'avais un full aux valets. Je ramassai posément mes gains. Elle me fixait d'un œil glacial.

Lentement, comme si chaque geste lui coûtait un effort, elle ramassa les cartes et les remit dans son sac.

— Décidément, ce n'est pas ma nuit, murmura-t-elle, j'ai vraiment besoin d'un verre.

— Je vous accompagne jusqu'au bar, proposai-je en me levant.

Elle ne bougea pas. Comme si elle venait de découvrir ma présence, elle me dévisagea avec insistance de haut en bas. C'était un regard presque obscène de maquignon jugeant un cheval. Puis, soudain, son œil s'alluma. Quelque chose en moi semblait lui avoir plu. Elle demanda :

— Qui êtes-vous ?

Je me présentai. Mon nom ne lui disait rien. Elle

alluma une cigarette sans me quitter des yeux. Des yeux qui ne regardaient plus mon visage, mais une partie de mon corps qu'une dame bien élevée ne regarde jamais avec cette expression affamée. La voix un peu plus rauque, elle s'informa :

— Dites-moi... Est-ce que nous avons déjà couché ensemble ?

Je fis semblant de réfléchir avant de répondre :

— Non... pas encore.

Elle se leva à son tour. Le fourreau vert émeraude qui moulait son corps l'obligeait à se mouvoir avec la lente souplesse d'un serpent. Le sourcil interrogateur, elle dit :

— Qu'est-ce que nous attendons ?

Elle contourna la table de bridge et nous quittâmes la salle de jeux. Je fendis à sa suite la foule des danseurs qui gigotaient de plus en plus maladroitement dans les divers salons. Beaucoup d'hommes la saluèrent au passage avec de grands éclats de rire. Elle s'arrêta quelques instants pour embrasser sur la joue un très beau vieillard en uniforme bleu nuit à parements rouges qui buvait mélancoliquement du champagne appuyé sur une colonne. Hutch nous regarda passer devant son piano, l'air goguenard. Ma compagne le gratifia d'un coup d'œil complice et le Noir lui répondit en levant à la hauteur de son visage le pouce de sa main droite soigneusement manucurée.

La dame rousse semblait connaître les intérieurs du Dean bien mieux que moi. Elle rafla en passant près d'un buffet une bouteille de vodka et me prenant par la main, elle m'entraîna presque en courant le long d'un couloir tapissé de rouge qui me rappela des photos que j'avais vues du métro de Moscou. Au bout d'une cinquantaine de mètres, nous nous arrêtâmes essoufflés devant une porte qu'elle ouvrit d'un coup d'épaule.

C'était une grande chambre à coucher tendue de damas bleu de Prusse, dont les quatre murs étaient ornés de beaux portraits de petits maîtres français. Un immense lit à baldaquin trônait au milieu de la pièce. Au pied du lit, disposés sur un petit sofa Louis XV, j'aperçus un uniforme de marin à plusieurs galons dorés et une chemise empesée. Sous le sofa, il y avait une paire de souliers vernis d'une pointure qui ne pouvait correspondre qu'à un homme de très grande taille. Je commençai à m'inquiéter.

Comme je montrais du doigt l'uniforme, la dame rousse se mit à rire :

— Oui... C'est l'uniforme de mon mari... Mais à la dernière minute il a décidé de se mettre en frac.

Elle passa ses bras autour de mon cou et me lécha l'oreille. Ne supportant pas les chatouilles, c'est un geste que je déteste, j'essayai de me défaire de l'étreinte. La dame rousse se serra contre moi encore plus fort.

— Darling...

Je la repoussai avec une certaine violence.

— Vous êtes folle ! Votre mari peut entrer dans cette chambre à n'importe quel moment !

Elle laissa tomber ses bras le long du corps et, elle se mit à rire. Un petit rire désabusé et amer.

— Soyez tranquille, chéri. Mon mari est dans le lit de Cynthia Forbes depuis le premier fox-trot et il n'en sortira plus avant huit heures du matin.

J'eus tout à coup une furieuse envie de lui faire l'amour. Mais la pointure des chaussures du marin continuait à me préoccuper.

— Pourquoi en êtes-vous si sûre ?

Elle parut étonnée.

— Mais... parce que c'est toujours comme ça que ça se passe. Lui, il quittera Cynthia à huit heures moins le quart et moi je vous aurai mis à la porte de cette chambre une demi-heure auparavant.

Je restai un long moment muet. Elle commença à se déshabiller.

Elle avait des hanches étroites, un ventre à peine rebondi et des jolis pieds cambrés de danseuse. Elle se retourna pour tirer l'édredon qui recouvrait le lit et je pus voir deux petites fesses rondes et dures, assez surprenantes chez une femme de son âge.

— Viens... dit-elle.

J'allai. La vodka poivrée parfumait — mais pas désagréablement — son haleine tiède. Elle avait une langue très douce. C'était une de ces femmes — assez rares — qui font l'amour avec entrain et bonne humeur. Elle cria à deux reprises sur le ton de quelqu'un qui se réjouit de voir son équipe marquer un but. A la fin du premier engagement, elle transpirait légèrement. Comme toutes les rousses, elle sentait la femme, une odeur bien plus prenante que n'importe quel parfum d'Arabie.

Elle me réveilla à sept heures et quart précises — vieille habitude ou réflexe de Pavlov ? — et me demanda d'une voix neutre de quitter son lit et de vider les lieux.

Il régnait dans le couloir un froid sibérien. J'y croisai plusieurs messieurs, le visage gris de fatigue et les cheveux en bataille, qui se hâtaient, comme moi, de regagner des couches où ils n'avaient pas passé la nuit. Nous eûmes tous la courtoisie de nous ignorer les uns les autres.

Arrivé dans ma chambre, où je pénétrai sur la pointe des pieds, je constatai que le vaste lit matrimonial était vide. Je pris une douche, m'habillai à la hâte et descendis dans la salle à manger. Ma femme beurrait des tartines en bavardant allègrement avec une douzaine d'invités qui prenaient leur petit déjeuner. Je m'assis à côté d'elle et lui demandai hargneusement à voix basse :

— Où as-tu passé la nuit ?

Elle me gratifia d'un sourire rayonnant.

— Figure-toi que je n'en sais rien ! Je me suis réveillée vers quatre heures du matin sur un sofa du salon jaune où des gens dansaient encore et je crois que je suis allée me réfugier dans une des chambres vides du premier étage où je sombrai de nouveau dans un sommeil profond. J'ai bu pas mal hier soir et je n'ai pas encore les idées très claires. En tout cas je peux te dire que j'ai attrapé un rhume carabiné !

Elle me tendit une tartine.

— Et toi, darling, où as-tu dormi ?

— Dans notre chambre, naturellement.

Je ne crois pas qu'elle m'entendit car elle s'était tournée vers son voisin qui lui offrait le sucre qu'elle avait demandé.

La chaise de l'homme aux armures était vide. Lady

Howard avalait aspirine sur aspirine. Un membre du Parlement demanda une bière fraîche expliquant à la cantonade qu'il n'y avait rien de meilleur pour pallier les effets d'une gueule de bois. Je finissais de boire mon thé lorsque la dame rousse entra dans la salle à manger avec un homme au regard bleu limpide qui la tenait par la taille. Le hasard fit que j'avais sur ma droite deux chaises vides. La dame rousse et son compagnon y prirent place. Lady Howard se tourna vers le couple et demanda :

— Avez-vous déjà été présentés à mon gendre espagnol ?

La dame rousse posa sur moi un regard vide.

— Non... je ne crois pas.

Lady Howard s'acquitta alors de ses devoirs de maîtresse de maison :

— José Luis de Vilallonga, le mari de ma fille Priscilla. Sir Rupert et Lady F.

Nous nous sourîmes. Je leur passai la confiture de myrtilles. Elle me remercia. Sir Rupert m'offrit une cigarette. Je le remerciai. Ils dirent tous les deux ne pas avoir trop bien dormi à cause de l'orage. Je compatis. Sir Rupert me proposa une partie de golf avant le déjeuner. La dame rousse s'écria qu'il faisait trop froid pour mettre le nez dehors et me demanda de chercher un quatrième pour une partie de poker. Sir Rupert leva comiquement les yeux au ciel. A la fin du petit déjeuner, nous étions devenus les meilleurs amis du monde. Je fus convié par le mari de la dame rousse à dîner chez eux la semaine suivante dans l'appartement qu'ils possédaient à Mayfair, « lequel, heureusement, me confia Lady F., n'a pas été atteint par les bombes comme celui de nos voisins, les Holingbroke, qui fut réduit en poussière alors qu'ils étaient au théâtre, car figurez-vous que... »

La plupart des invités au Bal écossais quittèrent le Dean Castle dans l'après-midi du dimanche. Sir Rupert et Lady F. s'en allèrent les premiers alors que le soleil luisait encore parmi des nuages de plus en plus menaçants. Le mari pilotait une superbe Stutz décapotable des années 30 aux chromes étincelants. La dame rousse s'était coiffée pour le voyage d'un casque d'aviateur en toile blanche et portait enroulée autour du cou une longue écharpe jaune qui ondoya sur ses épaules dès que la voiture se mit en marche. Elle me fit penser à Isadora Duncan s'apprêtant à mourir étranglée. Lady F. me gratifia d'un dernier coup d'œil outrageusement complice et agita frénétiquement sa main gantée de cuir noir en signe d'adieu.

— Elle est belle, dit à côté de moi Lady Howard qui prenait congé de ses invités au pied de l'escalier.

— Oui, elle n'est pas mal, répondis-je sans trop vouloir me compromettre.

— *She is a tart* (1).

Mon anglais étant encore assez pauvre, ma belle-mère s'exprima alors en toute clarté.

— C'est la plus belle salope que la terre ait jamais portée. Mais elle amuse Tommy en lui racontant par le détail ses aventures sexuelles avec la plupart de nos amis. Tommy est étrange, vous savez. Je me demande parfois s'il n'a pas parmi ses ancêtres des gens qui ne devraient pas avoir leur place dans l'arbre généalogique d'un gentleman anglais.

Une douzaine d'invités furent retenus par les Howard jusqu'au lundi matin. Parmi eux, trois personnes avaient éveillé ma curiosité pendant tout le week-end. Il s'agissait d'un couple marié et d'un jeune diplomate français — il n'avait pas plus de vingt-cinq ans — qui avait rejoint à Londres les Français libres du général de Gaulle.

Le couple était pour le moins curieux. Le mari, très grand, très maigre, distant et silencieux, frôlait de près sa quatre-vingtième année. Il était borgne et s'appuyait pesamment sur une canne à pommeau d'argent. Habillé au goût du début de ce siècle, il portait à la boutonnière une orchidée qu'il humait constamment, ce qui ne pouvait être qu'une affectation puisqu'il est connu que les orchidées n'ont pas de parfum. La femme, à la beauté proche de la perfection, approchait de la quarantaine

(1) « C'est une putain. »

avec une extrême prudence. Longue et mince, le teint très clair et le regard sombre, elle avait l'air d'un Boldini descendu de son cadre doré pour s'encanailler parmi la foule des danseurs que l'alcool rendait de plus en plus bruyants et, parfois, assez vulgaires. Elle traitait son mari avec une sorte de vénération amusée et s'adressait au jeune Français, qui ne la quittait pas d'une semelle, sur le ton agressivement possessif dont usent certaines femmes à l'égard de ceux qui leur sont attachés par les liens d'une sensualité qu'ils sont incapables de contrôler. Quant à la relation entre les deux hommes, elle était pratiquement inexistante. Le vieux monsieur posait rarement son regard sur l'amant de sa femme et, lorsque cela lui arrivait, c'était à contrecœur et toujours obligé par les circonstances.

Ma curiosité piquée à vif, j'allai m'informer auprès de ma belle-sœur Elizabeth Orlov.

— Lord Something of Something, m'expliqua-t-elle était le compagnon le plus proche de Lord Carnarvon lorsque celui-ci découvrit, en Egypte, la tombe de Toutankhamon. A mon avis, il est le seul à avoir échappé à la terrible malédiction qui a décimé l'équipe de Carnarvon. Sa femme, Marion Cox-Mandeville, qu'il épousa alors qu'elle avait à peine vingt ans, venait de commencer une médiocre carrière au théâtre. Quant au jeune homme, c'est un Français dont j'oublie toujours le nom et qui est ce qu'il à l'air d'être : l'amant en titre de Lady Something. C'est un gentil garçon qui n'a d'autre mérite que de se comporter convenablement au lit. Sans cela, je ne pense pas qu'il durerait plus de dix minutes dans le sillage de Marion Cox, qui, paraît-il, est terriblement exigeante à propos de la chose. On les reçoit partout ensemble. Le grand âge du mari explique aisément la présence du jeune homme auprès du couple et les manières impeccablement mondaines du trio excusent amplement ce que la situation pourrait avoir de délicat aux yeux des rigoristes.

Les invités du Dean Castle étaient tous logés le long du couloir où se trouvaient les anciennes cellules des moines. Lorsqu'elle recevait des amis pendant les fins de semaine, Lady Howard elle-même couchait dans une des cellules « de manière, expliquait-elle, à me trouver à pied-d'œuvre au cas ou quelque chose d'anormal réclamerait ma présence ».

Ce week-end-là on installa Lord Something dans la première cellule située au début de l'interminable couloir. Sa femme fut logée à l'extrême opposé dans une cellule dite de la « Queen Mother » en souvenir d'une visite nocturne faite à l'improviste par l'une des innombrables reines mères d'Angleterre. Le jeune Français libre fut installé, comme il seyait, dans le voisinage immédiat de sa maîtresse.

Le dimanche soir, fatigués par les excès commis pendant le bal, la plupart des invités se retirèrent de bonne heure. Lord Something s'était carrément endormi pendant la partie de gin-rummy qu'il avait tenu à jouer avec Tommy Howard, le général Carton de Wiart et la chanteuse Oggie Lynn. Il quitta le grand salon à moitié vide au bras de sa femme qui semblait guider les pas d'un aveugle. Dix minutes plus tard le jeune Français disparut à son tour de la circulation.

Je dormais depuis quelque temps du profond sommeil que me procure toujours la lecture de Proust, lorsque je fus réveillé en sursaut par un hurlement strident dont les échos se répercutèrent longuement. Je me levai et après avoir passé en vitesse ma robe de chambre je sortis dans le couloir. Margot Howard de Walden courait déjà vers la cellule d'où semblaient venir les cris.

D'autres portes s'ouvraient et d'autres invités, hagards, ébouriffés, se mirent à courir derrière nous. J'allais pénétrer dans la cellule qu'occupait la femme du découvreur de momies, à la suite de ma belle-mère, lorsque celle-ci s'arrêta brusquement sur le seuil de la porte comme un cheval devant un obstacle dépassant ses possibilités. J'aperçus, par-dessus son épaule, un spectacle insolite qui me fit rêver pendant des mois.

Sur un vaste lit à baldaquin — les austères cellules des moines n'étaient plus qu'un souvenir — deux corps furieusement entrelacés se livraient à une rude et incompréhensible bataille. Le Français libre était couché tout nu sur une Marion Cox dont la longue chevelure sombre, éparse sur les oreillers, lui prêtait l'aspect d'une Méduse furibonde. Son jeune amant gigotait désespérément sur elle, comme un rat pris au piège. Ses longues jambes discrètement velues cherchaient en vain un point d'appui qui aurait servi de levier à son corps prisonnier d'une chausse-trappe dont je ne compris pas tout d'abord les mécanismes. Folle de rage — et peut-être de douleur — Lady Something parvint à moduler une courte phrase qui me livra la clé du mystère :

— *Get away* (1) !

— *I can't* (2) ! hurla à son tour le Français battant l'air de ses bras. Margot Howard de Walden aspira profondément l'air qui semblait lui avoir manqué pendant quelques secondes et entra à grands pas dans la pièce. Je la suivis. Trois hommes et plusieurs femmes échevelées s'y engouffrèrent derrière moi. Retrouvant ses esprits, ma belle-mère prit d'autorité l'affaire en main. Elle commença par ouvrir toute grande l'unique fenêtre qui donnait sur le parc. L'air glacé de la nuit gifla Lady Something de plein fouet.

— Margot ! cria-t-elle, furieuse, fermez ça immédiatement !

Lady Howard ignora l'ordre de son invitée et s'approcha du lit.

— Mais... qu'est-ce qui leur arrive, exactement ? demanda-t-elle à la cantonade.

La vie sexuelle de Lady Howard ne l'avait certainement pas préparée à comprendre le genre de mésaventure dont elle était témoin. Je me penchai sur son oreille et m'efforçai de lui expliquer en quelques mots précis quelle était l'origine de la situation. Comme elle avait l'air de mal comprendre, j'ajoutai : cela arrive assez souvent avec les chiens...

Ma belle-mère sursauta, outrée :

— Sûrement pas avec les miens !

(1) « *Retirez-vous* ! »
(2) « *Je ne peux pas* ! »

Le Français libre se mit à éternuer à quelques centimètres du visage de sa maîtresse.

— Fermez cette fenêtre ! hurla de nouveau Lady Something.

Un des invités obtempéra avec empressement à la place de ma belle-mère. Interloquée, celle-ci demandait d'une voix blanche :

— Qu'est-ce qu'il faut faire pour mettre fin à cette... cette horreur ?

Une jolie blonde à l'œil pervers, en robe de chambre en satin rouge, ricana :

— Il faudrait leur jeter un seau d'eau froide. Ça marche toujours avec les chiens.

Ma belle-mère la foudroya du regard. Elle allait lui répondre vertement, lorsque le général Carton de Wiart entra dans la cellule. Il avait remplacé le bandeau de soie qui recouvrait son œil vide par un monocle noir qui lui prêtait un air de pirate de bonne famille. A la vue du spectacle qui s'offrait à son œil unique, il murmura, sidéré :

— *My God, Marion...*

Un gros homme habillé d'un pyjama vert citron expliqua au général :

— Ils ne peuvent pas se détacher l'un de l'autre !

— Je croyais, répondit Carton de Wiart, que cela n'arrivait qu'aux chiens ?

D'autres gens pénétrèrent dans la cellule qui prenait peu à peu l'aspect de la célèbre cabine de bateau des frères Marx, dans *Une nuit à l'Opéra*, où s'entassaient les uns après les autres, coiffeurs, manucures, serveurs, plombiers, femmes de chambre.

Une dame en bigoudis se mit à crier, furieuse :

— Une couverture ! Apportez une couverture !

— Pour quoi faire ? demanda ma belle-mère.

— Pour les couvrir ! Ce spectacle est de la plus haute indécence ! Je ne m'attendais pas à voir une chose pareille chez toi, Margot !

On recouvrit donc les corps nus des amants soudés l'un à l'autre avec un plaid écossais aux couleurs du duc d'Argyll, ce qui ne les empêcha pas de continuer à gigoter, rendant le spectacle plus obscène encore qu'auparavant.

Une charmante vieille dame emmitouflée dans une liseuse rose bordée de plumes d'autruche s'approcha du lit et proposa :

— Marion, darling, tu devrais te calmer et prendre une tasse de thé, parce que, tu sais, tout ça peut durer encore un bon moment...

Un personnage haut en couleur que j'avais vu pendant le bal en uniforme de contre-amiral, s'écria d'une voix forte :

— On n'a qu'à prendre le Français par les jambes et tirer !

La vieille dame à la liseuse protesta, horrifiée :

— Non, non, non !... C'est horriblement dangereux ! Vous pourriez émasculer ce pauvre garçon !

— Ça veut dire quoi, émasculer ? demanda très inquiète Lady Something.

Le contre-amiral le lui expliqua en termes crus et précis. Marion poussa un nouveau hurlement :

— Non, mais vous êtes fous ! Emasculer Gilbert ! Je vous l'interdis, m'entendez-vous, je vous l'interdis !

La cellule était maintenant bondée de monde. Les conseils les plus disparates se mirent à pleuvoir. Quelqu'un affirma qu'il serait judicieux de leur donner de l'aspirine, un autre croyait que de l'alcool de grain leur ferait le plus grand bien, un troisième voulait les asperger d'eau bénite et prier.

Plusieurs invités s'étaient assis par terre et le dos appuyé contre le mur, ils savouraient le spectacle en connaisseurs. Un vieux monsieur au teint de brique, qui portait une bouteille de whisky sous le bras, se mit à prendre des paris. Qui de l'amant ou de la maîtresse serait le premier à poser un pied par terre ? Dix contre un pour le Français, quinze pour la dame...

Ma belle-mère était sur le point d'exploser lorsque, soudain, un lourd silence tomba dans la pièce. Un silence si épais qu'il pesa presque sur nos épaules. Lord Something of Something venait d'entrer dans la cellule. Habillé d'un pantalon noir et d'une veste d'intérieur en velours vert bouteille, un foulard de soie blanche soigneusement noué autour du cou, il semblait échappé des pages d'un vieux *Harper's Bazaar*. S'appuyant des deux mains sur sa canne à pommeau d'argent il observa longuement le lit où les deux amants bougeaient encore sous les couvertures avec les mouvements convulsifs de deux poissons privés d'eau.

Ma belle-mère, un sourire de circonstances sur les lèvres, s'approcha de lui :

— *My dear Geoffrey...*

Il l'écarta d'un geste et s'approcha à pas lents du lit. Ayant soulevé brièvement la couverture, il murmura :

— *Well...*

Puis il couvrit de nouveau les deux corps et, s'adressant à ma belle-mère, il dit de sa voix douce :

— J'ai déjà vu ça en Egypte. Cela arrive assez souvent avec...

— ... Avec les chiens, oui, je sais, répondit Lady Howard excédée. Mais qu'est-ce qu'il faut faire lorsque cela arrive avec des êtres humains ?

Lord Something haussa faiblement les épaules.

— Oh, avec les êtres humains c'est simplement une question de patience. Il ne faut surtout pas brusquer les choses.

Il toussa discrètement dans son poing fermé et demanda :

— Est-ce que vous avez déjà appelé un docteur ?

Lady Howard se tourna vers un des habitués de la maison et le pria d'aller téléphoner au docteur McKinlay qui habitait à deux pas du château.

Marion Cox poussa de nouveau un cri perçant. Elle avait le front couvert de sueur et les joues creuses. Lord Something s'assit sur le bord du lit et prit entre les siennes une des mains de sa femme.

— Vous souffrez, n'est-ce pas, ma pauvre vieille ?

Marion acquiesça de la tête. Lord Something s'adressa alors au Français libre sur un ton douloureusement neutre :

— Pourriez-vous vous abstenir de bouger sans arrêt comme si vous étiez branché à une prise électrique ?

Il serra encore un peu plus fort la main de sa femme et ajouta :

— Ne vous affolez pas, Marion... Le docteur va venir et tout sera bientôt terminé.

Le Français libre, qui devait se sentir parfaitement idiot, intervint à son tour :

— C'est vrai, Marion, calmez-vous, dit-il imprudemment. Le docteur va venir et...

Marion Cox l'interrompit furieuse :

— Oh, vous, la ferme ! Je parle avec mon mari !

Lord Something, qui n'avait toujours pas honoré d'un regard le jeune amant de son épouse, murmura sur le ton d'un très vague reproche :

— Darling, tout cela ne vous serait jamais arrivé avec un compatriote...

Le Français libre poussa un grognement, écœuré. Je sentis soudain pour lui une très vive sympathie.

Le docteur McKinlay arriva quelques minutes plus tard sans prendre la peine de dissimuler son extrême mauvaise humeur. « Savez-vous vraiment l'heure qu'il est, bonnes gens ? » lança-t-il à la cantonade d'une voix hargneuse. C'était un petit homme bedonnant et chauve aux larges épaules de portefaix. Il exigea que tout le monde vidât les lieux et enleva sa veste. Je restai dans la pièce avec ma belle-mère, Elizabeth Orlov et le mari.

McKinley s'approcha du lit, retira d'un geste presque brutal le plaid écossais et jeta un coup d'œil dégoûté sur le couple.

— Depuis combien de temps sont-ils dans cet état ? demanda-t-il.

— Trois quarts d'heure environ, précisa Lady Howard.

— Hmm...

McKinlay palpa le dos du Français libre pendant quelques secondes, puis, avec un geste dont la célérité me surprit, il frappa très fort du dos de la main les reins du jeune diplomate. Celui-ci étouffa un cri sourd et sauta littéralement en l'air, libérant ainsi Lady Something du poids de son corps coupable.

— Voilà, dit le docteur en tirant sur les poignets de sa chemise. Maintenant vous pouvez aller vous rhabiller.

Le Français libre prit contact avec le sol enveloppé dans le plaid aux couleurs des Argyll. Il avait l'air parfaitement ridicule.

— Vraiment, ces étrangers... soupira ma belle-mère dès qu'il eut passé la porte. Puis s'apercevant de la gaffe qu'elle venait de commettre à mon égard, elle s'excusa d'un imperceptible : « Je parle des Français, naturellement... »

Quelques heures plus tard, à moitié mort de sommeil et de fatigue, j'arrivai le premier dans la salle à manger pour prendre mon petit déjeuner. Mon beau-père s'y trouvait déjà, affublé en lansquenet. Il repoussa sur son front l'espèce de passe-montagne en mailles d'acier qui le coiffait et demanda :

— Qu'est-ce qui s'est passé cette nuit dans le quartier des invités ? J'ai été réveillé vers trois heures du matin par des gens qui couraient dans tous les sens et par des portes qu'on claquait à grand fracas...

Je le mis succinctement au courant des faits. Il rougit à peine ce qu'il fallait.

— Tiens, tiens... Marion Cox et le jeune Français ? Je croyais que ce genre de chose n'arrivait qu'aux chiens...

Plus tard dans la matinée j'allai tenir compagnie à Elizabeth Orlov qui passa une heure à prier en jouant des mélodies de Glinka dont elle épela les titres avec l'accent d'une Anglaise envoûtée par cette Russie qu'elle n'avait jamais connue. « *Tolko uznal ja tebja* », « *Zavoronok* », « *Ja pomnju cudnoc mgnovene* »...

Je ne devais plus revenir au Dean Castle. La petite chapelle en ciment qui se dressait tout près du lac artificiel s'estompa peu à peu dans ma mémoire. Je ne me souviens plus très bien si elle était ronde ou carrée.

Le retour à Londres par un train brinquebalant et glacé fut un cauchemar dont chaque minute me fit regretter la vieille Rolls et ses lenteurs de tortue. J'eus la surprise de découvrir enfin le vrai, le seul, l'incomparable Lord Thomas Howard de Walden, mon beau-père. Rien de commun entre le digne vieux monsieur strictement habillé par un maître tailleur de Savile Row et l'homme aux lourdes armures qui parcourait suivi de son cornemusier à moitié gâteux les vastes et sinistres couloirs voûtés du Dean Castle.

Ayant cédé Seaford House dès le début de la guerre aux services de l'Amirauté, mon beau-père s'était installé en solitaire — avec son maître d'hôtel, son chauffeur, un secrétaire, une femme de chambre et une cuisinière — au n° 3 de Cadogan Mews, à deux pas de Belgrave Square, dans les anciennes écuries de la grande maison, transformées en thébaïde — Lord Howard se servait toujours de ce mot — où aucun membre de la famille n'avait jamais eu la permission de mettre les pieds.

Comme beaucoup d'Anglais de sa caste, mon beau-père fuyait autant qu'il le pouvait la compagnie des femmes, « ces créatures au comportement imprévisible ». Celles de sa propre famille comptant parmi les plus assommantes. James Lindsay me raconta que lorsqu'il habitait Seaford House, avant la guerre, Lord Howard, sitôt réveillé, passait un trench-coat sur son pyjama et traversait à pied et en babouches le square le plus chic de Londres pour aller se réfugier dans la maisonnette de Cadogan Mews — deux étages et une charmante façade recouverte à longueur d'année de lierre grimpant — où il prenait en paix son petit déjeuner en lisant la presse, avant de se livrer pendant plusieurs heures d'affilée à son occupation favorite : la peinture.

Lorsque Lord Howard ne peignait pas, il écrivait. J'eus l'occasion, dans les mois qui suivirent mon séjour écossais, de feuilleter à Londres l'œuvre littéraire de mon beau-père. Trente-deux gros volumes édités aux frais de l'auteur. Tout le folklore gallois, légendes, contes, romans, poèmes et plusieurs opéras traduits en anglais, dans un langage superbe, selon les critiques les plus sévères. Tel était le fruit de la très vaste culture dont le timide et modeste Lord Howard ne faisait jamais le moindre étalage.

Mon beau-père était la victime d'un grave défaut : il était trop riche. Hilaire Belloc, un de ses amis les plus proches, prétendait que si Tommy Howard avait été un homme pauvre obligé d'écrire pour gagner sa vie, il aurait compté sans nul doute parmi les plus grands écrivains britanniques de son époque. Seulement voilà, le cher vieux monsieur n'écrivait que pour se distraire et, surtout, pour fuir le profond ennui que lui procuraient les mondanités auxquelles sa femme, son rang et sa fortune le condamnaient plus souvent qu'il ne l'aurait désiré.

La grande affaire de mon beau-père était sans conteste la peinture. Il s'y adonnait quotidiennement sous les combles de son refuge londonien où il s'était aménagé un confortable atelier de peintre. Mais, si Lord Howard était un écrivain hautement respecté par les gens de plume, il serait mort d'inanition — aux dires d'Augustus John — s'il avait eu à survivre en comptant sur ses pinceaux. « Vous n'êtes pas, hélas, un mauvais peintre — lui expliquait John dès qu'il avait un verre dans le nez — vous êtes tout simplement quelqu'un qui n'a strictement rien à exprimer devant une toile vierge... » Ces mots touchaient à vif le pauvre Tommy qui, pendant les jours suivants, se consolait en peignant, d'ailleurs avec talent, des aquarelles, comme la plupart des Anglais qui pratiquent cet art dit « mineur », pourtant plein de pièges et de difficultés. « L'aquarelle est à la peinture — persiflait alors Augustus John — ce que la masturbation est à l'amour... » Et Lord Howard de se désespérer car il savait que l'illustre et génial ivrogne ne disait que la vérité. Mon beau-père, qui ne rêvait que de Turner, réussissait, au mieux, à pondre des faux Dante Gabriel Rosetti. Je crois que ce fut là le seul grand drame de sa vie, par ailleurs comblée au-delà de toute mesure.

Nous nous connaissions à peine lorsqu'un jour que nous déjeunions en tête à tête au « White's », il me demanda :

— Quel est votre peintre préféré ?

— Goya.

— Et tout de suite après ?

— Après ? Je devrais peut-être dire Vélasquez, mais je me sens beaucoup plus près des Carpaccio qui sont à Venise, je crois, et que je n'ai vu que dans des livres d'art.

Comme il ne disait rien, j'ajoutai :

— Cela dit, si j'étais très riche et que la chose était possible, je m'achèterais en priorité le *Christ mort* de Mantegna.

Mon beau-père me regarda un instant par-dessus ses lunettes.

— Qu'est-ce que vous pensez de Picasso ?

— Je ne peux pas vous répondre avant une bonne centaine d'années.

Il gloussa, satisfait, et commanda une mirabelle.

— J'aimerais, dit-il soudain en devenant écarlate, que vous veniez me rendre visite à mon atelier du Mews.

Je compris qu'il me faisait là un honneur extrême.

— J'en serai ravi. Quand voulez-vous ? Demain ?

Il sourit, toujours confus :

— Demain, oui, pourquoi pas ? Je vous attendrai à l'heure du thé.

Et il ajouta avec effroi :

— Vous viendrez seul, naturellement ?...

— Naturellement.

Il soupira, soulagé. La seule idée de me voir débarquant dans son atelier avec ma femme devait lui être insupportable.

— Je vous dis ça parce que...

Il ne finit pas sa phrase. Il commanda une deuxième mirabelle et choisit dans l'humidificateur que lui présentait le maître d'hôtel deux Rey del Mundo d'une taille gigantesque.

— A propos du Mantegna dont vous me parliez tout à l'heure, moi aussi j'aimerais l'acheter, bégaya mon beau-père, la tête dans un nuage de fumée.

C'était une façon très anglaise de me faire savoir qu'il m'appréciait.

J'annonçai imprudemment pendant le déjeuner l'invitation que m'avait adressée Lord Howard d'aller prendre le thé avec lui dans le studio de Cadogan Mews. Les réactions des différents membres de ma nouvelle famille furent pour le moins insolites. Ma belle-mère leva si haut les sourcils qu'un moment je craignis de les voir quitter son front et s'envoler tels des papillons désertant leur chrysalide. Elizabeth Orlov se contenta d'esquisser un mince sourire qui de toute évidence signifiait : « J'en étais sûre, cela devait arriver. » James Lindsay me regarda avec dureté et les Seymour se cloîtrèrent dans un silence hargneux. Quant à Bromwen elle bégaya bêtement « *what? what?* » à plusieurs reprises. Mais la réaction la plus brutale vint de Phipps, le maître d'hôtel londonien, qui laissa choir le plateau dans lequel des croquettes de poulet flottaient sur une sauce Béchamel.

Lady Howard fut la première à reprendre ses esprits.

— Et quand est-ce que vous comptez vous rendre à cette invitation ?

— Cet après-midi.

— Vous y allez avec Pip, naturellement ?

— Non, j'irai tout seul. Cela m'a été précisé.

— Ah...

Je compris qu'en quelque sorte — et pour des raisons obscures — cela la tranquillisait.

La fin du déjeuner se déroula dans le silence le plus complet. Mais alors que nous prenions le café dans un petit fumoir adjacent, Lady Howard s'approcha de moi, sa tasse à la main.

— Voulez-vous me rendre un petit service ?

— Mais naturellement.

— Je voudrais savoir quelle sorte de peinture fait mon mari.

— Comment ? Vous n'avez jamais vu ses tableaux ?

— Non. Jamais. Ni moi, ni aucun membre de la famille. Aussitôt ses tableaux peints, Tommy les brûle. Augustus John me dit que la peinture de mon mari est aussi creuse que la pensée politique de Mr. Attlee, vous savez bien, celui qui, selon Winnie Churchill, sort toujours d'une voiture vide.

Je protestai pour la forme.

— Peut-être qu'Augustus John s'est laissé aller à exagérer...

— Oh, non ! Mr. Attlee est un être complètement stupide ! Et cela m'inquiète pour Tommy. Imaginez qu'il expose demain ses tableaux et que nos amis voient en lui quelqu'un de tout à fait capable de sortir d'une voiture vide...

— Mr. Churchill lui-même a peint quelques tableaux assez médiocres.

— Oui, mais grâce à lui nous avons gagné une guerre !

Cela continua bon train pendant encore quelques minutes. A la fin, ma belle-mère me demanda :

— En tout cas, regardez bien autour de vous et dites-moi ce soir ce que vous pensez de la peinture du pauvre Tommy.

A cinq heures précises, je sonnai à la porte de Lord Howard de Walden. Un maître d'hôtel qui ressemblait comme deux gouttes d'eau à feu Adolphe Menjou me fit franchir le seuil de Cadogan Mews. L'air pincé, il me dit :

— J'ai bien peur que vous ne soyez en retard, Sir.

J'appris par la suite que Lord Howard prenait toujours le thé de cinq heures à quatre heures et demi.

— Suivez-moi, Sir.

Je montai derrière le maître d'hôtel un étroit escalier en colimaçon qui menait à une vaste pièce aménagée sous les combles de la maison. Le spectacle qui s'offrit a mes yeux était tout à la fois attendu et surprenant.

Quatre vieux messieurs vêtus de blouses blanches, debout derrière leurs chevalets respectifs, prenaient pour modèles, leurs pinceaux à la main, les Trois Grâces de Rubens incarnées pour l'occasion par quatre dames d'âge mûr qui prenaient des poses dans le plus simple appareil sur une petite estrade dressée au milieu de la pièce. En me voyant pénétrer dans son studio, Lord Howard posa son pinceau et le visage rougissant il me fit signe d'approcher. Deux de ses compagnons levèrent sur moi des regards intimidés. Le troisième continua à peindre, ignorant ma présence. Les trois grâces, figées dans un début de gambade, tournèrent toutes les yeux vers moi.

Lord Howard me les présenta avec un rien de cérémonie.

— Mon beau-fils, le mari espagnol de ma fille Priscilla, Sir Ronald Burton, l'archéologue, Lord Moncrieff of

Sutton, conseiller artistique de Sa Majesté la Reine et Monsieur Augustus John, notre maître et ami.

Ce dernier s'était arrêté à son tour de peindre. C'était un homme immense d'une effrayante maigreur. Il avait le teint couperosé et une courte barbe blanche tachée de nicotine. Ses yeux sans couleur me dévisagèrent avec curiosité et j'entendis une voix caverneuse qui disait :

— Je suis un ami d'Ortega, le seul Espagnol qui me semble avoir compris ce qu'est l'Espagne. Dieu sait pourtant que les philosophes en général sont loin d'être réalistes. J'ai aussi rencontré le petit Lorca à New York. Il disait sur les femmes de charmantes bêtises communes à tous les pédérastes...

Je jetai un bref regard sur les toiles qui m'environnaient. Je vis sur celle de mon beau-père l'esquisse presque photographique d'une des trois grâces. Cela tenait du John George Brown de la première époque et du Delvaux sans génie ni talent.

Lord Moncrieff cachait une sensibilité d'aquarelliste qui voyait grand alors que Sir Ronald Burton dissimulait à peine l'ambition de devenir un La Gandara nouvelle manière. Quant à Monsieur Augustus John, le maître, il avait tout simplement ébauché à grands traits éblouissants la silhouette d'un enfant aux pieds nus qui jouait du violon.

Lord Howard claqua des doigts.

— Cynthia, Melissa, Mary-Ann... repos ! Quoiqu'avec un peu de retard, l'heure du thé est arrivée !

Le reproche à mon égard ne pouvait être plus délicat.

Les trois grâces s'égaillèrent avec des pépiements d'oiseaux effarouchés pour revenir quelques instants plus tard affublées d'étranges déshabillés bleu ciel et rose bonbon.

Les quatre vieux messieurs quittèrent leurs blouses blanches passablement tachées et prirent place autour d'une table basse sur laquelle Adolphe Menjou avait posé un service à thé en porcelaine de Chine. Trois d'entre eux, dont mon beau-père, étaient en pantalon rayé et veste noire bordée de soie et cravate. Augustus John, lui, était habillé d'une chemise rouge Garibaldi et d'un complet en velours havane dans lequel il flottait comme un squelette enveloppé dans la voile d'un galion.

— Le temps devient de plus en plus stable, décréta Lord Moncrieff en offrant aux dames un plateau de brioches.

— Nous aurons encore quelques pluies, vaticina Sir Ronald Burton, l'air préoccupé.

— Dieu vous entende, murmura Lord Howard. A Chirk Castle, mes hortensias ont manqué d'eau cet hiver.

Les Anglais bien élevés ont le génie de parler pour ne rien dire. De toute évidence, Augustus John n'était pas un Anglais bien élevé, car tout en se servant un grand verre de whisky pur, il expliqua :

— En tout cas, pluies ou pas pluies, le printemps approche. Je me suis remis à bander.

Et il partit d'un éclat de rire tonitruant. Cynthia, Melissa et Mary-Ann gloussèrent, l'œil soudain brillant. Les trois vieux gentlemen prirent un air lointain et discrètement réprobateur. Augustus John finit son verre d'un seul coup et s'esclaffa :

— Non, mais regardez-les, mes élèves ! *Sanctimonious people* (1) ! Hypocrites ! Vous aimeriez bien être à ma place ! Votre peinture y gagnerait ! Car vous peignez comme des castrats !

Lord Howard posa sur la table sa tasse de thé et chuchota :

— Essayez, s'il vous plaît, de ne pas aller trop loin, Mr. John...

Le maître se servit un deuxième verre d'alcool. Puis il alla se planter devant le chevalet de mon beau-père.

— Qu'est-ce que c'est que ça, Thomas ? De la peinture ? Eh bien, non ! J'ai le regret de vous annoncer que c'est de la merde ! Tout y manque ! La vie, la fantaisie, le sexe ! Oui, le sexe ! Sans le sexe, il n'y a pas d'art ! Allez apprendre cela à la Sixtine, vous qui en avez les moyens !

(1) « Tartufes ! »

Il jeta un coup d'œil méprisant sur le chevalet de Lord Moncrieff.

— Et ça ? Qu'est-ce que c'est ? Je vais vous le dire, moi. De l'ouvrage de demoiselle !

Lord Moncrieff of Sutton, général d'infanterie, héros du Chemin des Dames, Victoria Cross de la guerre 14-18, blêmit intensément.

— Mr. John, murmura-t-il, j'ai la désagréable impression d'être sur le point de me fâcher.

Mais le maître ne l'écoutait pas. Il s'était planté devant la toile de l'archéologue :

— Quant à vous, le déterreur de cités interdites, que voyez-vous chez les femmes ? Des ombres savantes et des effets de lumière ? Etes-vous aveugle à ce point ? Que faites-vous de la chair, nom de Dieu !

Il s'approcha en deux longues enjambées de son propre chevalet et après avoir effacé du coude la silhouette de l'enfant joueur de violon, il prit un fusain et se mit à dessiner avec des grands gestes dramatiques.

— Voilà comment je vois les femmes, moi ! hurla-t-il. Des seins bien lourds, des culs frémissants, des ventres rebondis ! Il faut que cela vous donne envie de vous y vautrer, de mordre, de lécher...

— Augustus, vous vous oubliez..., murmura mon beau-père, les joues écarlates.

Mais le maître continua à dessiner frénétiquement. Une femme aux sensuelles lourdeurs prenait rapidement vie sous ses doigts.

— Regarde, Melissa, cria, au paroxysme de son excitation, Augustus John, ce sont tes seins, tes beaux vieux seins de vache bien nourrie ! Je les connais par cœur ! J'en rêve souvent la nuit !

Melissa se mit à pleurer. Lord Howard se fâcha pour de bon.

— Mr. John, je vais être obligé de me passer de vos services...

Le vieux peintre se calma sur-le-champ.

— Bon, ça va, ça va..., obtempéra-t-il à contrecœur. J'essayais simplement de vous faire comprendre ce que c'est que la vraie peinture. Je regrette que vous n'ayez pas apprécié ma méthode...

Melissa continuait à sangloter tout doucement. Augustus John s'impatienta :

— Allons, Melissa, arrête de pleurnicher. Qu'à ton âge tu sois encore capable de faire rêver de toi, ce n'est quand même pas si mal...

Après quelques secondes de réflexion, Melissa ravala ses larmes et se calma.

— Voulez-vous une tasse de thé ? proposa mon beau-père, la théière à la main, à Augustus John.

— Non, merci, mais je boirais encore volontiers un petit verre de votre excellent whisky.

Mon beau-père n'hésita pas à répondre :

— Le boirez-vous lentement, calmement, comme une personne civilisée ?

— C'est du chantage, Thomas !

— C'est à prendre ou à laisser.

Augustus John montra ses grandes dents jaunes dans un affreux sourire.

— D'accord, my lord. Vous avez gagné.

Lord Howard remplit un verre et le tendit au vieux peintre qui s'en empara avec une sorte de férocité.

— Et maintenant, dit le maître de céans sur un ton qu'il voulut joyeux, remettons-nous au travail ! Cynthia, Melissa, Mary-Ann, reprenez la pose, s'il vous plaît !

Les trois grâces allèrent se déshabiller derrière un paravent tandis que Lord Moncrieff et Sir Ronald Burton s'entraidaient à passer les blouses blanches. Debout, à l'écart, Augustus John buvait son whisky à petites gorgées, son grand corps soudain voûté sur ses longues jambes d'échassier.

Lord Howard me demanda de le suivre dans un coin. Sur le ton de la confidence il me dit :

— Augustus est plutôt gentil, vous savez, surtout lorsqu'il boit. Aujourd'hui, il a eu le tort d'arriver ici en état de sobriété. Cela le rend agressif, le pauvre. Au fond de lui-même, il doit nous détester. Les classes supérieures ont tort de vouloir se mélanger. Surtout aux artistes, car quelque part ils se considèrent comme supérieurs aux classes supérieures. *What a mess* (1)!

Il m'accompagna jusqu'à l'escalier en colimaçon.

— Et puis, ajouta-t-il, cela doit être exaspérant de se mettre à bander sous prétexte que le printemps approche... *What?*

Je restai sans voix.

— Je vous verrai ce soir à la grande maison, dit encore Lord Howard. Margot a invité les Eden à dîner et je n'ai pas trouvé d'excuse valable pour m'éclipser.

J'avais descendu les trois premières marches de l'escalier lorsque la voix de mon beau-père m'arrêta.

— Croyez-vous que je peigne vraiment si mal que ça?

Je décidai d'être cyniquement charitable.

— Non, tout au contraire. Je crois que vous faites une peinture intéressante.

Lord Howard me regarda, dubitatif, du haut de l'escalier.

— Intéressante, hein?

— Oui, vraiment, Lord Howard.

— *Well, well...*

Mon beau-père fit demi-tour et disparut de ma vue.

Adolphe Menjou ferma derrière moi la porte de Cadogan Mews. Je respirai l'air de Londres aux fortes senteurs de crottin de cheval et de corps mal lavés. Car la guerre avait donné des ailes au goût des Anglais pour la traction animale et pour la saleté.

Je triche de nouveau avec mes cahiers noirs. J'ai peur d'en ouvrir un et de tomber sur l'Argentine dont je n'ai pas encore très envie de parler, ou bien sur Hollywood, cet endroit ridicule et surprenant qui mérite tout de même qu'on s'y attarde.

J'ai envie de parler de la France. Et parler de la France, c'est parler de Paris. Je triche donc avec mes cahiers. Ils sont tous apparemment pareils, noirs et luisants, mais quelques-uns sont un peu plus gros que les autres et, surtout, plus usagés. Je choisis celui qui me semble le

(1) « Quel gâchis! »

plus épais, le plus pesant. Je ne me suis pas trompé. Paris est écrit sur la page de garde en lettres majuscules à l'encre rouge. Et juste en dessous, entre parenthèses : cette ville est une fête. Hemingway ne s'y était pas trompé, le vieux con.

J'ai aimé cette ville à en avoir mal.

Je retrouve tout de suite les notes prises dès mon arrivée à Paris, en 1951. Tout d'abord j'ai consigné ce que j'ai vu pour la première fois du balcon de mon petit appartement : « Quatre étages plus bas coule la Seine, brune, splendide sous un ciel tendre et gris de roman étranger. Une péniche noire pavoisée de chemises d'homme passe sous le pont d'en face. Un pêcheur en salopette vieillit béatement au bout de sa canne. Des couples d'amoureux marchent en cadence le long des berges. Et, gravement, un peintre barbu transforme en cartes postales les façades en perle rose de l'île Saint-Louis. »

Immédiatement après, il y a quelques lignes à propos de l'Hôtel de la Lousiane où je suis allé me réfugier pendant deux semaines, mon appartement ayant souffert d'un début d'incendie provoqué par mon voisin de palier, un musicien polonais qui fabriquait de l'eau-de-vie dans sa baignoire. J'avais choisi cet hôtel à cause de son nom enchanteur. Hôtel de la Louisiane. Un nom à réminiscences. Bateaux à roue, vieux gentlemen au panama incliné sur l'oreille, tricheurs à long cigare. En fait, l'hôtel grouillait de Sud-Américains bagarreurs, d'étudiants nourris de café au lait et brioches, de Grecs à combines et de bourgeois de New York engoués de bohème. Parfois, rarement, un indigène s'aventurait dans les parages, mais c'était toujours d'un air coupable et le cœur dépaysé.

C'est pourtant là, à l'Hôtel de la Louisiane, que j'ai rencontré pour la première fois Mlle Gréco, alors qu'elle avait encore un nez bien à elle. J'allai l'écouter chanter dans les caves à rats existentialistes — ni Sartre, ni Beauvoir, n'y mirent jamais les pieds — où elle se produisait pour son plaisir aussitôt terminées ses prestations professionnelles. Je crois bien que c'est la première fois que j'ai aimé une femme à Paris. Mais elle n'en a jamais rien su.

Je me suis rendu un soir à la « Tête de l'Art » pour l'entendre chanter, avec mon ami Guy Monréal, un illustre pied-noir sans lequel *L'Officiel de la couture* serait toujours la pâle copie d'un *Vogue* quelconque. Nous avions beaucoup bu, quelques jours auparavant, je m'étais cassé la main droite en tombant dans l'escalier de mon hôtel alors que je rentrais de la dernière messe noire célébrée à Paris. Je demandai à Guy de prendre quelques notes à ma place. Il décapuchonna son stylo et s'apprêta à écrire sur une des feuilles blanches pliées en quatre qu'il portait toujours sur lui. Lentement, sans jamais revenir en arrière je me mis à dicter : « Le rideau se lève. Mlle Gréco paraît. Insolite vision. Un beau visage pâle tout en méplats qui accroche la lumière comme un diamant. Un diamant avare qui ne la rendra pas. »

— Tiens, c'est joli ça, murmura Guy, qui a une âme de poète.

— Ecris. Des mains savantes, chinoises, qui ne se trompent jamais. Une sorte d'élégance désuète dans le geste toujours mesuré. Un corps moulé de noir qui ondule juste ce qu'il faut. Autant qu'il le faut. Mais jamais plus. Et une voix...

— Tu es amoureux d'elle, ma parole !

— Ecris et tais-toi. Je reprends : et une voix... Mais que dire de cette voix ? Elle n'est pas, Dieu merci, ni en or, ni en cristal. Elle n'est ni pure, ni limpide...

— Elle ne va pas aimer ça...

— Ecris. Elle est en fer, cette voix. En fer noble. En fer de bataille. Faite pour les barricades et les transes d'amour. C'est un très grand péché que cette voix, Mlle Gréco...

— Tu vas lui envoyer ça ?

— Mais non ! Je parle pour moi, pour toi, pour nous. Allez, déchire-moi ça...

— Je ne déchire rien. Un portrait, cela s'encadre.

J'ai la sage habitude lorsque je quitte une femme — surtout si elle est riche — de m'en aller sans jamais discuter et en laissant tout derrière moi, maisons, voitures, livres et même parfois mes vêtements. Ce n'est pas de l'élégance. Mais uniquement de la panique à l'idée de boucler des valises et des paquets. Et puis, c'est très agréable de partir en claquant les portes après avoir dit sur un fond imaginaire de musique de Verdi : Adieu! Loin de toi je vais recommencer ma vie!

Cela agace prodigieusement les femmes qu'un homme ait le courage de se montrer généreux envers elle, car elles savent que dans la même situation elles auraient tendance à faire exactement le contraire... Ni valises, ni larmes. Telle a toujours été ma devise. Du vent. Et l'attitude sobre d'un marin qui s'éloigne de l'ouragan en fumant sa pipe.

J'étais donc arrivé pour la première fois à Paris en juin 1950 avec à peine les trois ou quatre mille dollars nécessaires pour repartir à zéro dans la vie. J'en ai dépensé la plupart chez Huntsmam, mon tailleur à Londres, et en me faisant faire sur mesure plusieurs douzaines de chemises chez Taglioni, à Milan.

J'avais laissé derrière moi en Argentine — avec mes chevaux, ma Packard décapotable, mes selles de concours exécutées avec génie à Tor di Quinto et ma collection de disques de jazz — une femme déçue et peinée que j'avais trompée injustement et à tour de bras. Je lui laissai aussi, outre des possessions qui m'étaient très chères, deux enfants.

J'ai retrouvé à Paris un mien cousin assez éloigné, peintre de son état, et dont je tairai ici le nom car étant devenu riche et célèbre il est terriblement attaché à une image de stricte honorabilité qui bannit de son existence toute trace de fantaisie et de gaieté.

Vivant seuls tous les deux, nous cuisinions sans art et sans talent d'assez immondes popotes dans nos appartements respectifs, nous invitant souvent l'un l'autre avec le cérémonial de deux grands-ducs russes en exil.

Le manque de ressources financières nous pesait chaque jour plus lourdement, nous décidâmes d'un commun accord, de supprimer de nos repas les entrées et les desserts. Nous ne nous nourrissions plus que de sardines à l'huile, de thon mariné et d'anchois de Bretagne. Les samedis soir, nous nous régalions exceptionnellement d'une soupe de chez Monsieur Heinz. Ce régime d'austérité eut des effets dévastateurs sur nos estomacs. Nous avions l'haleine fétide et le teint blafard.

— Cela ne peut plus continuer, lui dis-je.

— Non. Il faut vraiment trouver quelque chose.

— Oui, mais quoi ?

— Tout sauf travailler pour un salaire.

— Cela va de soi. Nous sommes des créateurs.

— Et puis d'ailleurs, je n'ai jamais été capable de me plier à un horaire.

— Moi non plus.

Nous étions assis tous les deux dans le minuscule studio de mon cousin. Sur un chevalet, une nature morte récemment finie et que j'essayais vainement d'éviter du regard me mettait l'eau à la bouche. Un lièvre étripé, des tomates gigantesques, des assiettes remplies de fruits gorgés de soleil, une carafe de vin mordoré dont je sentais presque le parfum enivrer mes narines. C'était vraiment trop.

— Peindre cela dans l'état où nous sommes, c'est du pur masochisme.

— Tu as raison, dit mon cousin couvrant la toile avec une serviette. Est-ce qu'il nous reste de l'argent pour aller au cinéma ?

Je pris *Le Figaro* qui traînait sur un sofa pour consulter le compte rendu des spectacles. Puis, soudain, je restai tétanisé, comme un chien à l'affût, les yeux rivés sur le bas d'une page. Sous la rubrique « Société » je lus le nom d'une douzaine de grands hôtels dans lesquels on célébrait quotidiennement des banquets de mariage, des cocktails littéraires et autres festivités de caractère culinaire.

— J'ai trouvé ! m'écriais-je. Jette tout ça à la poubelle et habille-toi. Je t'emmène déjeuner.

— Déjeuner ? Où ça ?

— Au Ritz.

— Tu es devenu fou ou quoi ?

— Non. Il était tout simplement temps que cela finisse. Va t'habiller.

Nous étions jeunes tous les deux, bien habillés, assez plaisants à regarder et malgré nos difficultés pécuniaires nous avions l'air riches et prospères. L'habit ne fait pas le moine, soyez-en convaincus.

Arrivés place Vendôme, je saluai le portier du Ritz d'un sourire de vieil habitué et m'enquis auprès du concierge de savoir dans quel salon avait lieu le banquet de mariage de Mlle M. et de M. Z. Déférant et muet, un chasseur nous y mena. La vaste pièce blanche et dorée grouillait de monde. Je reconnus parmi la foule plusieurs visages célèbres. Il y avait là un ancien président de la République, la môme Moineau et le baron Philippe de Rothschild.

Nous allâmes sur-le-champ saluer la mariée. Elle était rougissante et séraphique, avec ce rien de pervers qu'ont dans le regard les jeunes femmes qui savent qu'elles vont être prochainement culbutées. Nous la félicitâmes en l'embrassant sur les deux joues. Elle crut, naturellement, que nous étions des amis du fiancé. Puis nous allâmes serrer la main de l'heureux homme — un foutriquet aux yeux de poisson frit — lequel s'imagina, tout aussi naturellement, que nous étions des relations de son épouse.

Le déjeuner fut plantureux. Médaillons de langouste à la Liechtenstein, un rôti absolument exquis et un admirable meursault suivi d'un château-margaux de grande cuvée. Nous allumâmes des Hoyos de Monterey en dégustant une fine napoléon dont la couleur me rappela de façon émouvante les yeux de la petite fiancée qui ne rêvait que d'orgasmes et de pâmoisons.

Ma voisine de droite, une proche parente des Lévi-Mirepoix, m'invita à passer chez elle un week-end en Sologne. Quant à la très jolie femme assise à ma droite, une nièce — je crus comprendre — de Bleustein-Blanchet, elle me pria à dîner avec son mari le vendredi suivant dans leur hôtel particulier du dix-septième arrondissement.

Je filai en sortant au maître d'hôtel le peu d'argent qui restait dans mes poches. Le bougre me gratifia d'un sourire de connaisseur. Il savait que les gens riches sont assez pingres à l'heure de distribuer des pourboires. Mon avarice lui sembla donc être un geste de bon aloi. Et il me salua bien bas.

A partir de ce jour-là nous fréquentâmes quotidiennement les salons du Ritz, du Georges V, du Plaza Athénée, du Meurice, du Crillon et d'autres lieux ou la haute pègre parsienne et les gibiers de palace fêtaient leurs épousailles. Nous y mangions pratiquement tous les jours la même chose : de la langouste Thermidor ou des filets de sole au champagne, du rôti de veau ou de la selle d'agneau rose et tendre, des bombes glacées à tous les parfums et des pâtisseries crémeuses noyées de chocolat. Les vins étaient généralement très bons et les liqueurs toujours satisfaisantes. Je m'habituais à fumer des havanes et à négliger avec hauteur les cigares venus d'autres régions du monde. Je faisais, aux frais de la princesse, mon éducation d'hédoniste à tout crin.

Le soir, vers sept heures, en costume bleu et chemise rayée, nous nous rendions rue Montalembert à l'hôtel du Pont-Royal, ou bien au Lutétia ou encore dans quelque arrière-salle de restaurant célèbre où l'on servait des petits fours poussiéreux et du mousseux tiède aux écrivaillons en herbe qui rêvaient de devenir un jour des gloires de la littérature française. C'est au cours de ces raouts littéraires que je rencontrai pour la première fois tous les grands éditeurs parisiens : Gaston Gallimard, aux allures de pape bienveillant, le fringant René Julliard qui allait bientôt découvrir l'Amérique en la personne de Françoise Sagan, le cher Bernard Grasset souvent au bras d'une jolie fille pêchée à Saint-Tropez, le jeune M. de Bartillat avec des airs d'aristocrate sur le point d'être guillotiné et Paul Flamand, le charmant Paul Flamand qui allait devenir mon premier éditeur français et aussi mon ami.

A l'heure du déjeuner, nos voisines de table étaient pour la plupart des jolies femmes habillées avec un goût exquis, sentant bon le N° 5 de Chanel ou bien quelque cologne de chez Guerlain lorsqu'elles voulaient qu'on les prît pour des sportives. Nous finissions souvent au lit avec elles, mon cousin et moi. Elles étaient toutes avides d'amour physique, impudiques et souvent émouvantes. J'ai couché bien plus tard avec les filles de plusieurs d'entre elles. Croyez-moi, il n'y a pas de comparaison possible entre la cuvée des années cinquante et celle qui précéda la médiocre révolution de mai 68.

Les femmes que nous rencontrions aux cocktails littéraires étaient d'un tout autre genre que celles qui nous tenaient compagnie à midi. Souvent aussi belles, mais rarement aussi propres et parfumées. Elles aussi s'acheminaient d'un pied léger vers nos lits mais, hélas, se retranchant derrière d'inutiles théories. Celles de midi couchaient avec nous pour le simple plaisir de faire l'amour, parfois pour la satisfaction qu'elles éprouvaient à tromper le morne et sinistre individu avec lequel elles étaient mariées. J'eus pendant quelque temps une intense liaison avec une dame qui exigeait de voir sur ma table de nuit le portrait de son ambassadeur de mari, le poitrail scintillant de médailles et le sourire satisfait de l'imbécile sûr de lui.

Les intellectuelles du Pont-Royal et du Montalembert faisaient l'amour — avec bien plus de retenue que les grandes bourgeoises — pour se prouver des choses auxquelles, ni mon cousin, ni moi ne prêtions la moindre attention. Et puis, elles parlaient trop. Leur corps les préoccupait outre mesure. Elles voulaient le libérer de je ne sais quels esclavages. Elles pleuraient parfois au moment de parvenir à l'orgasme. Des emmerdeuses.

Au bout de quelques semaines, à nous voir assidûment sur les lieux de leur travail, les maîtres d'hôtel se mirent à nous regarder d'un œil de plus en plus déférent. « C'est fou — devaient-ils se dire — la quantité de gens que ces garçons connaissent ! » Ils ne pouvaient soupçonner en aucun cas qu'ils avaient affaire à deux Rastignacs de haute volée. Nous étions trop bien habillés et nous avions de trop belles manières.

Nous réussîmes à avoir très vite des relations extrêmement intéressantes. Mon cousin décrocha plusieurs commandes de portraits de femmes du monde pendant que moi je prenais des notes pour mes futurs romans. Des notes dans le genre « la femme est chaste par dédain du facile » ou bien « d'apparence légère, la femme est lourde de conséquences ».

Il est certain que j'écrivis beaucoup à propos des femmes pendant la première année de mon arrivée à Paris. J'étais fasciné par les Parisiennes. Ce sont des femmes à part, uniques. Elles n'ont pas toujours vu le jour à Paris. Souvent, elles ne sont même pas françaises. Doit être considérée parisienne celle qui venant du fin fond du Périgord ou d'un bourg d'Australie, s'adapte corps et âme à cette symphonie intime qui se joue à l'intérieur de nous, jour après jour, lorsqu'on a le privilège d'habiter la capitale du monde. Montand le dit dans presque toutes ses chansons et cet Italien honnête et perfectionniste ne ment jamais lorsqu'il chante Paris.

Les Parisiennes. Elles sont exemplaires dans le bien et dans le mal mais sûrement pas dans le médiocre. Les riches savent l'être sans vous salir de leur argent. Leurs pourboires sont des cadeaux. Celles qui travaillent pour vivre ont toujours l'air d'être sur le point de prendre des vacances. Elles font bien — admirablement — la cuisine et l'amour, ce qui revient au même. Elles savent que l'homme — malgré les vents qui soufflent dans le sens contraire — reste et restera leur grande affaire. C'est sur ce terrain-là — terrain de chasse par excellence — que leur science atteint parfois au sublime. Dominatrices chevronnées, elles jouent les esclaves le fouet à la main et inventent des caresses pour se faire pardonner des pleurs qui auraient dû être des rires. Elles s'habillent avec plus de soin qu'elles ne se déshabillent. Elles dansent sans trop y croire, sacrifiant à une liturgie plutôt douteuse. Elles connaissent — et taisent — des choses que personne ne leur a jamais apprises. Elles ont des rapports très étranges avec les enfants, les fleurs et les étoiles. Elles ne confondent jamais la passion et la luxure. Elles sont fidèles par vice et infidèles par tradition. Elles feignent tout et n'importe quoi avec un art inégalable. Paris est leur fief, leur territoire, leur champ de manœuvres, leur forteresse, leur chapelle. Elles ne le quittent que très rarement et reviennent dare-dare parce qu'elles savent que nous sommes toujours là à les attendre.

Dans le cahier noir, le plus usé de tous, où sont consignées mes premières expériences parisiennes, il y a bon nombre de notes et de notules qui concernent les femmes. Des femmes dont beaucoup n'ont plus de visage ni de nom, qui furent mes compagnes d'un mois, d'un jour, parfois d'une heure, les plus enivrantes. Ce sont des observations griffonnées à la va-vite, avec peut-être l'intention de dresser plus tard un inventaire cruel de toutes mes folies et de toutes mes faiblesses, qui ont fait de moi, au courant des années, l'homme que je suis aujourd'hui, ennuyeusement serein, intolérablement tolérant et bien plus innocent que je ne l'étais lorsque j'avais vingt ans.

Je relis avec une certaine stupéfaction ces notes qui me semblent avoir été prises par quelqu'un d'autre.

« Dîner aux chandelles avec H. R. dans un méchant caveau de luxe où je ne remettrai pas les pieds. La femme du monde. Elle ne fait jamais les choses à moitié, bien qu'ayant tout pour être une demi-mondaine. Elle embouteille les théâtres, les salles d'exposition et le cabinet de son gynécologue. Incapable de se distraire, elle bâille sous les stucs des grands hôtels et sous la menace de l'embonpoint. Elle s'imagine distinguée parce qu'elle a autrefois couché avec Umberto d'Italie. » Elle fait pisser son chien et cracher son banquier. Elle parle mode avant l'orgasme et parfums assise sur son bidet.

« Revu M. dans sa loge du théâtre. Elle me demande — des larmes de glycérine aux yeux, de revenir. Elle pardonne ce qu'elle appelle mes incartades. Elle veut m'avoir de nouveau dans le seul but de connaître ce que les autres femmes m'ont appris. »

« Souper chez Marie-Laure de Noailles, dans son hôtel de la place des Etats-Unis. A quatre-vingt-trois ans, outre un amant d'à peine vingt-cinq, Lady L. garde une transparence de rose cueillie aux aurores. Et puis, elle est tellement riche — la Shell, vous savez — qu'elle fait porter son âge par quelqu'un d'autre. »

« Je romps définitivement avec G. On ne peut pas aimer une femme heureuse, m'a expliqué Marcel Achard. Surtout lorsque c'est nous qui provoquons son bonheur. »

« J'aime les petites lesbiennes qui se préparent gentiment à devenir des femmes de poètes. »

Je ne sais pas pourquoi — cela devait être important pour moi — j'ai écrit ces quelques mots à l'encre rouge.
« Je n'aime pas seulement les femmes à conquérir. J'aime aussi les autres, toutes les autres. La femme à femmes, par exemple. Elle ne me déplaît pas lorsqu'elle s'appelle Schéhérazade et qu'elle est fille de harem. Elle ne devient insupportable que lorsqu'elle fume mes cigares et enfile mes pantalons. »

Lorsque je suis arrivé à Paris en 1950, les lesbiennes n'étaient pas à la mode. Elles ne le sont toujours pas, alors que les couples de pédérastes n'étonnent plus personne. Pourtant, quoi de plus émouvant, de plus délicat, de plus humain que ces petites Anglaises que mon ami Hamilton surprend toujours sur le point de se livrer à ces jeux exquis que les gens de bien réprouvent ?
« Fille de harem, ai-je donc continué d'écrire, toujours à l'encre rouge, la fille de Lesbos ne manque pas de charme. Elle est eau et soleil. Elle est ce que sont les nuages, indécise, légère, chantante. Elle se méfie des hommes et déteste leur brusquerie. Elle aime les femmes comme on aime les violons et les flûtes. Elle sait en tirer tous les accords et toutes les nuances. Alors que les pédérastes ont toujours des lourdeurs insupportables — ils parlent politique et boulot —, les jolies petites lesbiennes dans leurs uniformes de collégiennes ressemblent à des plumes. Leurs peaux se frôlent avec des bruissements d'étoffe ancienne. Elles sont le rêve qu'aurait dû faire la Belle au bois dormant. Elles s'émerveillent d'être des femmes et leurs bouches, lorsqu'elles s'effleurent, s'auréolent d'étonnement. Elles devinent —

et découvrent — par petits attouchements toutes les possibilités de leurs corps encore endormis. Elles sont la marguerite qu'elles effeuillent en mimant « un peu, beaucoup, jamais, passionnément ». Elles sont rarement vulgaires, même dans leurs halètements.

J'ai toujours été un homme éclectique et si j'aime toutes les femmes en vrac, lesbiennes comprises, c'est parce qu'elles ont le talent de faire naître le soleil en hiver, de nous faire douter du noir et du blanc, d'avoir inventé le gris, d'avoir remis en question avec la même passion les grandes choses et les petites.

Si j'aime les lesbiennes, j'aime aussi — par périodes — les femmes à l'ancienne, celles qui gardent sans sourire le respect de ce qu'elles représentent. Ce sont des femmes qui vont de nouveau, bientôt, intéresser les hommes. Parce qu'elles sont les seules à pouvoir conférer au vieux péché, qui toujours nous préoccupe, ses dimensions rituelles. Ce sont des femmes à principes qui ont l'audace, sinon l'impertinence, de savoir dire « non ». Et ce « non » est une musique ineffable aux oreilles de ceux qui savent que n'importe quelle femelle naît en pouvant dire « oui » à n'importe qui, à n'importe quoi et n'importe où. »

« La femme que l'on voudrait unique n'existe que dans les romans. Lorsqu'une femme reste auprès d'un homme tout au long d'une vie, on peut se dire qu'elle tient une sacrée névrose. On la garde auprès de soi comme on garde la chambre : parce qu'on est trop faible pour se mettre debout et s'en défaire. »

Quelques pages plus loin — je m'étonnais déjà de ne pas les voir apparaître sous mes yeux — je tombe sur une phrase de Flaubert : « La courtisane est un mythe. Jamais une femme n'a inventé la débauche. » Et, juste en dessous, sur une autre de Miller : « J'aime les putes. Elles ne font pas de manières. Elles se lavent devant vous. »

Flaubert se trompe. Les femmes n'ont peut-être pas inventé la débauche, mais Dieu merci, les putes existent. Et parce qu'elles existent, la vie devient parfois plus facile à supporter.

« Je vous salue, putains qui connaissez le ciel — qui connaissez le doute : celui de vos amants. » J'ai écrit cela sur un ton que je voulais ironique et qui devint malgré moi révérencieux et lyrique —.

« Les putes connaissent la force qu'il faut avoir pour atteindre le ciel alors que la joie n'existe plus et que l'animal ronfle, repu, dans un lit à peine défait. Elles ne croient plus en rien, les putes. Statues de sel sur le trottoir de nos villes, elles savent que Gomorrhe se fait appeler Madame, qu'elle est respectable, qu'elle a un mari, des enfants, des visons, des vapeurs, qu'elle se fout du monde, des lettres et des arts, mais aussi du bourgeon qui éclôt en avril, de la terre qui fume lorsqu'il a beaucoup plu et qu'elle prend ses leçons de vie dans les magazines du cœur et la télévision. Elles savent tout cela nos putains de toujours. Statues de chair sur les pavés, elles sont réverbères. Elles illuminent la nuit.

« Je les aime, les putes. Elles conçoivent, méditent, elles perçoivent et réfléchissent. Elles sont médicaments. Elles donnent des soins d'urgence. Elles ne se maquillent jamais pour plaire au client. Elles sont nos miroirs. Elles nous donnent ce que nos femmes nous refusent. Elles sont vierges et martyres. Elles se refusent à mentir. » Miller — Henry, le vrai, pas l'autre — avait raison. C'est important une femme qui se lave devant vous sans que sa dignité s'écoule avec l'eau sale en faisant des bruits d'égout.

Je tombe sur une dernière réflexion — toujours écrite à l'encre rouge — qui provoque un remous d'importance à la surface de ma mémoire : « Les femmes blanches se tiennent très mal après l'amour. Seule l'Orientale sait rester lointaine et silencieuse. » C'est si vrai. Ma double profession de cinéaste et de journaliste, mon goût de l'insolite et de l'inconnu — parfois aussi de l'inaccessible —, mon penchant enfantin pour l'aventure et mon attirance du danger m'ont permis de connaître intimement des femmes de toutes les races, de toutes les latitudes. Ce n'est pas vrai que les négresses sentent mauvais et, encore moins, les mulâtresses. Il est faux que les Japonaises soient soumises pendant l'acte d'amour. Il est ridicule de croire que les Chinoises soient pudiques. Visitez les bordels de Singapour et vous saurez à quel point les Occidentales peuvent être mornes.

Oui — hélas ou grâce à Dieu — j'ai connu, aimé et ignoré beaucoup de femmes. La plupart des touristes visitent des cathédrales. Moi, je visite des femmes. J'ai retrouvé le sourire de l'ange de Reims dans des lits habitués à un autre genre de grimaces et j'ai écouté le plus pur des chants grégoriens sortant de la gorge d'une hétaïre finlandaise qui remontait le long de ses cuisses des bottes en peau de renne.

J'ai appris beaucoup plus sur un pays entre les bras d'une femme qu'en lisant mes classiques. Les Italiennes vous parlent volontiers de leur mère après l'orgasme et même pendant lorsqu'elles sont filles du Sud profond. La Française s'inquiète des exigences de votre estomac et vous propose des omelettes au fromage qu'elle cuisine de main de maître. L'Allemande — lorsqu'elle est cultivée — vous demande avec assez de désinvolture de perpétrer sur elle certaines des pratiques chères à Sacher-Masoch. L'Espagnole se préoccupe de l'opinion que vous aurez d'elle après qu'elle se sera livrée aux pires turpitudes. Les Grecques s'étonnent, offensées, de ce que vous ressentiez une vague répugnance aux jambes poilues. Les Anglaises — elles ont hérité de la ténacité des fondateurs d'empires — vous demandent d'un seul mot, *again,* de recommencer, de recommencer encore et de toujours recommencer. Norvégiennes, Suédoises, Danoises et autres êtres glacés — la barbarie commence là où finissent les vignes — vous parlent des bienfaits de la gymnastique en prenant des douches froides. Les Russes — mais je n'ai couché qu'avec des Russes Blanches nourries au caviar et habitant le XVIe arrondissement — exigent que vous oubliiez leurs corps — parfois admirable — et que vous ne les aimiez que pour la beauté de leur âme, souvent aussi hideuse qu'un samovar de pacotille.

Femmes d'Europe, femmes blanches, orgueilleuses Occidentales. Leurs langues sont différentes, leur aspect se modifie selon les latitudes, mais elles ont toutes un point qui leur est commun : elles parlent et parlent et parlent... Seule l'Orientale sait rester lointaine, inaccessible et silencieuse.

J'ai rencontré sans aucun doute la plus silencieuse d'entre toutes. Née au Caire vingt-sept ans avant notre rencontre, princesse de son état, elle avait un œil gris et l'autre vert. Le gris, lorsqu'elle était émue ou fatiguée, avait une légère tendance à dévier de son orbite naturelle sans que l'on put dire pour cela que Son Altesse — elle avait droit à ce traitement — fut bigle.

Elle avait le corps superbe des jeunes femmes que le temps rendra épaisses. Elle portait enroulée sur la nuque, en un énorme chignon, une chevelure aile-de-corbeau qui contrastait brutalement avec une peau blanche et mate que le soleil avait toujours épargnée. Elle s'habillait mal, avec une perverse préférence pour les créations de Castillo, avec trop de paillettes et de fleurs artificielles. Loin d'être élégante, ou distinguée, elle était néanmoins désirable en diable, désirable comme peuvent l'être certaines femmes qui transforment un rien de vulgarité en miroir aux alouettes où vont se laisser prendre les hommes pour qui l'élégance et la distinction sont l'antidote de l'érotisme.

Je tombai éperdument amoureux de ma princesse égyptienne ou plutôt j'en devins à tel point obsédé que n'importe quelle autre femme me semblait dénuée d'intérêt, à commencer par la mienne qui m'avait rejoint temporairement à Paris dans l'espoir, expliquait-elle avec son charmant accent de Mayfair, « de recoller les assiettes cassées ».

Je rencontrai pour la première fois la princesse à un dîner donné par Georges de Cuevas qui avait décidé de s'imposer lui-même une Légion d'honneur que le gouvernement français tardait à lui conférer.

J'arrivai vers les sept heures au grand appartement du quai Voltaire pour assister au petit lever du « divin marquis ». C'était une habitude prise par une demi-douzaine d'amis intimes qui savaient à quel point

Georges détestait la solitude à laquelle l'astreignait trop souvent son état de santé. Ayant été renversé par une voiture quelques mois auparavant, le marquis passait sa journée au lit et ne se levait que pour assister, aux représentations de sa compagnie de ballets au théâtre des Champs-Elysées. Ce soir-là, étant donné le caractère exceptionnel de l'occasion, il quitterait ostensiblement son lit à baldaquin parsemé d'écussons fleuris, avec toute la pompe et la majesté d'un Roi-Soleil né au Chili avec un retard de plusieurs siècles.

J'entrai dans la chambre à coucher alors qu'il bavardait encore avec Jacqueline de Ribes et avec son neveu, Raimundo de Larrain, un drôle de neveu blond et bondissant comme on n'en voit que dans la commedia dell'arte et qui cachait ses talents divers pour ne pas peiner son oncle qui aimait à briller en solitaire.

J'étais toujours frappé par la pâleur du long visage chevalin, vierge de toute ride — trafiqué depuis longtemps par toute sorte de bistouris magiques — et dans lequel deux yeux opaques de chien mort vous fixaient avec une curiosité toujours nouvelle. Petit, râblé, sans cou, il aimait qu'on le plaignit, malgré une force herculéenne.

— Comment vas-tu, Georges ?

— Tou vois bien. Ye me regarde mourir...

— Allons...

— Ne discoute pas. Ye déteste ça !

Je l'embrassai sur les deux joues selon un rite vieux comme l'était notre amitié. Qui n'a pas connu Georges de Cuevas n'a pas connu un Paris disparu à jamais et dans lequel il était divertissant de vivre. Georges personnifiait l'esprit, la verve, l'intelligence et le courage. Il était d'une certaine tolérance qui s'évanouissait aussitôt qu'il avait affaire à un imbécile.

Je posai sur le lit le petit bouquet de violettes que j'avais apporté pour ses pékinois. Car Georges avait des pékinois qui mangeaient des violettes. « Comme ça, ça ne sent pas mauvais lorsqu'ils se laissent aller », expliquait-il à ceux qui s'en étonnaient.

— Tou n'es pas déguisé ? s'inquiéta-t-il en me voyant en smoking.

— Fallait-il l'être ?

— Mais natourellement ! Tout le monde sera déguisé. Même le général Catroux !

J'imaginais mal la chose.

— Catroux, déguisé ? Mais en quoi ?

— En général !

— Georges, Catroux *est* général !

— Tou ne comprends rrien ! — s'impatienta-t-il. Tous les « générals » sont déguisés en « générals » ! N'est-ce pas Jacqueline ?

— Oui, Georges.

— Tou vois ? D'ailleurs les militaires sont toujours déguisés. Lorsqu'ils sont en général on voit que ce ne sont que de vieux enfants qui jouent encore. Et quand ils sont en civil, on comprend tout de souite qu'ils sont des « générals » ! N'est-ce pas, Raimundo ?

— Oui, oncle Georges.

Cuevas tripota le collier de perles qui encerclait son cou. Il prit un air mystérieux et décréta :

— Sauf le général de Gaulle.

— Ah bon... ?

— Le général de Gaulle, qu'il soit en civil ou en militaire, est toujours déguisé en éléphant.

Il prit un temps profitant de notre désarroi et ajouta :

— Ye déteste les éléphants. Mais pas celoui-là. C'est oun éléphant héroïque. Raimundo, rappelle-moi qu'il faut demander à Lifar quelque chose avec des éléphants... Pour la mousique, on verra avec Poulenc.

Le vieux maître d'hôtel qui servait Georges depuis un demi-siècle annonça du seuil de la porte l'arrivée de la princesse Bibesco.

— Qu'elle entre, cette vieille autrouche !

Georges cligna de l'œil et ajouta à mon intention :

— Elle écrit le français comme oune étrangère. Bien mieux que beaucoup de français...

— Je me demande, pensa Mme de Ribes à haute voix, quel sera ce soir le déguisement de Morand...

— Comment ? Morand vient chez toi, ce soir ?

— Le pauvre ! Personne ne l'invite plous ! C'est si injouste ! Morand, collaborateur ? Quelle idiotie ! Les gens de talent ne collaborent qu'avec Dieu, et encore... Pas quand ils font des choses sérieuses.

Marthe Bibesco fit son apparition dans la chambre à coucher, déguisée, comme l'avait prédit le marquis, en vieille autruche.

— Mon Georges !...

— Ma princesse !... Comme tou es belle avec toutes ces ploumes !

Dans les quelques minutes qui suivirent, la pièce s'emplit de visiteurs. Trois danseuses du ballet, Natacha, Vera et Ludmilla, Juliette Achard porteuse d'une énorme boîte de chocolats, Henry Sauguet en smoking mauve et Lifar, poétique et irréel, avec sa jolie tête fripée d'enfant désappointé.

Ayant son public au complet, le marquis décida de se lever et de faire sa toilette avant de s'habiller. Les trois danseuses aidées par un Lifar empressé le menèrent vers la salle de bains avec les égards dus à une icône faiseuse de miracles.

Tandis que le Roi-Soleil se gargarisait, prenait un bain et se parfumait au vétiver, Lucien, le vieux maître d'hôtel, servit du champagne rosé aux fidèles.

— Comment vas-tu t'habiller, mon Georges ? — s'enquit à tue-tête Marthe Bibesco.

— C'est oun secret ! hurla Cuevas, de la salle de bains.

— Mon Dieu, soupira Juliette Achard, qu'est-ce qu'il va encore nous sortir...

— Il voulait se déguiser en Cécile Sorel, expliqua Raimundo, le neveu, mais je l'en ai dissuadé, à cause surtout du général Catroux.

— Qu'il se déguise en n'importe quoi pourvu que ce soit du genre masculin, s'exclama Sauguet, levant les yeux au ciel, je sais qu'il y a un évêque parmi les invités.

— Un pope, corrigea Natacha pincée.

Jacqueline de Ribes proposa que l'on passât au salon où les invités allaient arriver d'un moment à l'autre.

— Georges ! beugla de nouveau la Bibesco, nous te quittons ! A tout à l'heure !

— José ! vociféra Cuevas à son tour, toi, tou restes !

Je restai donc avec le neveu bondissant, en buvant du champagne assis sur le bord du lit. Georges réapparut bientôt en peignoir de soie bleu ciel, les pieds chaussés d'affreuses babouches marocaines. Il s'était maquillé les yeux et semblait soudain beaucoup plus vieux que son âge.

— Raimundo, ma piquoure ! commanda-t-il d'une voix tonnante.

Larrain le piqua au bras gauche avec une aiguille en or qu'il avait tirée d'un étui en peau de crocodile. Des couleurs — assez violentes, me sembla-t-il — parurent sur les joues du vieillard, lisses comme celles d'un nourrisson. Georges fit deux ou trois flexions, respira profondément à plusieurs reprises, prit un air comique pour imiter en vain le cri de Tarzan et s'exclama :

— C'est oune merveille, ces vitamines ! Le pape les prend aussi. Ça vous fait bander oun mort !

Je savais que Georges avait prisé dans sa salle de bains de la bonne cocaïne de qualité et que les vitamines que lui envoyait périodiquement de Suisse le docteur Niehans n'étaient qu'un prétexte pour dissimuler l'origine de ses subites euphories.

— Ye oune sourprise pour toi, me dit-il en chaussant des sandales de bénédictin, tou vas être assis à table à côté d'oune femme sourprenante. Oune princesse égyptienne...

Il prit un air de comploteur et continua à voix basse :

— C'est oune femme très haut placée dans son pays. Il faut l'appeller Altesse. Ye ne te dirai pas son vrai nom car elle voyage incognito. Nous allons l'appeler Salima. Elle est mariée avec oun Tourc et elle est très malheureuse. Elle a besoin d'amour. Elle me l'a dit. Alors y'ai pensé à toi.

— Et le Turc dans tout ça ? C'est dangereux un mari Turc, tu sais...

— Pas celoui-là. C'est oun Tourc civilisé. Il a été élevé en Angleterre.

— On peut être civilisé et jaloux.

— Les gens jaloux ne sont jamais civilisés ! s'entêta Cuevas. Mon Tourc, il n'est pas jaloux. Il est beau, il est riche et il est très, très gentil.

— Alors pourquoi cette dame cherche-t-elle ailleurs ?

— Le Tourc l'ennuie.

— Pourquoi ?

— Parce que c'est le mari. Elle a besoin de quelqu'un qui l'excite, qui la fasse vibrer. Elle m'a demandé de loui trouver quelqu'un d'un peu voyou...

— Et tu as pensé à moi. C'est gentil.

— Tou comprends rien ! Lorsqu'elles sont en voyage à l'étranger, les femmes cherchent toujours à s'encanailler...

— Et pour s'encanailler, il faut une canaille. De mieux en mieux, Georges, de mieux en mieux !

— Oh, ne complique pas toujours tout ! Tou comprends très bien ce que ye veux dire. Toi, tou ne seras pas un amant conventionnel, tou seras...

— Arrête, Georges, tu me fatigues.

Le Roi-Soleil émergea tout nu de son peignoir en soie. Raimundo lui tendit une espèce de robe de bure agrémentée d'une ceinture en cuir épais moucheté de gros clous qui me rappella les cilices médiévaux des tableaux de Ribera.

— Tu vas mettre ça pour le dîner ?

— Oui, c'est beau, n'est-ce pas ? C'est le pauvre Balenciaga qui me l'a créée quelques mois avant sa mort.

— Mais qu'est-ce que c'est ?

— La robe que portent les moines de l'ordre de San Juan Crisóstomo, fondée au IVe siècle à Antofagasta, là où ye suis né.

— Et c'est sur cette robe que tu vas faire épingler ta Légion d'Honneur ?

— Et pourquoi pas ? Est-ce que ce n'est pas plous digne qu'un habit d'académicien ?

— Mais, Georges... tu n'es pas un moine !

— Ye ne souis pas non plus oun académicien !

Je jetai l'éponge, incapable de lutter contre l'implacable logique par l'absurde du marquis. Lui, il était enchanté de sa trouvaille.

— Ye voulais mettre oune des robes d'apparat de Cécile Sorel, cela m'aurait donné l'occasion de sortir mes émeraudes. Mais Raimundo n'a pas voulou. Il prétend que y'aurais l'air d'une folle, tandis qu'avec ça, y'aurai l'air de ce que ye souis... oun saint ! D'ailleurs, c'est avec cette robe de boure que ye veux qu'on m'enterre... Donne-moi encore oun peu de champagne.

Il but goulûment et me fit signe qu'il était temps d'aller rejoindre ses invités. Au dernier moment, il rafla au passage le collier de perles qui était sur la commode.

— Georges ! Un moine avec des perles ! Tu n'y penses pas !

— Tou as raison. Soyons ennuyeux comme le Tourc de ta princesse. Allons, viens.

Les salons grouillaient de monde. Des hommes en habit, des femmes parées comme des paons. Le gratin de Paris. L'argent, le talent et la gloire. Rubirosa flirtait dans un coin avec l'une de ses anciennes femmes. Maurice Chevalier offrait des petits fours. Blanche de Polignac jouait de l'éventail et Marie-Laure de Noailles de son nez Bichoffsheim. La princesse Troubetzkoy s'ennuyait d'être si belle et Arturo Lopez discutait avec le baron de Redé, rose de colère. Cocteau mentait à tout va. Jacques Février jouait en sourdine au piano une sonate de Mozart accompagné à la contrebasse par un célèbre musicien de jazz.

Une jeune fille en robe de dentelles s'approcha du marquis pour lui exprimer ses regrets :

— Mon oncle le général Catroux est désolé de ne pas pouvoir venir ce soir. Il a été retenu à la Chancellerie à la dernière minute.

Cuevas se tourna brusquement vers le neveu bondissant :

— Raimundo, mes perles !

— Oui, mon oncle.

Personne ne s'était déguisé, sauf le maître de maison, et peut-être à son insu la vieille princesse Bibesco.

Morand non plus, car il venait de faire son entrée en strict habit de soirée.

Je me penchai à l'oreille du marquis :

— Georges... ils ne sont pas déguisés !

Il me regarda comme si je l'avais peiné :

— Tu te trompes. Ils sont tous déguisés... mais ils ne le savent pas !

Deux minutes plus tard son neveu lui passait autour du cou son collier à trois rangs à la grande consternation des femmes présentes dont les perles étaient moins belles.

J'allai de groupe en groupe bavardant avec les uns et avec les autres en buvant du champagne rosé. Jacques Février avait abandonné Mozart pour une douce et nostalgique mélodie bien française.

La princesse égyptienne se fit attendre juste ce qu'il fallait pour bien nous faire comprendre qu'elle se considérait à part du reste des mortels. De toute évidence, elle l'était.

Elle s'arrêta à la porte du grand salon et se laissa enlever sans faire un geste le manteau d'hermine qui la couvrait jusqu'aux pieds. Cette fois, Antonio del Castillo s'était surpassé. Broderies, paillettes, rubans, nœuds, tout y était. Mais on voyait aussi briller sur la princesse les sombres feux des célèbres rubis du dernier sultan de Turquie, larmes rouges et sauvages enchâssées dans le diadème, les boucles d'oreilles, le collier, les bracelets et les bagues que Salima portait comme autant de colifichets.

A quelques pas derrière elle, un homme immense d'une indéniable beauté surveillait d'un œil froid toutes les richesses dont était parsemée la princesse. Lui-même portait à la boutonnière de son habit une très belle décoration dans laquelle scintillaient des diamants. Cuevas se précipita vers la nouvelle venue. Très haut, pour que tout le monde pût l'entendre, le « divin marquis » s'écria :

— Altesse, l'Egypte est tombée bien bas en vous laissant aller...

— L'Egypte, si elle était restée, lui aurait coupé le cou, répondit sans sourire l'homme immense qui portait ses cheveux blonds légèrement bouclés sur la nuque.

Précédée par Cuevas qui ne cessait de lui faire des

courbettes et suivie de près par celui qui ne pouvait être autre que « le Tourc », Salima s'avança parmi la foule des invités, saluant çà et là d'un sourire vaguement indifférent les gens qui s'inclinaient devant elle. Jacques Février, imperturbable, jouait maintenant une marche turque du XVIIIe.

La princesse avait des jolis bras très blancs et légèrement dodus. Son décolleté, que Castillo avait voulu audacieux et prude à la fois, laissait deviner des seins assez lourds et peut-être pas aussi fermes qu'on aurait aimé à les imaginer.

— Une caille, une savoureuse petite caille, soupira derrière moi James de Coquet, lequel, par déformation professionnelle, voyait déjà la princesse couchée sur un lit de ciboulettes.

Dans le sillage de Salima, propos et commentaires allaient bon train.

— Les rubis sont beaux mais mal taillés. A Genève on ne lui en donnerait pas un clou...

— Elle a un œil qui regarde de travers...

— Non, mais tu as vu comment elle nous a regardés ? Pour qui se prend-elle ?

— Un très beau cul, ma parole...

— Oui, mais elle fait vraiment très moukère arabe...

— Il paraît qu'ils ont foutu le camp avec les bijoux de la Couronne.

— Son frère a perdu les deux couilles dans un accident de voiture...

— L'autre soir, chez les Faucigny-Lucinge, elle a demandé un yaourt et l'a mangé avec les doigts...

Et ainsi de suite.

A table, comme convenu, Cuevas m'avait placé entre la princesse Salima et la princesse Bibesco. Le snob qui sommeille toujours en moi était aux anges.

Elle sentait bon, l'égyptienne. Je ne reconnus aucun des parfums français habituels. Je croyais respirer des fleurs macérées auxquelles on aurait ajouté un soupçon de quelque chose qui rappelait l'encens d'église. Je me penchai vers Salima et, pour rompre la glace, je lui demandai :

— Votre parfum est merveilleux, Altesse, mais je ne le reconnais pas. Comment l'appelez-vous ?

Elle me dévisagea de son beau regard incohérent et me répondit brièvement :

— Je ne me parfume jamais. C'est mon odeur naturelle.

Marthe Bibesco qui l'avait entendue me toucha du coude. A voix basse elle me dit :

— Elle ment. Elle porte un parfum assez courant au Moyen-Orient. On le fabrique au Liban avec des grenades pressées et de la balsamine.

On nous servit un potage de tortue dans des assiettes creuses ayant appartenu à Joséphine de Beauharnais. Assis en face de moi, « le Tourc », avala une première cuillerée en émettant des bruits étranges. Amusée, Marthe Bibesco me regarda du coin de l'œil.

— Ne vous frappez pas, dit-elle, c'est le comble de la politesse en Turquie lorsqu'on est bien élevé.

A la droite de la princesse, Cuevas faisait toujours des ronds-de-jambe ce qui, étant confortablement assis, était tout de même une performance. Au potage de tortue succéda un saumon frais d'Ecosse couché sur un lit de rocaille dans des grands plats d'argent aux armoiries que s'était inventées Georges pour plaire à sa femme, une Rockefeller qui avait pris Paris en grippe et vivait à New York.

J'assistais ce soir-là à ce qu'il est convenu d'appeler à Paris « un dîner brillant ». Rien n'y manquait. Ni la célébrité du maître de céans, ni le décor somptueux de la salle à manger tendue de damas, ni l'excellente nourriture, ni les vins de grande cuvée, ni la vaisselle plate de la Compagnie des Indes. Les hommes étaient tous de ceux qui comptent dans ce bas monde. Riches, puissants, autoritaires. Les femmes, sinon toujours belles, étaient suprêmement élégantes et aussi coûteuses que leurs bijoux. Des dizaines de chandelles éclairaient leurs visages en gommant des rides et en leur prêtant un éclat que la plupart du temps elles n'avaient pas.

Marthe Bibesco qui semblait avoir deviné mes pensées, murmura :

— Beau casting pour une belle pièce, n'est-ce pas ? Mais ne vous faites pas d'illusions, le rideau ne se lève jamais sur la scène.

Le Turc qui devait avoir l'ouïe fine émit un petit rire en clignant de l'œil à la Bibesco.

— Au Caire, dit-il, c'est encore pire, car les acteurs de cette pièce jamais jouée sont toujours laids.

Nous sourîmes poliment sans trop savoir que répondre. Salima, qui avait entendu la remarque de son mari, intervint à son tour :

— En bon Turc qu'il est, Mehemet déteste les Cairotes.

Mehemet haussa les épaules :

— Je ne les déteste pas parce qu'ils sont des Cairotes, je les déteste parce qu'ils sont laids.

Lui ne l'était pas. Des yeux presque féminins étirés vers les tempes, une bouche aux lèvres sensuelles, le menton ferme, un demi-sourire agressif et moqueur et l'air d'être là sans vraiment y être.

Il décortiqua sa perdrix flambée au cognac avec des gestes précis de chirurgien. Ses ancêtres avaient dû manier avec talent le cimeterre.

Nous étions au dessert lorsque Salima se tourna vers moi, profitant de ce que Cuevas s'était arrêté de parler pour boire un verre de vin.

— Sauvez-moi... murmura-t-elle en esquissant un sourire complice.

Je m'empressai de lui obéir et lui demandai :

— Allez-vous rester longtemps à Paris, Altesse ?

Déjà, Cuevas s'était rabattu sur sa voisine de gauche. Salima respira, délivrée.

— Nous resterons à Paris peut-être quelques semaines, m'expliqua-t-elle, mais cela dépend pour beaucoup des nouvelles que nous recevrons d'Egypte. Mon mari doit voyager incessamment aux Etats-Unis, mais moi je resterai ici...

Elle parlait en anglais, employant ce *king's english* que l'on entend dans les bars élégants et les halls des grands hôtels.

— Connaissez-vous bien Paris, Madame ?

— Non. Très mal. Je n'y suis venue qu'une fois alors que j'étais encore très jeune.
— Y a-t-il quelque chose qui vous y intéresse particulièrement ?
Elle baissa la voix pour répondre :
— Tout.
Je sus que le jeu venait de commencer.
— Tout, Madame ?
— Tout, répéta-t-elle avec une lueur particulière dans son regard dépareillé.
Je singeai le ton d'un courtisan de comédie.
— Je suis votre serviteur, Madame.
— Je sais, répondit-elle avec sérieux, Georges me l'a déjà dit.
Et elle se tourna vers Cuevas pour lui demander une cigarette. Marthe Bibesco me poussa de nouveau du coude.
— C'est dans le sac, me dit-elle, l'œil canaille.
— Vous en êtes sûre ?
— Oh, oui, alors !
En ce moment précis, le Turc se pencha sur son assiette et demanda :
— Que signifie exactement en français « c'est dans le sac » ?
Un long frisson froid me parcourut le dos. Marthe lui répondit, sans l'ombre d'une hésitation :
— Cela signifie que j'ai dans mon sac le paquet de cigarettes que Monsieur m'a confié pour ne pas déformer les poches de son smoking.
— Ah... j'avais cru qu'il s'agissait... comment dites-vous... d'un dicton ?
— Quelque chose comme « le crocodile curieux n'a pas le temps de mordre » ? Eh bien non, pas du tout.
Mehemet nous regarda un long moment sans rien dire. Sur un signe de Cuevas, Salima s'était levée de table. Dans le brouhaha des chaises repoussées, elle me souffla à l'oreille :
— Tout à l'heure nous irons danser au Jimmy's. Mon mari va vous inviter à nous y rejoindre.
— Dois-je accepter ?

— Naturellement.
— Je jouerai peut-être ma vie...
— Peut-être... Mais n'est-ce pas cela qui est excitant ?
Elle me tourna le dos pour accepter le bras que lui offrait « le divin marquis ». Elle avait une chute de reins vertigineuse.

Cuevas donna à peine le temps à ses invités de boire leur café et entamer les liqueurs. Il se plaça au centre du grand salon, flanqué de son neveu qui se tenait quelques pas en retrait, et levant les mains en l'air il demanda d'une voix forte que l'on se taise. Dans sa robe de bure, les pieds nus dans les sandales en cuir tressé, il avait l'air plus petit, plus voûté que jamais. Le visage très pâle, il dévisagea longuement la cinquantaine de personnes qui l'entouraient et sur le ton de quelqu'un qui maîtrise avec peine sa colère, il demanda :

— Etes-vous d'accord avec môa si ye vous dis que j'ai beaucoup fait à travers le monde pour le prestige de la France ?

Des « oui » amusés et chaleureux fusèrent de toutes parts. Alors Cuevas continua :

— Yé presque rouiné ma femme — et croyez-môa, c'est difficile de rouiner oune Rockefeller ! — en voyageant sur les cinq continents avec une compagnie de ballets qui passe à juste titre pour être la meilleure de ce pays.

Des femmes applaudirent à tout rompre et des hommes, cigare au poing, crièrent bravo avec enthousiasme.

— Yé connu, affirma le marquis en haussant la voix, des succès étourdissants en Europe et aux Etats-Unis. Y'ai été applaudi par des foules délirantes, félicité par des chefs d'Etat. Ye les ai toujours remerciés par oun seul cri : Vive la France !

Deux grosses larmes roulèrent le long des joues de Cuevas dont les lèvres s'étaient mises à trembler. Il cria presque pour dire :

— Grâce à moi les musiciens français, Ravel, Debussy, Satie, Messiaen, Honneger, Poulenc, Sauguet sont connus et joués dans tous les grands théâtres internationaux, de Madrid à Helsinki, de New York à Sidney, de Milan à Boston... Et partout, en reconnaissant leur talent, on rendait hommage au génie de la France, cette France que y'ai toujours servi sans lésiner sur l'argent des Rockefeller !

Le grand salon retentit encore une fois de bravos et de vivats. Beaucoup de femmes avaient les yeux embués de larmes. Emouvant et ridicule, le vieux monsieur déguisé en moine d'opéra avait réussi à toucher le cœur de tous ces gens endurcis par leur frivolité et leur panique de céder aux sentiments faciles.

Cuevas prit un temps — très long, presque insoutenable — avant de demander d'une voix rauque :

— En récompense à tous ces services rendous, qu'est-ce que la France a fait pour môa ?

Un silence épais, pesant, tomba dans le grand salon. Des gens s'entre-regardèrent inquiets. Qu'est-ce que ce fou allait encore leur sortir ?

— La France, tonna Cuevas, m'a écrasé d'impôts ! La France m'a mis d'innombrables bâtons dans les roues ! La France m'a traité en marâtre !

Deux ministres — celui de l'Intérieur et celui de la Justice — pâlirent de concert et un secrétaire d'Etat fixa des yeux le plafond subitement intéressé par les grisailles qui le décoraient.

— Pour récompenser tant d'injustice, reprit Cuevas d'une voix soudain presque inaudible, j'ai décidé de faire moi-même ce que la France aurait dû accomplir depuis longtemps.

Les invités, de plus en plus inquiets, dressèrent l'oreille. Pendant quelques instants encore, Cuevas tint son public en haleine avant d'annoncer :

— Au nom de cette France pour laquelle y'ai plus fait que la plupart des Français, j'ai décidé de me conférer la grande croix de la Légion d'honneur.

Ces derniers mots tombèrent dans un silence de mort. S'il s'agissait d'une plaisanterie, elle était du dernier mauvais goût. Si le vieux monsieur venait de parler sérieusement, alors il était fin prêt pour l'asile psychiatrique. Personne ne savait ni que faire, ni que dire. Avec un sang-froid de grande professionnelle, la Bibesco s'était mise à prendre des notes.

— Raimundo, la croix ! ordonna Cuevas dressé sur ses ergots.

Le neveu bondissant s'approcha de son oncle avec un étui en cuir noir sur un plateau d'argent. Cuevas l'ouvrit et en tira une croix en or et émail constellée de petits diamants.

— Comme ye ne veux pas compromettre aucun des membres du Gouvernement ici présents, je vais demander à Son Altesse Royale la Princesse Salima d'Egypte de passer autour de mon cou cette croix que la France aurait dû m'offrir depuis longtemps.

Les deux ministres et le secrétaire d'Etat s'éclipsèrent prestement, les visages de bois. Poussée dans le dos par un Mehemet hilare, Salima s'approcha du marquis et avec des mains qui tremblaient légèrement, elle lui passa autour du cou la grande croix de la Légion d'honneur livrée par Cartier l'après-midi même.

Personne n'applaudit, personne ne sourit. Cuevas, d'une voix de stentor, cria un « Vive la France » qui tomba dans le vide tandis que Jacques Février plaquait au piano les premiers accords d'une *Marseillaise* guillerette qui donnait envie de danser la polka.

Je ne pus rejoindre Mehemet et Salima au Jimmy's que vers une heure du matin. Cinq minutes après que le « divin marquis » se fut octroyé la grande croix de la Légion d'honneur aux sons de *La Marseillaise,* les salons du Quai Voltaire se vidèrent, comme les caves d'un bateau en perdition se vidant de ses rats. Le départ, on ne peut plus ostensible, des deux ministres et du secrétaire d'Etat, fut le signal d'une fuite précipitée de la part de tous ceux qui pensèrent que cette fois le marquis de Cuevas était allé trop loin.

Le carré des fidèles — dont Jacqueline de Ribes, la Bibesco et moi-même — se ferma autour du maître de céans qui commençait à être très effrayé de sa propre plaisanterie.

— Tou crois qu'ils se sont vraiment fâchés ?

— Les gens du gouvernement sont partis vexés comme des poux !

— On ne joue pas en France avec la Légion d'honneur, Georges, déclara gravement la Bibesco, trop de gens ont commis des bassesses pour l'obtenir...

— J'ai bien peur, dit une des danseuses russes qui étaient restées auprès de nous, qu'en France le port indû d'une décoration soit considéré comme un délit.

Le divin marquis devint livide.

— Ye voulais simplement, bégaya-t-il, que le gouvernement comprenne qu'il était temps qu'on reconnaisse mes mérites...

— Cela, nous l'avons tous compris. Si tu t'étais contenté du ruban, ou même de la rosette, je ne dis pas... mais la grande croix ! Tu n'y vas pas de main morte, Georges !

— Je te l'avais dit, mon oncle ! Le ruban, contente-toi du ruban !

— Oh, toi, la ferme !

Le vieil homme prit place dans un fauteuil et avala d'un trait le verre de cognac que lui versa la Bibesco.

— Et maintenant, demanda-t-il l'œil hagard, que va-t-il se passer ? Qu'est-ce qu'il faut faire ?

— Attendre, Georges, il n'y a rien d'autre à faire.

— Peut-être qu'il ne se passera rien du tout.

— Le ministre de l'Intérieur avait l'air outré !

— Celui de la Justice aussi.

— Le plus dangereux, à mon avis, c'est le secrétaire d'Etat. C'est à lui que tu aurais du t'adresser pour obtenir le ruban...

— Mon Dieu, mon Dieu, larmoya le marquis.

— Heureusement que le général Catroux n'était pas là !

— Mais sa nièce y était. Demain matin il saura tout !

— Mon Dieu, mon Dieu... Et si je partais à New York pour rejoindre Margaret ?

— Pars vite avant qu'elle ne soit mise au courant de cette soirée. Elle serait capable de te couper les vivres !

Cuevas retomba en enfance et gémit terrifié :

— Ye crois qu'après tout ye vais rester ici.

Il préférait de beaucoup affronter les tribunaux et même les geôles de la Santé plutôt que d'affronter les fureurs de la marquise lorsqu'elle apprendrait ce que l'on appellerait plus tard « l'impair de la grande croix ».

Nous le mîmes au lit. Natacha lui massa la nuque, Ludmilla lui prépara un tilleul et Véra lui chauffa une bouillotte. Confortablement calé sur ses oreillers le « divin marquis » s'en prit à son neveu :

— Tout est de ta faute, crétin ! Tou devrais connaître les lois de ce pays et me tenir au courant de tout ce que ye ne dois pas faire ! Métèque !

Larrain ne discuta pas. Il ressortit la longue aiguille en or de son étui et repiqua son oncle — cette fois à la fesse — avec une telle férocité que le vieillard poussa un hurlement en recevant le coup de poignard.

Lorsque nous le quittâmes, il dormait paisiblement sous les effets de la drogue, avec la grande croix de la Légion d'honneur reposant sur sa poitrine. Soudain, la Bibesco qui avait déposé un baiser sur le front du marquis se pencha, attentive, sur la décoration.

— Je crois que nous sommes sauvés, dit-elle en se relevant au bout de quelques instants. Ceci n'est pas la grande croix de la Légion d'honneur. Il y a là, sur l'émail, des palmiers et un éléphant, et puis, je vois aussi écrit en lettres d'or : « Hommage de la poésie à la négritude. C'est un machin qui a dû être créé par Léopold Sedar Senghor. »

Dieu soit loué ! Cartier s'était trompé dans les livraisons de la journée.

Le Jimmy's grouillait de monde. Mehemet avait réussi à trouver une table au fond de la salle, là où le bruit était moins assourdissant. Dès qu'elle m'aperçut me frayant un passage à travers la foule des danseurs, Salima me fit signe de m'asseoir auprès d'elle sur la banquette. Mme de Ribes et Raimundo Larrain prirent place, tant bien que mal, sur des tabourets au bord de la piste bondée. Elie de Rothschild finissait de raconter une histoire juive avec sa verve habituelle à Françoise de Langlade qui riait aux éclats, belle et pulpeuse dans son étroit fourreau de velours noir. A la table voisine, Rubirosa versait en souriant des obscénités à l'oreille de son ex-femme américaine. Mehemet, qui avait beaucoup bu, s'écria, la voix pâteuse :

— Il y tenait quand même à sa grande croix, le pauvre vieux !

— Je crois que j'ai commis une gaffe en la lui remettant, murmura Salima, soucieuse.

Je leur racontai alors que Cartier s'était trompé de croix et qu'il avait livré Quai Voltaire une décoration africaine destinée à quelqu'un d'autre.

— C'est Marthe Bibesco qui s'en est rendu compte à la dernière minute. Nous sommes donc lavés de tout soupçon. Personne ne pourra dire que Georges s'est amusé à bafouer la plus prestigieuse des décorations françaises.

— Je n'aurais jamais cru, railla Mehemet, que le marquis tenait tant à ce genre de babioles. J'en ai des valises pleines à la maison, avec des sphinx, des pyramides, des panthères, des lunes et des soleils. Demain je lui en enverrai un paquet.

— Tu n'en feras rien, coupa sèchement Salima. Laisse donc le pauvre vieux tranquille !

L'orchestre jouait un slow à la mode. Mehemet se pencha vers moi, les yeux de plus en plus troubles.

— Moi, dit-il, je ne sais pas danser, mais ma femme adore ça. S'il vous plaît, soyez gentil avec elle...

Salima foudroya son mari du regard.

— Voulez-vous danser avec moi ? lui demandai-je.

Elle se leva et sortit sur la piste. Je la pris dans mes bras. Elle était douce et chaude. Elle sentait bon. Tout de suite, elle plaqua son ventre contre le mien. Il était dur et légèrement rebondi, comme ceux des femmes nues que les primitifs flamands imaginaient prudes et perverses à la fois. Elle enfouit son visage dans le creux de mon cou tandis que sa main gauche me caressait la nuque. A ma place, n'importe quel Anglais se serait déjà mis à transpirer. J'essayai prudemment de plaisanter :

— Madame, je ne suis pas en bois.

— Appelez-moi Salima.

— Salima, je ne suis pas en bois.

— Moi non plus.

Elle se serra encore plus fortement contre moi.

— Mon mari part demain. Qu'allez-vous me montrer à Paris ?

— Que voulez-vous voir ?

— Où habitez-vous ?

— Rue des Saints-Pères, un petit appartement sous les combles. D'anciennes chambres de bonne remises en état. J'ai une très belle vue sur les toits de Paris.

— Nous habitons le Crillon. Une suite avec terrasse. On y voit aussi beaucoup de toits.

— Ce sont pas les mêmes toits.

— J'aimerais découvrir par moi-même la différence.

L'orchestre attaquait maintenant *Just a gigolo.* Aussitôt un violent brouhaha s'éleva du côté de notre table. Nous nous arrêtâmes de danser.

— Venez, dis-je, allons voir ce qui se passe.

Elle me prit la main, la serra de toutes ses forces et murmura :

— Demain je ferai l'amour avec toi.

Puis elle m'entraîna vers notre table. Mehemet, un sourire idiot sur les lèvres, était affalé sur la banquette. Du sang coulait de sa bouche fendue.

— Qu'est-ce qui lui est arrivé ? s'enquit Salima, la voix dure.

— Dès que l'orchestre s'est mis à jouer *Just a gigolo,* expliqua Raimundo Larrain, votre mari s'est tourné vers Rubi et lui a dit : « Va danser mon vieux. Cette musique est faite pour toi. » Rubirosa s'est levé et lui a flanqué son poing sur la figure.

Aidés par deux charmants Argentins que nous ne connaissions pas, nous ramenâmes Mehemet au Crillon et nous aidâmes Salima à le mettre au lit. Le bonhomme n'avait pas d'excuse. Sa femme fut la première à l'admettre. Elle le montra de manière fort originale.

— Que peut-on attendre d'un homme qui mange sa soupe en émettant des bruits ?...

— Il a probablement le nez cassé, dit l'un des

Argentins. Il faudra que demain il se fasse examiner par un médecin.

— Ce n'était pas prudent de provoquer Rubirosa, remarqua l'autre Argentin. Personne n'ignore qu'il boxe à merveille.

Mehemet m'attendrissait. Après tout, il était Turc. Il voyait les choses à sa manière. Avoir pris Rubirosa pour un simple gigolo était la preuve flagrante d'une totale méconnaissance de ce que l'on appelle encore « le monde ». Lorsqu'on nage dans certaines eaux, il est préférable de connaître au moins les noms des poissons qui vous tiennent compagnie et ne pas confondre les maquereaux avec les langoustes promises à la sauce Newburg. Si Mehemet avait reçu le poing du Dominicain sur la figure, il n'avait eu que ce que son provincialisme méritait. Mais il ne fallait pas s'acharner sur lui. J'ai toujours traité avec respect — voire avec affection — les maris que je trompais. Celui-là ne l'était pas encore, mais ce n'était plus qu'une question d'heures.

Salima commanda une bouteille de champagne et ouvrit toutes grandes les porte-fenêtres qui donnaient sur la terrasse de sa suite. L'aube laiteuse se levait à l'horizon. Gris et bleus, les toits de Paris s'étendaient à l'infini. Solitaire, la place de la Concorde livrait au jour naissant la plus belle des géométries.

Les deux Argentins — des joueurs de polo venus disputer un championnat sur les terrains de Bagatelle — burent chacun un verre de champagne et prirent congé de la princesse.

— Faites examiner son nez demain matin, dit l'un.

— Empêchez-le de boxer, dit l'autre.

Nous restâmes seuls, Salima et moi. Par la porte ouverte de la chambre à coucher on entendait Mehemet qui geignait comme un enfant.

— Je ne peux plus le supporter...

On ne peut aimer quelqu'un que l'on ne supporte plus.

— Des histoires comme celle-là vous arrivent souvent ?

— C'est un sauvage avec un vernis de civilisation qui craque au premier verre de vin.

Une des bretelles de sa robe tomba et son épaule ronde et nue sembla plus ronde et plus nue dans la pâle lumière naissante.

— Pourquoi ne divorcez-vous pas ?

Elle leva sur moi un regard étonné. L'œil vert semblait encore plus surpris que l'œil gris.

— Divorcer ? Mon frère ne le permettrait jamais.

— C'est lui qui vous a obligée à l'épouser ?

— Naturellement, répondit Salima de nouveau déconcertée par ma question.

— Pourquoi avez-vous accepté ?

Elle ne put s'empêcher de sourire.

— En Egypte, on ne dit pas non à mon frère.

— J'ai l'impression que dernièrement les choses ont beaucoup changé en Egypte. Même pour votre frère.

Elle eut l'air d'y penser pour la première fois.

— Oui... c'est vrai. Mais il y a chez nous des choses qui ne changeront jamais.

— L'obéissance des femmes à leurs frères ?

— Par exemple.

On n'épouse pas des hommes et des femmes. On épouse des pedigrees, des fortunes, des êtres ayant accès au pouvoir.

— Rentrons, dit soudain Salima, j'ai un peu froid.

Je la suivis dans le salon rose et blanc, élégant et impersonnel. Elle se laissa tomber dans le sofa et d'un brusque mouvement des jambes elle envoya voler en l'air ses souliers.

— Eteins les lampes, souffla-t-elle.

— Prends-moi dans tes bras...

Elle était merveilleusement lourde malgré son aspect fragile. Je l'embrassai longuement sur la bouche. Elle avait les lèvres tièdes, la langue agile.

— Fais-moi l'amour...

Je le lui fis. Puis nous restâmes dans les bras l'un de l'autre, sans dire un mot. Elle n'alluma pas de cigarette, ne réclama rien à manger ni à boire, ne tint pas des promesses saugrenues. Rien. Le silence, le silence magique que les occidentales ne respectent jamais.

Cela ne dura qu'un temps. Dans la chambre à côté,

échoué sur le vaste lit comme un cachalot sur la grève, Mehemet s'était mis à ronfler.

Mehemet dut avoir le nez opéré, ce qui retarda son départ pour les USA d'une bonne quinzaine de jours.

Le lendemain de l'incident du Jimmy's, j'emmenai Salima chez moi, rue des Saints-Pères. Elle aima d'emblée les trois petites pièces tendues de chintz sous les combles du vieil immeuble, que j'avais meublées d'un grand divan-lit, d'une vieille table de travail toujours encombrée de papiers et de quelques fauteuils dûment retapés que j'avais achetés aux Puces. Elle trouva que ma mère était très belle dans son cadre en argent et crut reconnaître dans la photo de mon père en uniforme Eric von Stroheim, un de ses acteurs préférés.

Nous fîmes l'amour pendant toute l'après-midi en écoutant des disques de Jacques Brel et en sirotant du Mumm brut que j'avais acheté chez l'épicier du coin.

Le soir nous rentrâmes, éreintés, au Crillon pour dîner dans la suite de l'hôtel avec le pauvre Mehemet qui faisait des efforts pathétiques pour rentrer dans les bonnes grâces de Salima qui lui adressait à peine la parole.

— J'ai souffert terriblement pendant qu'on me changeait le bandage à la clinique...

— Mmm...

— On m'a conseillé de prendre mon mal en patience...

— Mmm...

— ... car il peut durer encore plusieurs semaines.

Salima réagit avec une blessante vivacité :

— Cela ne vous empêchera pas de voyager aux Etats-Unis, j'espère ?...

— Non, non...

Le pauvre homme perdait pied à chaque minute qui passait.

— C'est gentil, larmoya-t-il à mon adresse, de vous être occupé de Salima cet après-midi... A quoi avez-vous donc passé votre temps ?

— A visiter le musée de l'Homme, répondit vertement à ma place la princesse.

Souriant et penaud, Mehemet hocha la tête :

— Je ne comprendrai jamais pourquoi elle aime tant les musées. Au Caire aussi elle passait son temps dans les musées... Moi, je préfère de beaucoup le cinéma.

Dans une histoire d'adultère ce n'est pas le mari qui est ridicule. C'est l'amant. Le mari n'a pas à se cacher dans les armoires, ni à déguerpir par les toits, ni à mentir à tort et à travers et, ni trop souvent à cacher son amour pour la pêcheresse. Je compris très vite que je serais incapable de jouer cette comédie sordide au pauvre Mehemet qui nous poussait l'un dans les bras de l'autre en me donnant des grandes tapes dans le dos. « C'est gentil, mon vieux, de vous occuper de Salima... »

Dès qu'il souffrit moins du nez, Mehemet passa au Traveller's le plus clair de ses journées. Pendant que nous faisions l'amour rue des Saints-Pères, il jouait au bridge et lisait le *Wall Street Journal* entouré de vieux messieurs qui lui posaient des questions sur la cour des pharaons. Le soir il nous emmenait dîner à l'Escargot, rue Montorgueil, où nous étions reçus avec tous les honneurs. Ce n'était pas un méchant homme, mais il avait le tort d'être celui dont Salima ne voulait plus.

Pour ma part, je tombai très vite amoureux fou de la princesse égyptienne. C'était la première fois que j'étais attiré à ce point par une femme. J'aurais voulu ne pas la quitter, ni de jour, ni de nuit. En fait, je la quittais à peine. Nous déjeunions en tête à tête dans des bistrots perdus et nous rentrions rue des Saints-Pères, le café aux lèvres, nous coucher dans le vaste lit-divan qui en avait vu d'autres, mais pas des pareilles.

Trois jours après notre première rencontre, le téléphone sonna à huit heures du soir dans mon appartement. C'était Cuevas.

— On t'a vu tout à l'heure chez Allard avec la princesse. Alors, dis-moi, ça y est ?

Comme je mettais quelques secondes à lui répondre, Cuevas s'impatienta, rageur :

— Pas de cachotteries avec moi, s'il te plaît ! Ça y est ou ça y est pas ?

Je fus obligé d'admettre :

— Oui, Georges, ça y est.

— Et alors ?
— Alors quoi ?
— Comment c'était ?
Salima ayant pris l'autre écouteur avait tout entendu. Elle répondit à ma place :
— C'était très bien, Georges, très bien. Nous avons beaucoup pensé à vous.
— Oh, princesse !...
Georges nous invita le vendredi suivant à la première de *Monsieur de...* dont il était l'auteur de la chorégraphie.

Les arrivées du marquis de Cuevas au théâtre des Champs-Elysées étaient toujours des happenings qui laissaient pantois tous ceux qui étaient les témoins de ses fracassantes apparitions sur les trottoirs de l'avenue Montaigne. Précédé par une demi-douzaine de pékinois rébarbatifs tenus en laisse par un domestique, il descendait de voiture soutenu par Horacio Guerrico — son secrétaire Argentin — et par son neveu Larrain, porteur de plusieurs objets dont le marquis ne se séparait jamais : un châle de cérémonie en soie brodée d'or, cadeau du grand muftī de Jérusalem, une trousse de pharmacie ayant appartenu à Eugenia de Montijo, l'épouse espagnole de Napoléon III, une canne à pommeau d'ivoire, présent de l'empereur Bao Daï, et une Bible ancienne dont le premier propriétaire fut Henry VIII d'Angleterre.

Mais le plus souvent Georges arrivait à « son » théâtre couché sur une civière portée à bout de bras par deux gorilles vêtus de blanc. Le marquis détestait se mettre en smoking. Il préférait de beaucoup se déguiser. En maharadja couvert de perles, en bonze thibétain, en cheik du désert, genre Rudolf Valentino. Il avait un penchant très marqué pour les djellabas, les turbans agrémentés d'aigrettes et les bijoux barbares. Lorsque le travestissement du vieillard dépassait les bornes de la fantaisie conventionnelle — il était arrivé un soir au théâtre coiffé d'une mitre d'évêque retouchée par Dior — les badauds massés sur le trottoir applaudissaient à tout rompre. Le public lui faisait une haie à l'entrée du théâtre et lui, imperturbable, passait, saluant à droite et à gauche d'un geste circulaire de main qui provoquait le tintement des chaînes d'or enroulées autour de son poignet.

On installait Georges, comme un vieux roi sur son trône, dans un grand fauteuil Louis XV qu'il trimbalait à travers le monde de théâtre en théâtre. Autour de lui prenaient place les plus belles femmes de Paris. La princesse Ibrahim de Turquie, couverte d'hermines, la princesse Troubetzkoy, qui fut la première à oser porter des pantalons de soirée, Ludmilla Tchérina, hiératique comme une icône, Hélène Rochas, comparable à une fleur de serre fragile et délicate et aussi, naturellement, la vicomtesse de Ribes qui ne ressemblait pas encore trop à sa mère. Elles s'empressaient toutes de satisfaire les moindres désirs du marquis. Capricieux comme un enfant, Georges n'arrêtait pas de leur demander des verres d'eau tiède, des cigarettes qu'il n'allumait jamais, voire une glace pour jeter un coup d'œil sur son maquillage. Parfois, lorsqu'il prétendait se sentir mal, il les priait de lui tenir la main, honneur qu'elles se disputaient âprement.

Pendant les entractes, la tradition voulait que l'on bût du champagne en papotant avec les occupants des loges voisines et avec tous ceux — innombrables — qui venaient présenter leurs hommages au grand excentrique, lequel, souvent, était transporté dans un petit salon où son neveu Larrain lui faisait une piqûre « de vitamines » qui avait le don de colorer violemment son teint et de le rendre encore plus loquace que d'habitude.

Chaque fois que le rideau se levait ou tombait sur ses danseurs, Cuevas se soulevait à demi sur son trône et d'une voix capable de couvrir n'importe quelle autre il bramait des « bravo ! » à n'en plus finir. La salle entière le suivait dans son enthousiasme. Il fallait le rasseoir de force sur son fauteuil. Alors seulement il consentait à se taire, mais pas pour longtemps, car il était incapable de garder le silence pendant que « ses » artistes gambadaient sur la scène. Dès qu'une danseuse ou un danseur apparaissait, Cuevas, sans à peine baisser la voix, se déchaînait :

— Regarde, regarde Pavel, le blond, là, à gauche, habillé en velours noir ! C'est oun traître ! Y'ai découvert qu'il aime les femmes ! Il sort avec oune petite vendeuse du Bazar de l'Hôtel de Ville ! C'est Kitty Lillaz qui me l'a dit ! Et regarde, regarde cette danseuse qui fait des bonds à côté de la Voronskaya, oui, celle qui est enveloppée de tulle ! C'est Olga ! L'année dernière au Liban, elle a été kidnappée par un marchand arabe qui est tombé fou amoureux d'elle ! Disparue du jour au lendemain, nous l'avons cherchée partout sans succès ! Impossible de savoir si elle était vivante ou morte ! C'est le consul de Suisse qui a fini par la retrouver dans un harem de Beyrouth, le harem du marchand ! Lorsque nous sommes arrivés avec la police pour la délivrer, elle est devenue folle de colère et nous a craché dessus. « Foutez-moi la paix, bande de cons ! criait-elle en se débattant, je suis très heureuse dans ce harem ! On me baise toutes les nuits et on me laisse manger tous les gâteaux et tout le chocolat dont j'ai envie ! Et puis, ajoutait cette garce, je n'ai pas à danser pour gagner misérablement ma vie ! » Misérablement ! Tou te rends compte ! Moi qui paye mes danseurs mieux que personne d'autre ! Nous sommes quand même parvenous à l'arracher des bras de son marchand qui pleurait comme un veau en la voyant partir encadrée par la police. Maintenant, ye la fais danser encore plous, pour la pounir, cette conne !

Ces scènes-là et d'autres encore se répétaient à l'infini, pour la plus grande joie de tous ceux qui en étaient les témoins.

Le vendredi soir venu, Salima et moi nous rendîmes au théâtre chacun de notre côté. Depuis le début de notre liaison, nous faisions de notre mieux pour être vus le moins possible en tête à tête. Salima m'avait clairement laissé entendre que je courais le risque de me retrouver avec un couteau dans le ventre si son frère venait à apprendre la mésaventure conjugale du pauvre Mehemet.

— Il se fiche éperdument de Mehemet, m'expliqua-t-elle, mais il n'admettra jamais que je commette l'adultère avec un chrétien.

Et elle ajouta, son œil fol regardant pour une fois droit devant lui :

— Au Caire, tu serais déjà en train de flotter sur les eaux du Nil...

Cet aspect médiéval de notre coupable passion m'enchantait et me terrifiait à la fois. Je m'arrangeais pour n'être seul avec Salima que dans la chaude intimité de mon appartement de la rue des Saints-Pères, à l'abri des couteaux vengeurs et de la colère de l'irascible grand frère.

J'arrivai au théâtre des Champs-Elysées avec quelques minutes de retard. Salima était déjà installée dans la loge du marquis, lequel l'avait placée à sa droite dans un fauteuil presque aussi grand que le sien. Cette fois Georges ressemblait au Docteur No. Tout de noir vêtu, le teint blafard, le regard opaque, il portait des gants et des chaussures du même cuir luisant aux reflets métalliques. Il me salua d'un clin d'œil et me montra du doigt un siège vide à côté de la princesse. Je préférai par discrétion m'asseoir au fond de la loge entre Raimundo de Larrain et Mme de Ribes.

On dansait ce soir-là sur la musique de Falla, de Rimsky-Korsakov et de Debussy, dans des décors bleu et rose de Pedro Pruna, le peintre espagnol ami de Diaghilev. Mais le clou de la soirée devait être *Monsieur de...*, sur un livret de Louise de Vilmorin, musique d'Eric Satie et une chorégraphie du marquis. Pavel Tchernavadze et Olga Oulanova dansaient ensemble pour la première fois de leur carrière. Tout le monde savait qu'ils se haïssaient et la fièvre montait dans la salle à mesure que le temps passait.

Pavel, à son habitude, fut sublime. Il s'était fait la gueule de Nijinsky et lorsqu'il se coucha presque sur Oulanova à la fin du pas-de-deux, beaucoup de vieilles personnes se souvinrent avec émotion du scandale que provoqua le grand danseur russe lorsqu'il dansa pour la première fois *L'Après-midi d'un faune.* Toute la salle se leva pour applaudir les deux danseurs qui saluaient la main dans la main, ruisselants de sueur. Cuevas se leva à son tour et se mit à hurler des « bravo ! » sans fin.

Salima avait accepté de se rendre en fin de soirée chez Cuevas pour prendre un verre avec quelques amis intimes. Nous étions à peine arrivés au foyer du théâtre lorsque Serge Lifar s'approcha de nous et embrassa longuement le marquis sur les deux joues.

— Tou as aimé, Serguei ?

— Oui, Georges Rockefellovitch, j'ai aimé. Mais...

Georges leva très haut le sourcil droit.

— Mais quoi ?

Lifar fixa le marquis de son œil asiatique.

— C'est un plagiat.

Cuevas eut un haut-le-corps.

— Oun quoi ?

— Un plagiat. Un plagiat de la chorégraphie que j'avais faite moi-même l'année dernière sur ta commande. C'est pas bien, Georges, d'avoir signé mon travail de ton nom. Tu n'aurais pas dû...

Il n'eut pas le temps de finir sa phrase. D'une gifle administrée à toute volée, Cuevas envoya valser Lifar a plusieurs mètres. Le brouhaha qui s'en suivit fut indescriptible. On releva Lifar le visage en sang. Il tremblait de tous ses membres.

— Georges, bégaya-t-il, demain matin tu recevras la visite de mes témoins !

— Ye les attends ! répondit Cuevas, blême de fureur.

— J'espère, bredouilla de nouveau Lifar après avoir craché une dent, que tu m'enverras aussi les tiens !

Cuevas bomba le torse et sembla grandir de quelques centimètres.

— N'en doute pas ! Tou veux te battre ? Eh bien, ce sera au sabre de cavalerie et pas au premier sang ! A mort !

Le visage de Lifar devint d'une étrange couleur entre le vert et le gris. Ses jambes se dérobèrent sous lui et il dut s'appuyer contre le mur pour ne pas glisser à terre.

— Allons-nous-en, ordonna Cuevas faisant demi-tour, glacial et méprisant.

Ce ne fut pas facile d'arriver jusqu'à la porte du théâtre. Une foule de curieux surexcités s'empressait autour du marquis, ralentissant sa marche. Suivi par sa cohorte de princesses, Cuevas dut s'ouvrir un chemin à coups de coude pour rejoindre sa voiture. Des femmes applaudissaient sur son passage. Affolés, les pékinois suivaient leur maître en aboyant furieusement, le directeur du théâtre arriva en courant, au bord des larmes.

— Marquis, vous n'allez tout de même pas vous battre en duel avec M. Lifar ?

— Oh que si...

— Mais voyons... vous êtes des amis intimes !

— Nous nous connaissons à peine, mentit Cuevas effrontément.

Le directeur lui ouvrit la portière de la voiture.

— La nuit porte conseil, marquis, larmoya-t-il piteusement.

— Ye ne dors jamais la nouit. Ye ne souis pas un employé de banque !

Avertis par le mystérieux tam-tam qui maintient vivante la profession, une meute de journalistes et de photographes cerna la voiture.

— Vous allez vraiment vous battre ?

— Au sabre, messieurs.

— Pourquoi au sabre, marquis ?

— Pour laisser oune chance à M. Lifar. Ye tire trop bien au pistolet.

Les flashes crépitèrent. Les princesses prenaient des poses avantageuses. Les pékinois aboyaient de plus belle.

— Avez-vous déjà tué quelqu'un en duel ?

— Deux hommes.

— Pour quelles raisons ?

— Des histoires de femmes.

Plusieurs journalistes s'esclaffèrent. Indifférent aux rires, Cuevas monta dans sa voiture suivi de Salima et de Simone Troubetzkoy. Je pris place à côté du chauffeur.

— A la maison, dit Cuevas sur le ton de Louis XIV ordonnant le retour à Versailles.

Une deuxième voiture démarra derrière nous, ayant à son bord Horacio Guerrico, la Oulanova, Raimundo et Mme de Ribes.

La Seine luisait dans la nuit sous la clarté lunaire.

— Merde, merde, merde... murmura Cuevas se tassant sur son siège.

— Qu'est-ce qu'il y a, Georges ? s'enquit Salima avec sollicitude.

Il mit un temps à répondre.

— Ye crois qu'il va falloir vraiment se battre...

Salima fut la première à comprendre.

— Vous ne vous êtes jamais battu ?

— Jamais.

Légèrement déçue, Salima demanda encore :

— Et vous n'avez jamais tué personne... ?

— Non.

Il ricana doucement :

— Et encore moins pour des questions de femmes.

Un tout petit silence et il ajouta :

— Ye n'aime pas les femmes, vous le savez bien...

Nous roulions lentement dans la solitude de la nuit parisienne vers le quai Voltaire. J'intervins à mon tour :

— Pourquoi le sabre, Georges ?

Cuevas haussa les épaules, abattu :

— Ye ne sais pas ! C'est la première chose qui m'est passée par la tête. Quand y'étais enfant, au Chili, les hommes se battaient encore au sabre de cavalerie.

— C'est idiot ce que tu as fait là, dis-je encore. Lorsqu'on ne sait pas s'en servir, le sabre est une arme terriblement dangereuse !

— Tou crois que Lifar saura s'en servir ?

— J'en doute beaucoup.

— Pourtant, dès qu'il a un verre dans le nez, il se vante de descendre par sa mère du Hetman Petliura, le célèbre cosaque...

— Tous les Russes Blancs que je connais, descendent d'un chef cosaque ou d'un aide de camp du tsar... N'y pense plus.

Nous roulâmes en silence jusqu'à la grande porte

d'entrée du quai Voltaire. Avant de descendre de voiture, Cuevas me dit :

— Je veux que tu sois l'un de mes témoins.

— D'accord. Mais tu dois en avoir un autre. As-tu quelqu'un en tête ?

— Oui. Oun jeune dépouté français à qui j'ai rendu service en plusieurs occasions. Ye suis sour qu'il s'y connaît en matière de duels. Ye vais l'appeler au téléphone.

Nous mîmes Georges au lit et nous lui tînmes compagnie jusqu'à ce que la pilule qu'il avait prise pour dormir commençât à faire de l'effet. Lorsque je me penchai pour lui souhaiter une bonne nuit, il me prit la main et la serra avec force.

— Y'ai très peur, murmura-t-il, les yeux encore grands ouverts.

— Dors tranquille, Georges, tout cela va s'arranger.

— Y'ai quand même très peur, répéta-t-il avec une voix d'enfant. Et puis d'ailleurs, je l'aime bien ce con de Lifar ! Ye ne voudrais pas lui faire du mal...

A peine cela dit, il se tourna sur le côté et se mit à ronfler paisiblement.

Dans le grand salon d'apparat où trônait un portrait en pied de Cuevas peint par La Gandara, Olga Oulanova débouchait avec des gestes brusques une bouteille de champagne.

— Quelle nuit, mes enfants ! persifla-t-elle. Le vieux Georges commence à perdre les pédales. Gifler Lifar en public ! C'est aller un peu loin, non ?

— C'est aussi aller un peu loin que d'accuser Georges de plagiat devant tout le monde, répondit Horacio Guerrico avec humeur.

— Peut-être, mais malheureusement, c'est Lifar qui a raison, rétorqua Oulanova se versant la première un verre de Heidsieck Monopole. J'ai dansé sur les deux chorégraphies et je peux vous dire qu'elles sont presque identiques. Mais celle de Lifar date de l'année dernière.

— Mais enfin !, intervint Simone Troubetzkoy, on ne se

tue pas à coups de sabre pour une chorégraphie! J'espère que demain vous allez mettre fin à cette affaire idiote!

— Tu penses bien, dis-je, que les témoins, dont je suis, ne vont pas permettre à ces deux zèbres de se battre. Et à propos, je me demande qui est ce jeune député français dont Georges nous a parlé.

Guerrico devint soudain très attentif.

— A quel propos? demanda-t-il inquiet.

— Georges a l'intention d'en faire son deuxième témoin. Tu le connais?

— Je crois, oui, dit Guerrico sombrement. C'est un énergumène.

— Mais qui est-ce?

— Je ne me souviens pas de son nom. Je l'ai noté quelque part. Il est venu voir Georges pour lui demander de l'argent. Il veut fonder un nouveau parti politique dont la mission serait de « sauver la France ». C'est un extrémiste à tous crins.

— Et Georges lui a donné de l'argent? demanda, curieuse, la Troubetzkoy.

— Tu sais bien que Georges distribue de l'argent à tout le monde, expliqua Mme de Ribes en étouffant un bâillement.

— L'argent des Rockefeller ne sert pas qu'à mal payer les danseurs, siffla Oulanova, amère.

Salima s'étira longuement sur son fauteuil avec des mouvements de chatte.

— Je suis morte... S'il vous plaît, allons nous coucher...

Nous nous souhaitâmes le bonsoir sur le trottoir du quai Voltaire. Oulanova partit avec Mme de Ribes et Larrain qui avaient l'intention d'aller danser au Jimmy's. Guerrico partit seul à pied vers Saint-Germain et moi je raccompagnai Salima en taxi jusqu'au Crillon. Elle ne découchait jamais. Par respect pour le pauvre Mehemet en voyage aux Etats-Unis et par peur de son grand frère.

Trop fatigué pour aller dormir, j'allai finir la nuit dans un bar mal famé des Champs-Elysées. Je ramenai rue des Saints-Pères, à l'heure dangereuse du petit matin, une jeune pute anglaise qui parlait avec un accent qui aurait horrifié ma femme.

A dix heures du matin le téléphone sonna chez moi. C'était Georges.

— Dans oune heure, les témoins de Lifar seront chez moi, m'annonça-t-il d'une voix blanche. S'il te plaît, viens aussitôt que possible.

— Et ton deuxième témoin ?

— Y'ai déjà parlé avec lui au téléphone. Il sera là d'une minute à l'autre.

— Comment te sens-tu, Georges ?

— Pas trop bien. Y'ai mal dormi. Y'ai profité de mon insomnie pour jeter un coup d'œil au bouquin de Cabriñana.

Le marquis de Cabriñana était un gentleman espagnol célèbre dans son pays pour avoir écrit un traité dans lequel il avait élaboré des règles très strictes concernant les duels.

— Savais-tu, me demanda Georges d'une voix de plus en plus inquiète, qu'il existe trois sortes de sabres ?

— Non.

— Le sabre de cavalerie, le sabre français, dit sabre bancal et le sabre d'abordage. Il paraît que le plus dangereux est celui que j'ai choisi. Il est à double tranchant et...

— ... Georges, tu me raconteras cela tout à l'heure. Il faut que je m'habille.

Lorsqu'une demi-heure plus tard j'arrivai quai Voltaire, une meute bruyante de journalistes et de photographes se pressait devant le grand portail fermé à double tour. Je dus montrer patte blanche pour que la porte s'entrouvrît afin de me laisser passer. Un jeune homme appartenant aux services de la radio essaya de se faufiler derrière moi et il s'en suivit une brève et violente altercation.

La maison tout entière était en état de siège. Les pékinois, furibonds, montaient hargneusement la garde au pied de l'escalier. Horacio Guerrico avait disposé stratégiquement plusieurs domestiques devant les portes menant aux différents salons. Lorsque j'entrai dans celui où était exposée une assez belle collection d'éventails espagnols, Cuevas s'y trouvait accompagné d'un Raimundo lugubre et d'un inconnu qui se tenait quelque peu en retrait du marquis.

Georges s'était costumé pour la circonstance en ambassadeur sud-américain. Pantalon rayé, veste noire bordée de soie, gilet gris et, piquée dans sa cravate, une perle rose, cadeau de mariage de l'Aga Khan. Il était très pâle et s'efforçait de jouer de son mieux un rôle qui ne lui allait pas et dont il se serait passé avec plaisir. Solennel, il me présenta l'inconnu qui s'était avancé d'un pas.

— Monsieur Yean-Marie Le Pen, dépouté français, qui a bien voulu accepter d'être mon deuxième témoin.

Le Pen me serra la main avec une force exagérée. Il était de haute taille et son ventre, déjà proéminent, n'allait pas de pair avec son évidente jeunesse. Il avait le visage rougeaud et bouffi du paysan français qui boit chaque matin son café coupé d'une généreuse rasade de calvados ou d'eau-de-vie. Il me dévisagea froidement, sans un mot, d'un œil bleu injecté de sang. Je ne sais de quelle couleur était l'autre, car il était caché sous un bandeau noir qui prêtait à l'individu l'air d'un figurant de cinéma dans un mauvais film de pirates. Pour le reste, il avait le faciès brutal, des cheveux blonds clairsemés sur le sommet du crâne et des manières de portefaix. D'où Cuevas avait-il bien pu sortir cet hottentot ?

— A quelle heure les témoins de Lifar sont-ils annoncés ? demandai-je à Raimundo qui dansait d'un pied sur l'autre.

— Ils sont arrivés, répondit Cuevas à la place de son neveu. Nous n'attendions que toi.

— Je n'ai aucune expérience dans ce genre d'affaires, dis-je encore sans regarder le député. Comment les choses vont-elles se passer ?

Le Pen intervint d'autorité.

— Nous allons, vous et moi, nous réunir séance tenante avec ces messieurs pour concerter les conditions dans lesquelles aura lieu le duel.

— Il n'y aura pas de duel, répondis-je calmement. Nous sommes là, je crois, pour l'empêcher... n'est-ce pas ?

Le Pen me regarda longuement de son œil unique avant de répondre :

— C'est l'honneur du marquis qui est en jeu, pas le nôtre.

— Je vais préparer du café pour tous les quatre, proposa Raimundo d'une voix altérée. A moins que vous ne préfériez quelque chose d'autre ?

Le Pen intervint de nouveau :

— Monsieur, nous ne sommes pas ici pour des mondanités. Nous sommes ici pour des raisons graves.

Le ton était froid, un rien impertinent.

— Combien de temps cela va-t-il prendre ? s'inquiéta Cuevas de plus en plus blafard.

— Cela dépend, marquis, lui répondit Le Pen.

Sans rien dire de plus, Cuevas nous poussa vers la porte qui donnait sur sa bibliothèque. Raimundo l'ouvrit et s'effaça pour nous laisser passer.

Deux hommes habillés de sombre, qui étaient assis sur un sofa, se levèrent ensemble en nous voyant entrer. J'ai oublié depuis longtemps le nom de l'un d'eux — un Russe Blanc, je crois, qui s'occupait d'antiquités — et je ne dévoilerai pas le nom de l'autre, car je sais qu'il continue à faire des efforts pour effacer de sa mémoire le souvenir du rôle insignifiant qu'il joua dans cette grotesque affaire.

Nous nous assîmes autour d'une table ronde couverte d'un tapis vert sur laquelle étaient disposés quatre blocs de papier à l'en-tête du marquis, ainsi que quatre stylos frappés à son chiffre.

Nous nous dévisageâmes tous les quatre en chiens de faïence pendant un long moment. Quelque part, un cartel sonna onze heures.

L'homme dont je ne veux pas ici donner le nom et que j'appellerai Zéro — un individu au visage poupin barré d'une courte moustache rousse — fut le premier à ouvrir le feu.

— L'offensé, vous serez tous d'accord, est notre client M. Lifar.

— Non, je ne suis pas d'accord, rétorqua Le Pen. D'ailleurs on ne dit pas « notre client », mais « notre représenté ».

Zéro accepta d'un geste la rectification du député et précisa :

— M. Lifar a été giflé en public, M. Lifar est donc l'offensé.

— Pas du tout, dit de nouveau Le Pen, M. Lifar a été giflé par M. de Cuevas parce que M. Lifar a dit, en public lui aussi, que M. de Cuevas était coupable de plagiat.

— Le plagiat, répondit l'antiquaire russe, a été admis par plusieurs témoins.

— Peut-être, mais pas par le marquis. Nous aussi nous pouvons produire plusieurs témoins qui vous diront que les deux chorégraphies n'avaient strictement rien en commun.

Nous discutâmes âprement pendant une bonne demi-heure, qui de Lifar ou de Cuevas était l'offensé. Georges l'emporta parce qu'il avait été le premier insulté. Il avait donc droit au choix de l'arme.

— C'est déjà fait, dit Le Pen. Le marquis a choisi le sabre.

— Quel genre de sabre ?

— Le sabre de cavalerie français à double tranchant.

— M. de Cuevas, demanda alors Zéro, possède-t-il un grade militaire quelconque ?

— Pourquoi demandez-vous cela ?

— Parce que seuls les militaires ont le droit de se battre au sabre.

Le Pen repoussa sa chaise et alla ouvrir la porte du salon où Georges et Raimundo attendaient le résultat de nos conversations.

— Marquis !, demanda Le Pen d'une voix forte. Possédez-vous un grade militaire quelconque ?

La réponse de Cuevas fut inintelligible pour les trois témoins qui étaient restés assis autour de la table ronde. Lorsque Le Pen revint, il annonça :

— Le marquis a fait son service militaire dans l'armée chilienne avec le grade de lieutenant. Il a donc le droit de se battre au sabre.

Je n'arrivais pas à prendre au sérieux les propos qui s'échangeaient autour de notre table.

— M. Lifar, expliqua Zéro sans rien perdre de son calme, nous a avoué ne jamais s'être servi d'un sabre.

— Tant pis pour lui, répondit Le Pen, l'air soudain enchanté.

Les deux autres témoins et moi, nous nous regardâmes interloqués.

— Mais monsieur, protesta l'antiquaire russe avec véhémence, nous sommes en train d'organiser, purement et simplement, un assassinat !

— Ne pourrait-on pas convaincre M. de Cuevas, intervint de nouveau Zéro, de choisir le pistolet qui est une arme bien moins dangereuse entre les mains des amateurs ?

— M. de Cuevas est un tireur d'élite, expliquai-je aux deux témoins de Lifar. Il n'acceptera certainement pas de se servir d'un pistolet !

Une longue discussion s'en suivit encore et le sabre fut enfin accepté pour arme de combat.

— Le combat sera à mort, dit Le Pen.

Zéro se souleva sur son siège.

— Vous n'avez pas le droit de décider ! cria-t-il en perdant patience. C'est contraire à tous les règlements !

L'antiquaire russe intervint à son tour :

— Vous n'avez que le droit de décider que le duel s'arrêtera au premier sang, ou bien qu'il continuera, sauf avis contraire des médecins présents !

Ecœuré, Le Pen haussa les épaules :

— Ça va, ça va... J'ai l'habitude de traiter avec des hommes et pas avec des mauviettes !

Zéro le foudroya du regard.

— Monsieur, mesurez vos paroles ou bien ce sera à vous d'aller sur le terrain !

Je commençai à en avoir assez.

— Etes-vous au moins conscients, demandais-je en m'adressant tout particulièrement à Le Pen, que si par malheur il y avait mort d'homme dans ce duel, le vainqueur serait considéré par la justice comme un simple et vulgaire meurtrier, et que nous les témoins, nous serions poursuivis par cette même justice en notre qualité de complices ?

Il y eut un court silence que Le Pen rompit, sarcastique :

— Mon cher monsieur, nous savons tous qu'un duel est une affaire qui sort de l'ordinaire. Les risques que nous courons comme témoins, nous les avons assumés volontairement. Vous nous parlez maintenant d'aller en prison. Il fallait y avoir pensé auparavant.

— Pour moi, dit Zéro d'un ton ferme, les choses sont très claires. Nous avons sacrifié aux traditions chevaleresques en discutant sans sourire de cette affaire. Le sabre a été accepté, ainsi qu'un combat qui pourrait aller au-delà d'un premier sang. Maintenant, si vous le voulez bien, redevenons adultes et parlons sérieusement.

Le visage de Le Pen était devenu écarlate.

— Mais voyons, m'écriai-je exaspéré, ni Cuevas, ni Lifar ne sont capables de tuer une mouche !

— La gifle du marquis, hier soir, aurait pu tuer un veau ! remarqua l'antiquaire russe avec un doux sourire.

— Ce fut un lamentable mouvement d'humeur du marquis, répondis-je, honteux pour Georges. Je suis sûr que Cuevas le regrette déjà infiniment.

— Pour nous, dit Zéro, des excuses suffiraient à régler cette affaire.

— Il n'en est pas question ! hurla Le Pen.

— Mais... pourquoi ?

— Parce qu'en présentant des excuses, le marquis sombrerait dans le plus grand des ridicules et que je suis là pour l'en empêcher !

Zéro insista aussi calmement que possible.

— Lifar est disposé à ce que ces excuses soient faites en privé. Lui-même s'excuserait immédiatement après avoir accusé le marquis de plagiat.

— Non, non et non ! hurla de nouveau Le Pen. Je me dois de veiller à l'honneur du marquis !

La discussion continua sur ce ton pendant un long moment encore. Je demandai la permission de m'absenter quelques instants et je me rendis dans le salon où je croyais que Georges attendait en se morfondant.

Il était assis, très digne, sur son fauteuil-trône en buvant du thé à petites gorgées. Jacqueline de Ribes et la Bibesco étaient arrivées depuis quelques minutes et lui tenaient compagnie. Les deux femmes s'étaient habillées en deuil, ce qui me sembla être un détail du plus mauvais goût.

— Alors ? demanda Georges en levant les yeux sur moi.

— Ça va mal, Georges.

Il cligna des paupières comme un vieil oiseau de nuit.

— Ah... et quelle est la position prise par les témoins de Lifar ?

Je travestis quelque peu la vérité :

— Lifar est prêt à faire des excuses et à accepter les tiennes.

Le sourire de Cuevas ne m'inspira pas confiance.

— Accepter mes excuses... Lifar ?

— Oui.

Il laissa tomber sciemment la tasse de thé sur le tapis et frappa violemment du poing sur le bras de son fauteuil.

— Qui vous a dit, cria-t-il fou de rage, que ye vais accepter les excuses de ce cosaque de merde !

Je fis de mon mieux pour garder mon calme.

— Alors, Georges, si je comprends bien, tu souhaites que je m'aligne sur ce que décidera Le Pen ?

— Absolument !

— Tu veux te battre ?

— Oui ! Ye veux me battre ! Et ye veux me battre à mort !

Il jouait un nouveau rôle qu'il avait dû mettre au point pendant la nuit.

— Très bien, Georges. Il sera fait selon tes désirs.

— J'y compte bien !

Admiratives, les deux femmes le regardaient les yeux grands ouverts.

Je retournai dans la bibliothèque où Le Pen et les deux témoins de Lifar discutaillaient encore. Avant de m'asseoir, j'annonçai :

— Le marquis ne fera pas d'excuses. Il veut se battre.

Le Pen poussa un cri de joie. Il rayonnait.

Le duel eut lieu par un petit matin brumeux, à une heure à laquelle les deux duellistes avaient l'habitude de se trouver encore au fond de leur lit.

La presse s'était emparée de l'affaire et le quai Voltaire se trouvait en état de siège. La police, débordée, essayait de protéger la maison contre la horde de journalistes qui voulaient y pénétrer à tout prix. En outre, de nombreux curieux se pressaient sur les trottoirs dans l'espoir d'apercevoir le « divin marquis » partant laver son honneur bafoué, à grands coups de sabre. Beaucoup de femmes portaient des gerbes de fleurs à bout de bras. Certaines, déjà, s'étaient plus ou moins habillées en veuves. D'autres encore, moins fatalistes, étaient convaincues que le marquis s'en allait faire du cinéma. A l'intérieur de la maison, c'était le chaos. Secrétaires et caméristes couraient dans tous les sens depuis cinq heures et demie du matin. Dans le grand salon, l'ambassadeur du Chili attendait avec impatience d'être reçu par le maître de céans. Un évêque sud-américain de passage à Paris lisait son bréviaire près d'une fenêtre. Le docteur Vavin, un spécialiste en blessures de guerre, révisait ses instruments sur une petite console encombrée de bibelots. Un couple de pékinois copulait bruyamment sous le sofa.

Selon ce qui était déjà devenu une vieille tradition, Cuevas prenait son petit déjeuner au lit entouré d'une cour d'intimes. Café très fort, œufs à la coque, brioches et marmelade de myrtilles. Quelqu'un s'en alarma :

— Georges, tu ne devrais rien manger...

— Pourquoi ?

Comment le lui dire ? Horacio Guerrico osa le premier :

— Au cas d'une blessure au ventre, il est préférable d'être à jeun.

Cuevas devint livide.

— Oune blessoure au ventre ?... mais... mais...

Il pointa soudain son index sur le secrétaire et se mit à hurler :

— *Boludo de mierda* (1) ! Venir me dire ça, à moi, alors que... Fous le camp, sale con !

On mit un certain temps à le calmer. Mais le mal était fait. Il avait soudain l'air très effrayé. Larrain lui fit sa première piqûre du matin et ses joues reprirent peu à peu de la couleur. Jacqueline de Ribes lui expliqua alors ce qui se passait dehors, dans la rue.

— Ils sont vraiment tous là ?

— Tous.

— Les gens de la radio aussi ?

— Tous, Georges, tous.

Je lui annonçai à mon tour que l'ambassadeur de son pays se morfondait dans le grand salon.

— Ye ne veux pas le voir, celoui-là. C'est oun parent de la branche pauvre ! Oun con. Qu'il s'en aille !

En revanche, la présence chez lui de l'évêque — encore un Chilien —, Monseñor Julio Eizaguirre de Las Cuevas Piedrahita de Guana y Simonel, lui rendit sa bonne humeur.

— Celoui-là, oui, ye veux le voir. C'est un cousin presque germain. Il joue très bien de la guitare. Lorsqu'il était jeune, il voulait être danseur, mais il n'a pas pu. Il avait une jambe plus courte que l'autre.

— Il est probablement venu t'empêcher de te battre, dit Jacqueline de Ribes assez judicieusement.

— Tou crois ? demanda Cuevas avec une lueur d'espérance dans le fond de son regard.

— L'Eglise a toujours condamné le duel.

— Il va peut-être m'excommunier ?

— Si tu te bats, oui, c'est probable.

— Ah, bon...

Il éclatait de bonheur. Tout cela, il le savait, c'était de la publicité, de la bonne publicité qu'il ne faudrait pas payer avec l'argent des Rockefeller, lesquels, parfois, rechignaient un peu trop à son goût.

Cuevas repoussa les draps et demanda à sa cour :

— Laissez-moi seul avec mon témoin pendant que ye m'habille.

(1) Equivalent de « sale con ».

Les intimes, conscients de la solennité du moment qu'ils vivaient, quittèrent la pièce à la queue leu leu, sans piper mot, comme le font les intimes d'un torero qui s'apprête à passer, dans la solitude et le silence, l'habit de lumière avec lequel il va peut-être trouver la mort.

Mais Cuevas n'était pas un torero. Il détestait la solitude et le silence qui l'angoissaient au-delà de toute mesure.

— Qu'est-ce que je dois mettre ? demanda-t-il avec une soudaine humilité.

— D'habitude on se bat en pantalon noir et en chemise blanche au col largement échancré.

Je me sentais ridicule en m'écoutant parler. Pourquoi doit-on laver son honneur en pantalon noir et en chemise blanche au col largement échancré ? C'est idiot. Pourquoi ?...

— Et Le Pen ? Il n'est pas encore arrivé, Le Pen ?

— Si, je l'ai aperçu en passant. Il parlait avec les infirmiers.

— Les... infirmiers ?

— Mais oui, Georges. Il faut toujours avoir des infirmiers sous la main dans un duel.

Un tremblement intérieur le métamorphosa de nouveau sous mes yeux. En caleçon — qu'il portait trop long et trop large — il se laissa choir sur le bord du lit, les yeux embués de larmes. C'était triste à voir.

— Ne t'en fais pas, Georges. Tu ne vas pas te battre.

Toujours assis, le vieillard releva le buste.

— Ye préfère me battre et mourir plutôt que de sombrer dans le ridicule.

— Tu ne te battras pas, Georges. J'ai tout arrangé.

— Qu'est-ce que tu as arrangé ?

— J'ai téléphoné hier soir au préfet de police.

Il avait très vite éclaté d'un rire sonore.

— Quoi ? Lifar et Cuevas veulent se battre ? avait-il demandé en hoquetant.

— Il faut empêcher cela, monsieur le Préfet, avais-je ajouté.

Le préfet s'était repris. D'une voix qu'il voulut grave, il avait précisé :

— Nous allons y mettre bon ordre, soyez sans crainte. A moins, naturellement, que cette mascarade ait lieu ailleurs que dans le département de la Seine, car mon autorité ne s'étend pas au-delà de ces limites. Le cas échéant, il faudra faire appel à l'un de mes collègues. Savez-vous où ils ont l'intention de se battre ?

Non, je ne savais pas encore avec exactitude l'endroit où Cuevas devrait affronter son adversaire. Les témoins de Lifar et moi-même, convaincus qu'en fin de compte le combat n'aurait pas lieu, nous avions laissé à Le Pen le soin de choisir le décor qui conviendrait à ce genre de rencontre.

— Téléphonez-moi de nouveau, avait dit le préfet, lorsque vous aurez tous les détails, j'enverrai sur place un car de police avec ordre d'embarquer tout ce beau monde.

La réputation du préfet n'était plus à démontrer. C'était un dur avec lequel on ne badinait pas.

— Embarquer... monsieur de Cuevas ? Embarquer Lifar, monsieur le Préfet ?

Le préfet fit la grosse voix :

— Mais oui, cher ami. Monsieur de Cuevas et monsieur Lifar et les témoins et tutti quanti. Vous savez bien que le duel est un délit, n'est-ce pas ? Ces messieurs veulent-ils de la publicité gratuite ? Eh bien, ils l'auront, j'en fais mon affaire !

Je n'osai pas répéter cette conversation au pauvre Georges. D'ailleurs, j'étais convaincu que le préfet s'était fichu de moi et qu'il aurait à l'égard de Cuevas toutes les prévenances que le vieillard méritait.

— Comment me trouves-tu ?

En pantalon sombre, une chemise en soie blanche moulant son torse puissant, Cuevas avait l'allure d'une estampe romantique du XIXe siècle. Si l'on oubliait la moustache de rigueur à cette époque, il ressemblait vaguement au duc de Morny prêt à se rendre sur le terrain pour abattre un quelconque politicien ayant insulté l'empereur, son frère.

— Tu es magnifique, Georges. Très beau et très digne. Les femmes vont t'adorer.

Cuevas se poudra discrètement les joues et frotta longuement ses ongles avec un polissoir.

— Georges, as-tu pensé à téléphoner à Margaret pour la mettre au courant de ce qui se passe ?

Au seul nom de sa femme, Cuevas pâlit de nouveau.

— *Dios mio!* Margaret ! qu'est-ce qu'elle va penser lorsqu'elle saura !

Le polissoir tomba sur le parquet et son manche en ivoire se brisa.

— Téléphone-lui, toi, proposa Georges, très énervé.

— Non, Georges, pas cette fois. C'est à toi de lui parler. Appelle New York. Un duel, c'est sérieux.

Il me jeta un regard apeuré.

— Tou veux dire que c'est peut-être la dernière fois que ye lui parlerai ?

— Peut-être.

Il renifla à plusieurs reprises avant d'empoigner l'appareil. On mit assez longtemps à lui passer la communication avec New York. A l'autre bout de l'océan, Mme de Cuevas dormait encore. Il fallut beaucoup insister pour qu'on la réveillât. Georges me passa l'un des écouteurs.

— Margaret !

— Georges ! Pourquoi m'appelles-tu au milieu de la nuit ?

— Parce que c'est grave, Margaret.

— Combien ?

— Non, non, Margaret, il ne s'agit pas d'argent.

Mme de Cuevas se réveilla complètement, alarmée.

— Tu ne veux pas d'argent, Georges ? Mais alors, qu'est-ce qui se passe ?

— Margaret, ye vais me battre.

— Avec qui ?

— Avec Lifar.

— Pourquoi ?

— Parce que je l'ai giflé.

— Mais si tu l'as giflé pourquoi tu veux le battre encore ?

— Je vais me battre en duel, Margaret.

— *What?*

— En duel !

— Je ne comprends pas !

Georges me passa l'appareil. « Parle-lui, toi. »

J'essayai de mon mieux. J'expliquai en peu de mots à Mme de Cuevas ce qui s'était passé au théâtre des Champs-Elysées et les conséquences qu'avait eues le geste de son mari. Je finis par ces mots :

— Il va se battre au sabre dans à peine une heure.

— Au sabre ! glapit Mme de Cuevas, furieuse. Mais il sait à peine tenir une fourchette ! Passez-le-moi !

Je tendis de nouveau l'appareil à Georges.

— Georges ! cria, indignée, Mme de Cuevas. Je t'interdis de te battre.

Au pied du lit, le téléphone à la main, Cuevas prit une pose avantageuse.

— Je ne peux pas faire autrement, *my dear.* Mon honneur est en jeu.

— *For goodness' sake, Georges, don't be stupid* (1) ! Ton honneur !

La voix de Georges devint savamment mélancolique :

— Tou ne peux pas comprendre, Margaret, tou es oune anglo-saxonne riche. Moi ye souis pauvre et latin. Tout ce que y'ai, c'est mon honneur...

— *Georges, stop it !*

Le vieillard prit un temps et cligna d'un œil avant de continuer :

— Margaret — sa voix était de velours et de soie — pense à toute la publicité que cette histoire va nous apporter !

— ...

— Une publicité gratuite, Margaret.

— Gratuite ? Vraiment, Georges ?

— Vraiment, Margaret.

Avec une grande tristesse dans la voix, Georges ajouta :

— Dans le pire des cas, la seule chose que tu auras à payer ce sera mon enterrement.

— Oh, Georges !

(1) « Pour l'amour de Dieu, Georges, ne sois pas stupide ! »

A l'autre bout du fil, Mme de Cuevas était soudain en larmes.

Cuevas enveloppa de sa main l'écouteur.

— Elle pleure... murmura-t-il, surpris et ravi. Et aussitôt, il ajouta : Ce serait peut-être le moment de lui parler du budget de *La Belle au bois dormant* ?

— Georges, voyons !

Cuevas reprit le dialogue avec New York.

— Ne t'inquiète pas trop, Margaret. Ye m'en tirerai.

— *Tell me,* Georges... Est-ce que tu as peur ?

— Oui, Margaret, y'ai très peur. Y'ai tellement peur que ye crains d'être devenu un peu bizarre. Ye me fiche de tout !

Pour toute réponse, la petite-fille du vieux Rockefeller chantonna ces mots incroyables :

— « *When you don't give a shit, that's when you have a hit* (1) *!* »

Il me sembla reconnaître les paroles d'un vieux tube de Cole Porter. Mais peut-être était-ce dans Gershwin ou même dans Irving Berlin ! Cuevas était resté la bouche ouverte quelques instants. Il cherchait à se souvenir, lui aussi.

— « *When you don't give a shit...* » Est-ce que ce n'est pas dans Hammerstein ?

— Je ne sais pas. C'est peut-être dans *Annie get your gun ?*

Notre culture musicale, quoique indécise, était tellement vaste que cela aurait pu continuer indéfiniment. Margaret y mit fin en rugissant :

— Georges !

— Oui, Margaret !

— N'oublie pas de m'appeler dès que tu auras tué Lifar !

Et elle raccrocha. Nous fîmes de même.

— Elle n'a jamais aimé le pauvre Serge. Elle dit qu'il a mauvaise haleine et que lorsqu'il joue le faune il a l'air d'un employé de banque qui aurait bu un verre de trop.

(1) « Quand on s'en fout, on gagne ! »

Nous nous regardâmes tous les deux en souriant. Mon commentaire fut très bref.

— C'est une grande bonne femme, Georges.

Cuevas réfléchit quelques secondes avant de dire :

— C'est oun ange. Malheureusement, c'est oun ange américain.

Cuevas jeta sur ses épaules une cape espagnole doublée de velours grenat et d'un geste royal, il m'ordonna de le suivre.

Dans le grand salon, l'ambassadeur et l'évêque se précipitèrent sur lui :

— Jorge, *hijo mío,* puisqu'il le faut, bats-toi comme un homme de notre pays ! — prôna Monseñor Julio Eizaguirre de Las Cuevas Piedrahita de Guana y Simonel.

L'ambassadeur, qui avait peut-être l'intention de dire la même chose, fit la gueule et resta muet. Georges baisa la main de l'évêque et mit un genou à terre. Monseñor Julio Eizaguirre de Las Cuevas Piedrahita de Guana y Simonel le bénit en latin avec ce bel accent que l'on attrape enfant dans les quartiers résidentiels de Viña del Mar.

Le docteur Vavin s'approcha à son tour, un stéthoscope à la main.

— Marquis, ouvrez votre chemise. Je veux entendre sur quel rythme danse votre cœur.

Tout le monde autour de nous garda le silence. Très vite, le docteur se releva.

— Un cœur de jeune homme de plus de soixante-dix ans !

L'évêque, qui en avait presque quatre-vingts, sourit avec complaisance.

— Nous sommes chiliens, docteur !

— Néanmoins, répondit le docteur avec sérieux, je vous avertis qu'à l'instant même où ce cœur de Chilien amorcera le moindre petit galop, j'arrêterai le combat. C'est dans mes attributions.

Dans le salon adjacent attendaient, vêtues pour l'occasion — soie noire, dentelles et petits chapeaux — la Bibesco, Jacqueline de Ribes, ma chère Salima, sa cousine Fawzia — teint de lait et perles assorties — ainsi qu'Arturo Lopez Willshaw, quatre ambassadeurs latino-américains qui avaient l'air d'être là pour promouvoir une marque d'olives et un groupe assez nombreux de danseurs et de danseuses qui poussèrent des vivats en voyant apparaître leur patron.

L'une des danseuses, Tatiana Tarakanova, dont les mollets donnaient envie de lui faire l'amour, s'avança immédiatement de deux pas et, la main sur le cœur, annonça avec un fort accent russe qui me sembla assez suspect :

— Marquis, si tu meurs de la main du cosaque, nous jurons toutes de brûler vivantes sur ton bûcher !

Cuevas la serra longuement dans ses bras. Les yeux pleins de larmes, il ânonna :

— Mais non, mais non, mes chéries, il faudra vivre, même si ye ne souis plous là !

Danseurs et danseuses entourèrent alors Cuevas en piaillant dans un beau mouvement de masse digne d'un Balanchine. Tout le monde se tapa dans le dos, tout le monde pleura en jurant n'importe quoi. Les salons du quai Voltaire étaient devenus, par le miracle de la nostalgie des salons donnant sur la Neva aux temps glorieux des grands-ducs barbus.

Le Pen rompit le charme. Il venait de paraître, suivi des témoins de Lifar. Il s'était habillé en bleu marine et portait une fleur blanche à la boutonnière, ce qui lui donnait l'air d'un garçon boucher se rendant à la noce.

Cuevas, rompant avec tous les protocoles, s'approcha de Zéro.

— Comment va Serge ?

— Pas très bien, marquis.

— Qu'est-ce qu'il a ? Il est malade ?

Zéro était très mal à l'aise.

— Non, marquis, ce n'est pas exactement ça...

— Alors, c'est quoi ?

Zéro prit son courage à deux mains :

— Il a très peur de vous blesser.

Cuevas sauta en arrière, outré.

— Me blesser ? A moi ? Ecoute, tou diras à ce couillon...

Le Pen intervint, avec autorité :

— Marquis, vous n'avez pas le droit de parler avec les témoins de votre adversaire !

Il haussa encore le ton de sa voix pour dire :

— Ecoutez-moi tous ! Il est maintenant temps de partir. Le lieu de la rencontre n'est pas exactement à côté. Nous avons devant la porte plusieurs voitures qui nous attendent. Dans la première — et parce que je suis le seul à connaître le chemin — voyageront le marquis, M. de Vilallonga et moi-même. Dans la deuxième, M. Lifar — qui s'y trouve déjà — et ses deux témoins. Dans la troisième, le docteur Vavin et les infirmiers. Il reste encore cinq voitures pour ceux d'entre vous qui voudraient se rendre avec nous sur le terrain. Monseigneur, est-ce que vous-même ?...

— Non, non, non, protesta Monseñor Julio Eizaguirre de Las Cuevas Piedrahita de Guana y Simonel, ma qualité de prince de l'Eglise m'oblige à demeurer ici avec ces dames.

Les dames roucoulèrent et le vieux paon ecclésiastique fit la roue sans vergogne.

— Marquis, dit de nouveau Le Pen, il faut partir.

Le teint de Cuevas devint un peu plus blanc.

— Eh bien, allons...

Les adieux furent pathétiques. Les danseurs et les danseuses russes se jetèrent sur Cuevas et le palpèrent avec la vénération que l'on doit à une icône de la Sainte Vierge de Kazan.

Les dames occidentales — et les Egyptiennes — y allèrent chacune de leur petit conseil.

— Georges, mon cher Georges, ne fais pas trop l'idiot, implora la princesse Bibesco en lui mettant dans la main un vieux scapulaire crasseux.

— Surtout ne prends pas froid, s'inquiéta Mme de Ribes avec un soudain accent anglais.

— Dès que l'autre sera à terre, tue-le sans pitié, conseilla à ma grande surprise, en le tutoyant, la douce et parfumée Salima tandis que sa cousine Fawzia l'approuvait d'un sourire carnassier.

— Marquis, partons, le temps presse, insista Le Pen.

Monseñor Julio Eizaguirre de Las Cuevas Piedrahita de Guana y Simonel traça en l'air à notre intention une grande croix de sa main blanche et soignée.

— Reviens, Georges, reviens ! larmoyèrent les dames occidentales.

— Reviens, petit père, reviens ! gémirent les danseuses russes en oubliant que beaucoup d'entre elles étaient nées du côté de Perpignan et de Nice.

Sur les trottoirs du quai Voltaire c'était la pagaille. En passant le portail de sa demeure, Cuevas eut un mouvement de recul instinctif. Dès qu'ils le virent paraître, les journalistes se déchaînèrent. Il y avait beaucoup de filles parmi eux. Bravos et applaudissements éclatèrent de toutes parts. Des agents de police firent écho à l'enthousiasme général en agitant en l'air leurs bâtons blancs. Une danseuse arrivée en retard que l'on avait empêchée d'entrer dans la maison jeta aux pieds du marquis une énorme brassée d'œillets rouges.

La Mercédès bordeaux du marquis s'avança. Une main sur la portière, Cuevas s'inquiéta :

— Et mes pékinois ? Où sont mes pékinois ?

— On n'emmène pas des pékinois à un duel ! tonna Le Pen, exaspéré. Cela ne s'est jamais fait !

— Eh bien, je serai le premier à le faire ! Qu'on aille me chercher les pékinois !

Des journalistes entourèrent la voiture de toutes parts.

— Avez-vous bien dormi, marquis ?

— Comme un enfant !

— C'est ce qu'on appelle avoir du sang-froid ! s'écria une fille bardée d'appareils photographiques.

— Mon sang est si froid, répondit Cuevas, qu'il s'est glacé dans mes veines !

Hurlements de joie des journalistes.

— Est-ce que la peur est érotique, marquis ? demanda un grand garçon barbu, collaborateur au *Nouvel Observateur*.

Cuevas appuya les deux mains sur le rebord de la portière et répondit :

— Oun de vos grands écrivains affirme que l'aboutissement normal de l'érotisme, c'est l'assassinat.

Nouveaux hurlements.

— Cuevas... êtes-vous amoureux de Lifar ? demanda une jeune fille au nez en trompette et aux yeux innocents.

— Pas assez pour le touer, mademoiselle.

Dieu merci les pékinois arrivèrent, tenus en laisse par un domestique. Il y en avait seulement trois. Les plus hargneux, les plus antipathiques. Mao, Staline et Gomulka. Cuevas les prit tous les trois dans ses bras. La voiture démarra lentement, suivie de près par les journalistes qui criaient :

— Courage, marquis, tu l'auras !

— Georges, nous sommes avec toi !

Une cinquantaine de véhicules s'ébranlèrent à notre suite escortés par des motos pétaradantes. Nous traversâmes la Seine avec la lenteur majestueuse d'une caravane de cirque. Avant de monter dans la Mercédès, j'avais eu le temps d'apercevoir, tapi au fond de la grande Chevrolet qui nous suivait, la frêle silhouette de Serge Lifar en pardessus sombre à col d'astrakan. L'œil bridé, la pommette haute et le cheveu aile-de-corbeau, il avait l'air plus asiatique et plus triste que jamais.

Dépassé l'Arc de Triomphe et comme nous nous dirigions vers la porte Maillot, je demandai :

— Où allons-nous exactement ?

— Dans l'Oise, répondit Le Pen avec un rien de malice. Chez un ami qui m'a prêté sa propriété.

— Mais... pourquoi dans l'Oise ?

— Il aurait été plus dangereux pour nous de rester dans le département de la Seine. Quelqu'un pourrait avertir le préfet de police qui s'empresserait de nous cueillir.

— Dans l'Oise aussi nous pouvons nous faire arrêter.

— Oui, mais ça prendrait du temps. Vous savez comment fonctionne l'administration et combien les hauts fonctionnaires sont jaloux de leurs prérogatives. Il suffit que Paris demande quelque chose...

— ... cette propriété, interrompit Cuevas, c'est bien un château ?

— Non, monsieur, répondit Le Pen avec une certaine gêne, c'est la villa d'un ami médecin qui a un grand jardin.

Cuevas posa brusquement par terre les trois pékinois. Il était blême de colère.

— Le Pen, dit-il sur un ton glacial, sachez qu'on ne se bat pas dans une villa et encore moins dans un jardin !

— Mais...

— Il n'y a pas de mais ! Moi, ye ne me battrai que dans un château et dans un parc !

Le Pen perdit patience :

— Ecoutez, marquis...

— Non, c'est vous, Le Pen, qui allez écouter ! Vous avez insisté pour que cette tourloupinade ait lieu et moi y'ai accepté de jouer le jeu. Mais alors y'exige que cela ait du panache, de l'allure, de la gueule quoi ! Est-ce que vous pouvez comprendre ça ?

— Oui, mais où allons-nous trouver à cette heure-ci...

— Arrête la voiture, chauffeur ! ordonna Cuevas.

Puis, les lèvres tremblantes de rage, il me demanda :

— S'il te plaît, va me chercher Raimundo.

La caravane tout entière s'était arrêtée le long des trottoirs de l'avenue de la Grande-Armée. Et de nouveau les journalistes nous entourèrent, assoiffés de nouvelles fraîches :

— Alors quoi, on a changé d'avis ? Plus de duel ?

— Est-ce que le marquis se serait senti mal ?

Avant de me donner le temps de mettre pied à terre, Raimundo arriva en courant suivi d'Horacio Guerrico.

— Raimundo, demanda Cuevas péremptoire, qui connaissons-nous dans l'Oise qui ait un château ?

— Dans l'Oise ?... eh bien, il y a les Secondat de Paradines qui ont...

— Trop petit. Et puis il n'y a pas de parc. Seulement des écuries et des bois.

— Alors... attends, laisse-moi penser... Ah, oui... il y a le château d'Avrimont... tu sais, là où nous avons passé un week-end l'année dernière ?

Le visage de Cuevas s'éclaira d'un sourire.

— Chez Louise ? Mais oui, tu as raison. Très beau

parc ! Des cygnes et des nénuphars ! Nous avons mangé des grenouilles divines !

— C'est ça.

— Appelle-la et annonce-lui que j'arrive...

— Mais mon oncle...

— Appelle-la, je te dis ! Et préviens-la quand même que nous sommes une centaine.

Cuevas ramassa les pékinois et les pelotonna sur son giron.

— Mais mon oncle, demanda Raimundo déconcerté, pourquoi cherches-tu soudain un château ?

Cuevas devint hargneux.

— Pour me battre dans un décor digne de moi ! Le Pen voulait que je me batte dans un jardinet de banlieue ! Tou t'imagines ! Perdre mon sang sur le gravier d'une villa !

Il jeta un coup d'œil méprisant au député et ajouta :

— Les petits-bourgeois seront toujours impuissants à nous comprendre. Chauffeur, démarre !

Le château d'Avrimont, construit sous les Valois, avait été admirablement entretenu par ses propriétaires successifs. Bâti sur une colline assez élevée, il avait dû servir en son temps de refuge aux paysans de la région lors des guerres entre seigneurs. Entouré de fossés — aujourd'hui comblés de fleurs — il avait un pont-levis qui fonctionnait encore sur des roues dentées parfaitement graissées.

Ce matin-là, le pont était baissé et sa propriétaire s'y tenait très droite à l'ombre d'un parapluie de golf. Lady Louise Lamington-Hayes était la veuve d'un nobliau français fusillé par les Allemands pendant la dernière guerre. Restée veuve, Lady Louise avait repris son nom de jeune fille, bien plus ancien, expliquait-elle, que celui de son mari.

Elle regarda la longue file de voitures poussiéreuses qui contourna lentement le lac où flottaient des cygnes et des nénuphars, sans bouger un seul muscle de son visage. C'était une grande et belle femme d'une cinquantaine d'années qui s'habillait à la mode d'avant-guerre et qui avait un goût prononcé pour les camées qu'elle portait à profusion aux oreilles, autour du cou et sur la vaste poitrine qui avait dû être, dans sa jeunesse, provocante et sans merci.

La Mercédès s'arrêta devant elle et Cuevas en descendit le premier.

— Louise, ma chérie...

— Georges, darling...

Cuevas fit les présentations.

— Le Pen.

— Le... *what ?*

— Le Pen, député français.

Elle perdit toute curiosité. Sa curiosité s'éveilla de nouveau lorsqu'elle apprit que j'étais espagnol et que je détestais Franco.

— Il est juif, n'est-ce pas ?

— On le dit, madame.

— J'en suis peinée pour les Juifs.

— Moi aussi.

Descendus de voiture, les journalistes s'approchaient de nous en rangs serrés.

— Qui sont ces gens ? demanda Lady Lamington-Hayes.

— Des journalistes, Louise. Ils viennent avec moi.

— Pourquoi ?... Tu viens chez moi tourner un film ?

Inconsciemment Cuevas prit la pose.

— Non, Louise, je viens chez toi me battre.

— *How nice* (1) ! Tu prendras bien une tasse de thé avant ?

Cuevas me dira plus tard combien les Anglais l'avaient toujours épaté. « Il n'y a qu'eux qui savent jouer aux Anglais. C'est pour cela qu'en français Oscar Wilde sonne toujours si faux. »

— Pendant que vous buvez le thé, suggéra Raimundo Larrain, Horacio et moi nous allons prendre les choses en main.

Les journalistes s'égaillèrent sur les pelouses. Quel-

(1) « Comme c'est bien. »

ques-uns allèrent s'étendre à l'ombre des grands arbres centenaires. D'autres s'occupèrent à réviser leurs appareils photographiques et leurs Nagras.

— Chine ou ceylan ? nous demanda Lady Lamington-Hayes nous précédant dans une ravissante salle à manger tendue de toile de Jouy et dont les murs étaient recouverts d'assiettes anciennes.

— Si tu ne vois pas d'inconvénient, Louise, ye préférerais un verre de vin. Y'ai les nerfs à bout.

Un maître d'hôtel anglais en jaquette noire et pantalon rayé se mit à dresser la table pour le petit déjeuner.

— Mon Dieu ! s'écria Cuevas soudain, Lifar ! On l'a laissé tout seul dans la voiture !

— Il est avec ses deux témoins, fit remarquer sèchement Le Pen.

— Comment ? Serge est ici ? s'étonna Lady Lamington-Hayes, ravie.

— C'est avec lui que je dois me battre !

— *How funny* (1) ! Pourquoi ?

— Parce qu'il m'a insulté et que je l'ai giflé !

— *Well, then* (2)... si tu l'as giflé pourquoi est-ce que...

— ... Je t'expliquerai plus tard, Louise.

Et se tournant vers moi, Cuevas me demanda :

— S'il te plaît, va chercher Serge pour qu'il vienne prendre le thé avec nous.

— Ah, non ! s'insurgea Le Pen. C'est contraire à toutes les règles ! On ne prend pas le thé avec un homme que l'on se prépare à tuer !

— Je me contenterai de l'égratigner, répondit Cuevas grand seigneur.

— *That's my boy* (3), soupira Lady Lamington.

— Alors quoi ? m'impatientais-je, est-ce que je vais le chercher ou pas ?

— Non ! hurla Le Pen sous le regard réprobateur de Lady Lamington.

— Oui ! cria Cuevas de nouveau en colère. Après tout, c'est mon ami !

(1) « Comme c'est drôle ! »
(2) « Mais alors... »
(3) « Ça, c'est gentil. »

— *Go and fetch him* (1), m'indiqua la maîtresse de maison sans se départir de sa belle sérénité.

Le Pen repoussa sa chaise et se leva.

— Eh bien, moi, je me refuse à être le témoin d'une telle inconvenance ! Et il quitta la pièce à grands pas.

— Va, va chercher ce pauvre Serge ! insista Cuevas en me poussant vers la porte.

Lorsque j'ouvris la portière de la grande Chevrolet, Lifar jouait au backgammon avec Zéro. Il posa sur moi son doux regard de biche un peu folle et dit :

— Je me demandais si vous alliez mettre encore longtemps à venir me chercher. Après tout, je connais Louise Lamington depuis bien plus longtemps que Georges.

— Venez, on vous attend pour prendre le thé.

— Nous aussi ? demandèrent en même temps Zéro et l'antiquaire russe.

— Vous aussi, allons, venez.

Lady Lamington-Hayes accueillit Lifar les bras ouverts. Elle cessa pendant quelques instants d'être si désespérément britannique.

— *My dear, dear Serge !*

Lifar se blottit sur sa vaste poitrine comme sur celle d'une mère. Il s'ensuivit un moment de grande confusion. Cuevas et Lifar s'entre-regardèrent sans trop savoir que faire. Devaient-ils se saluer d'un geste de la tête, d'une simple poignée de main, ou bien devaient-ils — comme ils en avaient probablement envie — tomber dans les bras l'un de l'autre ? Ils optèrent pour s'ignorer tout en ne se quittant pas des yeux. Heureusement, Zéro prit sur lui de mettre fin à cette étrange situation.

— Madame, dit-il en s'adressant à Louise Lamington, nous vous remercions de votre aimable invitation, mais étant donné les circonstances, vous admettrez que notre représenté et nous-mêmes nous ne pouvons pas nous asseoir à la même table que M. de Cuevas et son témoin. Verriez-vous un inconvénient à ce que nous nous installions à des tables séparées ?

(1) « Va le chercher. »

Lady Lamington accepta le principe de la séparation, mais elle se trouvait dans l'impossibilité de le mettre en pratique.

— Je comprends très bien la difficulté de la situation, répondit-elle sans perdre son calme, mais malheureusement je n'ai pas de deuxième table sous la main. Trouveriez-vous correct que l'on serve M. Lifar côté nord de la table et que M. de Cuevas soit servi côté sud ?

Sans consulter personne, Zéro accepta la proposition de Lady Lamington et prit place avec Lifar et l'antiquaire russe à l'endroit indiqué par la maîtresse de céans, sous le regard bienveillant d'une dame peinte par Latour, à la perruque constellée de diamants. Cuevas et moi-même, nous nous assîmes du côté opposé sous la protection d'un cardinal du Risorgimento qui semblait se marrer du haut de son cadre doré.

Lifar refusa le thé — chine ou ceylan — et réclama de la vodka et de la glace pour lui et ses compagnons. Je me souviendrai des minutes qui suivirent comme les plus bizarres de ma vie. D'un côté de la table, Lifar trinquait en russe avec de la vodka Smirnoff. De l'autre, Cuevas et moi vidions l'un après l'autre des verres d'un côte-de-Beaune, issu d'un pinot noir, au parfum enivrant. Pendant ce temps Lady Lamington allait d'un côté à l'autre de la table, sa tasse de thé à la main. A la fin, n'y tenant plus, elle s'écria :

— Je ne comprends rien à vos histoires, mais est-ce que les choses ne pourraient encore s'arranger à l'amiable ?

Lifar, l'Asiatique, se contint avec peine, mais ses lèvres discrètement peintes en rose étaient sur le point de dire « oui ». Plus fougueux, prêt à tout oublier, à tout pardonner, Cuevas, se levant à demi sur son siège, allait répondre à Lady Lamington, lorsque Le Pen réapparut sur le pas de la porte. Le silence se fit dans la petite salle à manger. Le Pen nous regarda un long moment sans rien dire, puis il aboya :

— Messieurs... sur le terrain !

Choisi par Le Pen, le terrain était un pré au gazon soigneusement entretenu, délimité par deux grands magnolias en fleurs d'un côté et par un bosquet de chênes-lièges de l'autre. Sous l'un des magnolias, le docteur Vavin avait disposé sur une nappe blanche une série de flacons et d'instruments qui brillaient d'une lueur sinistre entre les paquets de coton hydrophile et les bandages. Deux infirmiers en blouse blanche montaient la garde auprès du matériel.

Le directeur du combat — un colonel à la retraite, l'air rébarbatif — mesurait d'un pas tranquille le terrain sur lequel devaient s'affronter Cuevas et Serge Lifar. Une bonne trentaine de mètres séparaient les magnolias et le bosquet de chênes-lièges.

Cuevas, Le Pen et moi nous fûmes les premiers arrivés sur le terrain. Je dus à plusieurs reprises prendre le coude de Georges qui titubait. Etait-ce la peur ou le pinot noir qui lui coupait les jambes ? Je préférais ne pas le savoir. Serge Lifar nous suivit, encadré par Zéro et l'antiquaire russe. Le danseur se mouvait avec une grâce rigide voisine de l'ankylose. Journalistes et photographes nous entourèrent de nouveau, mais, cette fois en gardant les distances. Personne ne riait plus. La farce pouvait bientôt finir en drame et tout le monde en était conscient. Deux amis de toute la vie, deux vieillards portés sur l'enfantillage, allaient croiser le fer sous nos yeux pour ce que la plupart d'entre nous considéraient comme des broutilles.

Lady Lamington avait refusé d'assister au spectacle.

— *This is too stupid to be true* (1), avait-elle dit sans lâcher sa tasse de thé.

D'un geste, le directeur du combat nous indiqua d'aller nous placer du côté des chênes-lièges. Lifar et ses deux témoins allèrent se ranger sous un des magnolias dont les fleurs avaient jonché le sol de grands pétales jaunissants.

— Cela va bien avec son teint, avait persiflé Cuevas dont la voix tremblait légèrement.

Le docteur Vavin s'approcha de nous.

— Comment vous sentez-vous, marquis ?

Cuevas esquissa un pauvre sourire :

(1) « Tout ceci est trop bête pour être vrai. »

— Comme un poisson dans l'eau de Javel, docteur.

— Votre poignet gauche, s'il vous plaît.

Le docteur Vavin prit le pouls de Cuevas, l'air préoccupé.

— Ça va pour le moment, dit-il bougon, mais, je me répète, à la moindre altération de votre rythme cardiaque, j'arrêterai cette connerie.

Il nous quitta pour aller examiner Lifar qui lui offrit son bras avec l'élégance d'une débutante invitée à danser une valse.

Le directeur du combat se plaça au centre du terrain et nous fit signe d'approcher.

— Messieurs, vous connaissez tous les règles du duel au sabre, n'est-ce pas ?

— Oui, mentirent Cuevas et Lifar avec sérénité.

— Au premier sang, expliqua le directeur, je considérerai que l'honneur est sauf et j'arrêterai le combat. Ce sera alors à vous de décider si vous voulez continuer ou pas.

Un aide présenta au directeur deux sabres dans leur étui de velours. Ils avaient l'air tout neufs et leurs lames brillaient avec éclat.

— Ils ont été dûment désinfectés à l'alcool, précisa le docteur Vavin qui s'était joint à nous.

Le directeur prit un des sabres et le tendit à Cuevas qui le reçut avec une désinvolture qui me sembla par trop affectée. Lifar, dès qu'il eut le sien en main en usa comme d'un fouet et cingla l'air à plusieurs reprises avec dextérité. Il semblait s'y connaître, le bougre. Cuevas me regarda, l'œil en détresse.

— Messieurs... à vos places.

Les quatre témoins accompagnèrent leurs deux représentés jusqu'au centre du terrain, puis nous retournâmes à nos emplacements respectifs, les uns sous les magnolias, les autres tout près du bosquet de chênes-lièges.

Dans un silence de mort, Cuevas et Lifar restèrent, seuls, face à face, le sabre au poing. Pendant un long, très long moment, il ne se passa rien. Les deux hommes se dévisageaient intensément, très pâles tous les deux, les mâchoires crispées, le regard durci par la peur.

Lifar, plus jeune, plus élastique, esquissa enfin quelques pas, en avant, en arrière — ce fut même assez joli —, comme un torero qui tâte le terrain sous ses pieds avant d'exciter le taureau pour lui planter les banderilles. Cuevas ne réagit pas. Ramassé sur lui-même, attentif, il restait figé sur place. Alors Lifar s'enhardit et répéta ses pas de danse. Rien. Cuevas, immobile, tenait son sabre à bout de bras, dangereusement pointé sur la poitrine de Lifar. Il lui aurait suffi d'un pas, un seul et... Mais il ne le fit pas. Le danseur perdit patience. Il avança et recula de nouveau, léger et frétillant, pareil à un papillon de nuit fasciné par une flamme. Toujours rien. Solide, imperturbable, Cuevas, le sabre tendu devant lui, ne bougeait toujours pas.

— Ils s'observent, ils s'étudient... murmurai-je pour moi-même. Le Pen qui m'avait entendu, répondit :

— Ils chient dans leur culotte, oui !

Soudain, sans crier gare, hurlant en russe un mot que personne ne comprit, Lifar partit à l'assaut. Mais il le fit le sabre haut dans le désir évident de ne pas toucher son adversaire. Surpris par le bond inattendu de son rival, Cuevas balaya l'air devant lui pour se défendre et son sabre fouetta avec violence la cuisse gauche de Lifar. J'entendis celui-ci qui s'écriait : « Ah, non !... » Il allait bondir de nouveau, le sabre plus bas cette fois, lorsque retentit la voix du directeur :

— Messieurs... fin du premier assaut !

Le docteur Vavin courut vers nous, son stéthoscope à la main.

— Laissez-moi donc vous examiner, marquis.

— Mais ye vais très bien ! protesta Cuevas.

Longuement, le docteur ausculta son cœur. Lorsqu'il eut fini, il dit :

— Votre cœur commence à galoper, marquis. Je vous permets encore un assaut. Mais pas un de plus, ce serait de la folie.

— Bien docteur, répondit Cuevas très digne, pouisque c'est comme ça... ye vais l'embrocher !

Chronomètre en main, le directeur du combat cria :

— Messieurs... en place pour le deuxième assaut !

Le deuxième assaut commença exactement comme le premier. Dans l'immobilité absolue des deux hommes. Lifar était outré du coup reçu sur la cuisse et s'apprêtait à faire payer très cher la traîtrise de Cuevas. Quant à celui-ci — je le connaissais bien — il avait soudain son visage des grandes occasions. Marmoréen. Mais cette fois, avec une lueur dans le regard qui ne présageait rien de bon.

Lifar recommença à danser, maniant son sabre comme un spadassin de cinéma, convaincu qu'il ne courait aucun risque. Cuevas suivait avec beaucoup d'attention les moindres gestes de son rival. Tout à coup, à haute et distincte voix, il annonça :

— Et maintenant, cosaque de merde, ye vais t'embrocher !

Surpris par l'insulte, Lifar resta quelques secondes le sabre en l'air, bouche bée. Foudroyant, Cuevas se fendit avec un style surprenant... Lifar n'eut que le temps de croiser les bras pour protéger sa poitrine. La pointe du sabre de Cuevas s'enfonça de plusieurs centimètres dans le biceps du danseur. Lifar poussa un cri de douleur suivi d'une imprécation en russe. A la vue du sang qui coulait, Cuevas devint livide. Il jeta son sabre loin de lui et se précipita sur Lifar les bras grands ouverts.

— Serge ! Serge ! Mais qu'est-ce que y'ai fait !

Le marquis sanglotait à fendre l'âme. Lifar fut d'une dignité extrême. Il serra son vieil ami sur sa poitrine couverte de sang et le consola gentiment :

— Ce n'est rien, Georges, ce n'est rien... C'est dans le mou du bras.

Lorsque le danseur relâcha son étreinte, Cuevas tomba à la renverse, évanoui.

Le Pen, qui regardait la scène écœuré, cracha avec mépris :

— Ah, ces métèques ! Tous les mêmes...

Cuevas rentra à Paris en ambulance, à moitié évanoui. Assis à côté de lui, Lifar lui tenait la main.

Arrivés quai Voltaire, ce fut l'apothéose. Les vieux domestiques pleuraient, les pékinois aboyaient, la Bibesco récitait du Racine, Jacqueline de Ribes préparait des dry-martinis, Guerrico priait agenouillé devant une vierge de son pays, Larrain se faisait la piqûre qu'il aurait dû administrer au marquis et Monseñor Julio Eizaguirre de Las Cuevas Piedrahita de Guana y Simonel bénissait les combattants en leur pardonnant d'avoir péché, oh, si légèrement, puisqu'ils n'avaient fait que se conduire en gentlemen qu'ils étaient.

Profitant de ce que leur maître feignait de ne pas les voir, les danseuses russes se livrèrent à des czardas effrénées pendant que Lifar ajoutait à la vodka quelques gouttes de son propre sang.

Ce fut une longue, belle et rude journée, comme j'aurais voulu en vivre beaucoup d'autres.

Le soir, Salima et moi fîmes l'amour dans ma mansarde de la rue des Saints-Pères avec une violence qui nous effraya. Rien ne tache et rien ne lave comme le sang, a écrit un de vos philosophes. Et rien n'excite autant les sens d'un Espagnol.

J'aperçois dans le cahier suivant quelques pages écrites à l'encre verte, une couleur dont je me sers pour écrire des textes très courts. « Les livres, lis-je, m'ont beaucoup permis de voyager. Les écrire c'est encore la moindre des choses. Il suffit, comme disait Hemingway, d'être en forme et d'avoir un peu de talent. » Mais une fois les livres écrits et publiés, il faut les vendre et là, le talent y est pour peu de chose. Autrefois, un livre pouvait être tenu pour une œuvre d'art. Aujourd'hui, un livre n'est, avant tout, qu'un produit de consommation. Un produit que l'on consomme en France avec moins d'enthousiasme que le camembert ou le rosé de Provence.

Lorsque l'on vend un livre, on vend aussi l'auteur. On vend non seulement son intelligence, sa sensibilité et son style, mais aussi et surtout sa gueule, son savoir-dire à la télévision, son passé savamment truqué par les services de relations publiques, ses frasques d'homosexuel ou d'homme à femmes, son enfance malheureuse, son long et difficile cheminement vers le succès et sa dextérité à signer des dédicaces dans le genre « à la plus fidèle de mes lectrices, en souvenir des heures merveilleuses passées auprès d'elle sans le savoir ».

Le moment venu il n'y a pas beaucoup de différence entre un auteur à succès et une pute de bas étage. Nous aussi nous vendons nos sourires, notre voix de gorge, nos œillades et nos « j'espère vous revoir bientôt ». C'est assez ignoble et, curieusement, assez excitant. Pour d'infimes pourcentages, nous voyageons à travers l'Hexagone — parfois on écume aussi la Suisse et la Belgique — courant de librairie en grand magasin et de grand magasin en maison de la culture. L'éditeur — qui est souvent notre ami — se tient élégamment au-dessus de la mêlée. « Je ne pourrai malheureusement pas être avec vous à Biarritz. » Et vous voilà parti pour Biarritz accompagné d'une jeune femme qui ne lit que du Gramsci et du Sollers, ou bien par un jeune homme boutonneux à lunettes qui vient de finir une thèse sur l'instinct religieux des grands singes blancs d'Afrique équatoriale. Ils ne vous lâcheront pas d'une semelle et téléphoneront chaque soir à l'éditeur pour le tenir informé des fluctuations ascendantes ou descendantes de votre courbe de popularité.

L'auteur à succès dépend aussi pour beaucoup de l'humeur de toute sorte de maquereaux — agents littéraires, agents publicitaires, agents tout court et faiseurs d'image — qui plongent vaillamment dans les eaux profondes où nagent les critiques, ces grands squales de la littérature qui sont devenus assez inoffensifs depuis que M. Pivot leur a coupé les nageoires. Il faut quand même faire attention à eux car l'odeur du sang les excite. Que l'un d'eux vous blesse et voilà que les autres s'attroupent et vous dévorent. Il faut être patient. La critique est la rançon que le talent doit payer à la médiocrité.

Cette médiocrité fleurit comme une plante vénéneuse pendant la sinistre cérémonie des signatures publiques, heureusement tombée en désuétude depuis que les gens ont l'opportunité de voir paraître sur le petit écran nos bouilles satisfaites. Plus besoin de nous approcher, nous les écrivains, pour savoir de quoi nous sommes faits. Les gens nous ont déjà reçus chez eux — sans pour autant nous avoir invités — à l'heure où l'on se met à table pour juger de la bonne santé du dernier beaujolais.

Pourtant, je regrette l'époque des signatures. Il se passait pas mal de choses pendant les signatures. On y rencontrait des drôles de mécréants. On subissait des humiliations — j'ai signé des livres dans le rayon des sous-vêtements du Bazar de l'Hôtel de Ville —, on vivait des moments de gloire — « maître, je vous lis depuis vingt ans ! » — et on mourait parfois de trouille. Oui, de trouille. Alors que je dédicaçais un exemplaire de *L'Homme de sang* à une dame habillée en grand deuil chez un libraire de la rue de Ponthieu, celle-ci sortit un revolver de son sac, me visa et s'apprêtait à tirer sur moi, lorsque le libraire lui lança à la tête un Petit Larousse illustré qui détourna la trajectoire de la balle, me sauvant ainsi la vie. Nous apprîmes plus tard que la dame en question, ayant été abandonnée par un écrivain avec lequel elle était mariée depuis dix ans, avait juré de tirer sur le premier homme de lettres qu'elle croiserait sur son chemin.

Trouille aussi — j'ai toujours eu très peur des fous — lorsqu'une femme s'approche de vous, son livre à la main, et vous chuchote à l'oreille : « Mettez-moi quelque chose d'intime, maître, de vraiment intime... »

La peur, en certaines occasions, se transforme en angoisse. Je signais un jour des livres à la fête de l'Humanité, côte à côte avec Aragon. Je vendis une centaine d'exemplaires alors que lui, le camarade par excellence, n'en vendit que deux ou trois. A la fin de la séance il me demanda courtoisement, avec ce fin sourire de libertin du XVIIIe siècle qui le rendait parfois si beau : « Me feriez-vous l'honneur de signer pour moi un de vos livres ? » Ma main tremblait lorsque je dédicaçai mon misérable roman à l'un des plus grands poètes français vivants.

La scène se renouvela quelques années plus tard chez Naville, la plus célèbre librairie de Genève, alors que je signais à la même table que Raymond Aron. Une vendeuse à la croupe bondissante trottait de la table à la caisse en ânonnant bêtement : « Maître, nous en sommes à cent, nous en sommes à cent cinquante... » Aron, que la vendeuse ignora superbement, ne vendit pas un seul bouquin. Il eut l'élégance de ne pas ajouter à ma confusion en me demandant une dédicace. Il devait savoir — et comprendre — que les écrivains de grande classe vendent leurs œuvres plus difficilement que « les autres ». J'étais « les autres ». Il ne m'en voulut pas. Simplement, il m'ignora.

Et puis, il y a les foires. Ah, les foires ! Ma première expérience dans ce domaine — il a été convenu que dans ce livre je ne parlerai que de moments exceptionnels — eut lieu à la foire du Livre de Francfort-sur-le-Main. Je m'y rendis à contrecœur pour accompagner Paul Flamand, mon éditeur français, qui voulait vendre à son collègue allemand les droits de *Fiesta* qu'il venait de publier à Paris aux Editions du Seuil.

Il y a des gens qui n'aiment pas aller au Maroc à cause des mouches. D'autres qui refusent d'aller aux Indes parce qu'ils craignent le regard inquisiteur des vaches sacrées. Moi je n'aime pas aller en Allemagne à cause des Allemands. Quand je suis là-bas, ce n'est pas à Goethe, ni à Rainer Maria Rilke que je pense, mais à Hitler, à la Nuit des longs couteaux et au massacre des Juifs. Ce sont des êtres qui me font peur, car je sais qu'ils sont capables d'être sublimes pour devenir aussitôt, sans à peine changer de visage, des suppôts de Satan. Et puis comment voulez-vous dîner à l'aise face à une jolie femme qui ingurgite deux ou trois litres de bière entre son consommé en gelée et sa *sächertote* au chocolat ? Comment ne pas sursauter lorsqu'un Allemand vous salue en claquant des talons avec un bruit de tank ?

« Il doit être possible de trouver le bonheur parmi les Allemands. Bien qu'ils aient eu en arrière-pensée qu'il ne faut rien pardonner, ni aux malheureux ni aux solitaires. » C'est Nietzsche qui l'a écrit. C'est pour des raisons de ce genre que j'ai toujours craint les Allemands. Et plus précisément, pour cette manie qu'ils ont de tout rendre obligatoire, l'amour, la haine, le bonheur et le patriotisme. C'est dire si je m'étais rendu à la foire de

Francfort en rechignant. Perdu parmi la foule qui envahissait les stands, je me sentais dépaysé à en crever. C'est probablement ce qu'avait deviné Gottfried von Hellendorf, éditeur d'art, lorsqu'il me pria de venir dîner chez lui le lendemain dans sa maison de campagne. Mon éditeur français venait de signer avec lui un contrat me concernant. Son invitation me sembla donc découler de la plus élémentaire des courtoisies.

Hellendorf approchait de sa soixante-dixième année à petits pas méprisants. Elégamment vêtu d'un pardessus noir à col de velours, la cravate grise piquée d'une perle rose et le monocle fiché sous sa paupière de batracien, il respirait l'aisance de bon aloi et le raffinement. Il parlait un anglais délectable et pouvait citer en espagnol des pages entières de Machado et de Juan Ramon Jimenez. J'acceptai donc son invitation.

— Nous serons quatre, avait-il précisé. Nous essaierons de vous faire oublier la tapageuse et vulgaire Allemagne de M. Schmidt. Je vous serai reconnaissant de vous mettre en smoking.

La maison de campagne de Hellendorf était un petit palais baroque en marbre rose enfoui dans les bois à une cinquantaine de kilomètres de Francfort. Une vieille Daimler conduite par un chauffeur en guêtres et casquette plate m'y mena à travers une campagne d'une écœurante banalité sous le soleil couchant.

Gottfried von Hellendorf m'attendait dans son salon, un dry-martini à la main. En veste d'intérieur de velours bordeaux, les pieds chaussés de *bumpers* reluisants, il avait l'air d'un de ces vieux hobereaux cosmopolites chers au comte de Kayserling.

La vaste pièce meublée à l'ancienne regorgeait de fleurs et de plantes vertes. L'éclairage, tamisé par d'épais abat-jours, adoucissait les traits austères des ancêtres accrochés aux murs dans des encadrements d'époque. Une table pour quatre personnes était dressée devant le feu de cheminée.

— Eva et Gudrun se poudrent le nez à côté, me dit l'éditeur. Prenez donc un verre avec moi et racontez-moi ce que vous pensez des sociaux-démocrates.

J'allais répondre que je n'en pensais pas grand-chose lorsque Eva et Gudrun entrèrent dans le salon. Je restai un moment sans voix. Altières, distantes, magnifiques — et gigantesques — leurs corps moulés dans des fourreaux de soie, l'un vert émeraude, l'autre rose Schiaparelli, elles avaient des beaux visages réguliers, vierges de maquillage, des regards bleus et des dentures éclatantes. Elles me tendirent des mains que je baisai en remarquant qu'elles étaient nues de tout bijou.

Sitôt à table, Hellendorf et Gudrun s'engagèrent dans une savante discussion à propos de l'étude que Heidegger avait consacrée à Georg Trakl, *Eine Erörterung von Georg Trakls Gedicht*. Volant à mon secours, Eva vanta la perfection des dry-martinis concoctés par le maître de céans.

— Gottfried a appris à les préparer sans avoir jamais mis les pieds en Amérique !

— Je hais l'Amérique ! s'écria le vieil éditeur. Autant que vous haïssez probablement l'Allemagne.

Eva et Gudrun se tournèrent vers moi, le visage soudain durcis.

— Vous n'aimez pas l'Allemagne ?

— Disons qu'elle me fait peur.

— Peur ?

— Oui, mais rassurez-vous la peur me fait aimer l'idée du danger.

Eva et Gudrun se mirent à rire, un peu trop fort, l'atmosphère se détendit et nous nous mîmes à parler tous en même temps.

L'anglais de Gudrun — ses yeux n'étaient pas vraiment bleus, mais plutôt verts — était hésitant et fragile. En revanche, celui d'Eva était parfait. Elles avaient toutes les deux de belles voix profondes aux sonorités gutturales, entrecoupées de *ach so ?* et de *nicht war ?* (1) qui me confirmèrent dans mon dégoût de cette langue inventée pour effrayer les enfants et dompter les chevaux.

Les grappes de raisin servies dans des soucoupes d'argent furent consommées sur un fond de bla bla

(1) « Ah, bon ? », « N'est-ce pas ? »

mondain. « Vous êtes espagnol ? J'adore l'Espagne ! Mon père était officier à la Légion Condor... J'aime surtout Tolède. La corrida ?... Mais j'aime le sang ! Vous savez, j'ai une grand-mère espagnole !

Avec la lotte braisée et le vin blanc du Rhin, la conversation prit un ton plus humain.

— Il faut, affirma Eva, parler la langue maternelle du partenaire pour que l'entente physique entre deux êtres soit parfaite.

— Alors, dis-je, entre vous et moi, c'est râpé.

Elle me vrilla de ses yeux couleur de lame de rasoir :

— Il n'y a pas de jeu dont l'exception ne soit la règle.

Elle avait pris ma main droite dans la sienne et la broyait avec une tranquille assurance.

Le Mouton-Rothschild — en matière de vins rouges les Allemands font des complexes — servi avec l'agneau aux airelles délia les esprits et nous fit baisser des ponts-levis. Le terrorisme et le sexe — mais n'est-ce pas un peu la même chose ? — intéressaient au plus haut point ces dames.

— En tant que complément l'un de l'autre, précisa Gudrun entrelaçant les doigts autour de son verre.

— Quand la force triomphe, dit Eva quelques minutes plus tard s'attaquant à la bombe glacée nappée de Chantilly, c'est parce que, au fond, la victime est consentante.

Je songeai un instant à Auschwitz, à Bergen-Belsen, à Treblinka, à tous ces lieux sinistres où périrent dans les chambres à gaz tant de gens qui étaient loin d'avoir été consentants. A une phrase de Hellendorf que je n'avais pas vraiment écoutée, Gudrun répondit en citant Helvétius dans son charmant anglais aux intonations bavaroises :

— Les hommes sont si bêtes qu'une violence répétée finit toujours par leur paraître un droit.

L'éditeur rétorqua avec humeur :

— Et aucun de ces messieurs de la social-démocratie n'ose les détromper.

Je bâillai ostensiblement, ce qui jeta un froid. J'expliquai, en cherchant à me faire excuser, que ma conception du sexe n'était que très vaguement politisée.

— Je conçois le sexe plutôt à droite, dis-je. Beaucoup de mes amies me disent qu'à gauche on est tellement occupés à souffrir des maux de l'humanité que l'on baise vite et mal. Sexuellement, je me situe décidément au centre.

Eva et Gudrun échangèrent un bref regard dont la signification m'échappa.

Après le dîner nous nous installâmes pour prendre le café dans de vastes sofas tapissés de soie prune. Eva alluma avec dextérité mon Montecristo n° 1 et se mit en devoir d'échauffer entre les paumes de ses mains un ballon de Courvoisier dans lequel on aurait pu noyer un homme-grenouille de l'ancienne Kriegsmarine.

Avec un clin d'œil complice, Hellendorf déclencha à mon intention dans les haut-parleurs dissimulés derrière des paravents de Coromandel le *Concerto de Aranjuez* joué à la trompette par Miles Davis, la seule œuvre musicale qui me donne vraiment envie de sauter par la fenêtre.

Dès que la preuve fut faite que nous étions des gens de haute culture, on passa à Donna Summer, Diana and Marvin, Cerrone, etc. La main d'Eva pétrissait ma cuisse gauche, les longs doigts aux ongles vernis insistant avec science sur certains muscles qui cessèrent d'être commandés par mon cerveau.

Avec un nouveau clin d'œil, Hellendorf tira un album rouge de sous une pile de livres d'art. Porno, pensais-je, excédé par tant de germanité. Je me trompais. C'étaient des disques.

— Des blues, annonça le vieil éditeur avec la mine hypocrite de quelqu'un qui exprime une indécence. Gudrun se leva d'un bond.

— Dansons ! s'écria-t-elle gaiement.

Eva se leva à son tour et me tendit les bras. Hellendorf repoussa du pied un tapis ras d'Aubusson et enlaça Gudrun avec une violence qui me surprit chez un homme de son âge.

La voix noire de Shirley Bassey résonna dans la grande

pièce comme sous la nef d'une cathédrale. Je serrai contre le mien le corps dur et musclé d'Eva. Elle dansait bien, le ventre en avant, ses bras autour de mon cou, les yeux clos, ses cuisses puissantes serrant parfois les miennes jusqu'à les immobiliser. L'éditeur — petit personnage comique hissé sur la pointe des pieds — entraîna Gudrun dans un coin du *salon oscuro.*

Avant de se retirer, le maître d'hôtel avait posé sur la table un magnum de Moët et Chandon dans un grand seau en argent portugais. Nous nous arrêtâmes de danser pour remplir nos verres. Le champagne glacé me monta à la tête et mes tempes se mirent à battre la chamade. Nous dansâmes longtemps encore dans le salon de plus en plus sombre. Hellendorf avait éteint l'une après l'autre toutes les lampes jusqu'à ce que nous soyons seulement éclairés par le rougeoiement des braises de la cheminée.

La musique remontait lentement le cours du temps. « Whispering » Smith, Cole Porter, Frank Sinatra, Duke Ellington, Lena Horne et même, suprême retour en arrière, Lucienne Boyer. « Parlez-moi d'amour, reditesmoi des choses tendres... »

— Oh, *liebling*... soupira Eva à mon oreille.

Elle colla sa bouche à la mienne et coula sa langue entre mes lèvres, petit reptile rêche et subtil qui m'incendia le sang.

Champagne, blues, blues, champagne et, comme dans les romans de Sommerset Maugham, « *sex arised his ugly head* (1) ».

Je m'aperçus soudain que Gudrun et Hellendorf avaient disparu.

— Gottfried ne se couche jamais après minuit, m'expliqua Eva en s'arrêtant de danser pour aller remplir nos verres vides.

— Mais nous n'avons même pas pris congé l'un de l'autre !

— Vous le ferez demain.

— Demain ?

(1) « Le sexe montra son laid visage. »

— Tu ne penses pas rentrer à Francfort à l'heure qu'il est. Le brouillard doit être à couper au couteau. Et puis, il était prévu que nous couchions tous ici.

Et pour m'empêcher de protester — chose que d'ailleurs je ne comptais pas faire — Eva m'embrassa de nouveau avec la fougue et le talent dont elle m'avait donné des preuves préliminaires.

Nous dansâmes encore un peu, mais le cœur n'y était plus. Le cœur était à tout autre chose. Comme nos corps, comme nos nerfs, tendus à se rompre.

— Viens !

Eva me prit par la main et m'entraîna hors du salon. J'aperçus à peine le long corridor dallé de marbre noir, les tableaux de maître, les jeunes dieux grecs en onyx, les armes anciennes enfermées dans des vitrines.

— Gottfried nous a réservé la chambre verte.

En effet, tout était vert dans la chambre à coucher lorsqu'Eva m'ouvrit la porte. Le dessus-de-lit — un lit immense ou pouvaient tenir aisément, l'un dans l'autre, cinq où six corps — les rideaux de brocart frappé, la moquette et le velours qui tapissait les murs. Verte aussi la lumière d'aquarium diffusée par un système d'éclairage invisible.

Eva ferma la porte derrière nous et m'embrassa encore une fois. Elle transpirait légèrement et sa senteur animale mêlée à celle du vétiver dont elle se parfumait me fit soudain l'effet d'un alcool trop fort. Elle me prit dans ses bras et gémit d'une voix rauque :

— Oh, *liebling*, comme j'ai envie de toi !...

Moi aussi, ma garce. Mais c'étaient là des choses que je n'aime pas dire. Surtout à une Allemande. J'aurais eu l'impression de trahir un tas de gens aux quatre coins de l'Europe.

Je m'assis sur le lit pour enlever mes chaussures.

— Vite, *liebling*, fais vite...

La voix caverneuse d'Eva semblait sortir du fond d'un volcan. Planté devant un grand miroir à trois faces, elle luttait avec sa fermeture à glissière qui s'était coincée dans son dos.

— *Liebling*, aide-moi ! *Schnell* (1) !

Je m'avançai pieds nus sur la moquette. Avant de m'attaquer à la fermeture, j'enlaçai Eva par les épaules et la serrai contre moi de toutes mes forces. Des fesses de marbre s'incrustèrent dans mon ventre et je sentis gonfler les veines de mon cou.

Elle roucoulait, abandonnée, soumise. Je l'embrassai dans le cou, derrière l'oreille, je lui mordis la nuque et les épaules. Nous étions arrivés tous les deux au *check point Charlie* du désir fou. Le point de non retour. Je tirai rageusement la fermeture et le fourreau vert émeraude glissa aux pieds d'Eva, découvrant son corps admirable. Sa petite culotte en dentelle noire tomba à son tour.

Puis, lentement, Eva se retourna.

J'ai fréquenté dans ma vie toute sorte de vestiaires, de saunas, de bains turcs, de hammams, de salles de gym et des plages de nudistes. Mais c'était bien la première fois que je voyais un sexe masculin en érection.

Je fis un pas en arrière, trébuchai contre le lit et m'étalai sur le dos.

— *Liebling, was is den loss* (2)... ?

Il me fut impossible de répondre. Je m'étais mis à rire, à rire, à rire... Et je ne pouvais plus m'arrêter.

D'abord surprise — ou plutôt surpris — Eva me fixa d'un dur regard inquisiteur. Puis elle m'interrogea, brutalement, à l'allemande :

— Pourquoi ris-tu ? Qu'est-ce que cela signifie ?

J'essayai de contenir le rire incoercible qui me labourait la gorge. Et je bégayai :

— Je te jure... je te jure que je ne savais pas !

Elle devint enragée :

— Comment tu ne savais pas ? Tu es ici chez Gottfried von Hellendorf ! Tout le monde en Allemagne connaît les goûts de Gottfried von Hellendorf !

— Je ne suis pas allemand.

Eva se radoucit imperceptiblement.

— C'est vrai... Tu n'es pas allemand.

(1) « Vite ! »
(2) « Chéri, qu'est-ce qui se passe... ? »

Ramassant sa robe, Eva cacha ses parties nobles dont les proportions étaient redevenues humaines. Elle vint s'asseoir sur le lit près de moi et soupira :

— Tu me plaisais beaucoup...

— Toi aussi, tu me plaisais.

La voix d'Eva redevint cajoleuse :

— Tu n'as jamais...

— Non.

— Et tu ne voudrais pas...

— Non.

Le rire nerveux me guettait de nouveau comme un loup au coin d'un bois. Eva haussa les épaules, dépitée.

— Tant pis pour toi, *liebling*. Peut-être qu'un jour tu me regretteras.

— Peut-être. Laisse-moi ton numéro de téléphone.

Elle éclata d'un rire de cuirassier.

— Demande-le à Gottfried. Peut-être qu'il te le donnera. Et maintenant, dodo.

Comme je prenais un air inquiet, elle précisa :

— Je vais dormir à côté. *Gute Nacht, schatzy* (1)...

— *Gute Nacht.*

Sur le pas de la porte, Eva, enfin... cette personne, se retourna :

— Tu veux nous rendre service ?...

— Volontiers.

— Alors ne parle à personne de ce qui s'est passé ici cette nuit. Tu nous porterais tort à tous les deux.

— N'aie aucune crainte. Même en Allemagne, je tiens à ma réputation.

Eva m'envoya un baiser du bout des doigts.

— *Danke, liebling* (2).

Lorsqu'elle souriait ses yeux devenaient encore plus clairs. Elle était belle, le salaud.

Mon sommeil fut agité. Je dormis à peine quelques heures, le dos contre le mur, un œil ouvert, l'autre fermé, comme le font souvent les chats birmans. Vers sept

(1) « Bonsoir, mon trésor. »
(2) « Merci, chéri. »

heures du matin j'entendis crisser les pneus d'une voiture sur le gravier du parc. Des portières claquèrent. Des pas descendirent en courant les marches du perron. Puis j'entendis des voix qui aboyaient des ordres. Des voix gutturales, viriles, allemandes. Je sautai du lit et j'allai regarder par la fenêtre, dissimulé derrière les persiennes entrouvertes.

Eva et Gudrun quittaient le petit palais baroque de Gottfried von Hellendorf. Une voiture battant fanion militaire — une Mercédès grise astiquée comme un bijou — les attendait au bas de l'escalier. Deux soldats au garde-à-vous saluèrent dans les règles de l'art.

Eva monta en voiture la première. Elle, pardon, il était en uniforme de lieutenant-colonel de l'armée de l'air, la casquette galonnée d'or arbitrairement inclinée sur l'oreille. Gudrun, en uniforme de major de la même arme, monta dans la Mercédès à la suite de son supérieur hiérarchique en gardant protocolairement les distances.

Lorsque la voiture démarra, je crus apercevoir une main gantée de cuir noir qui faisait des signes d'adieu par la lunette arrière.

J'ai gardé soigneusement le numéro de téléphone du lieutenant-colonel Sigmund von S. B. que me donna Hellendorf avant mon départ. Il est possible qu'un jour ou l'autre l'envie me prenne d'apprendre à piloter. *Che sarà, sarà*. L'herbe, sous le pied d'Attila, repoussa comme d'habitude.

Coincé entre deux de mes cahiers noirs, je trouve un petit carnet à la couverture rouge agrémentée d'une étiquette qui précise : « Dîners en ville et portraits ». Il y a tant d'années que je ne dîne plus en ville — je mange tellement mieux chez moi ! — que ma curiosité se trouve aussitôt éveillée. J'ouvre au hasard le petit carnet et je lis : « Portrait du baron von Fredericks ». Les quelques pages consacrées au personnage me ramènent à l'époque bénie où la France vivait sous Pompidou les dernières années qui valurent la peine d'être vécues.

« Le baron von Fredericks — avais-je écrit — procède

sans nul doute des Balkans. Les uns le croient Bulgare, les autres Albanais ou Yougoslave. Mais d'où qu'il vienne, le sang arménien qui coule généreusement dans ses veines prime sur n'importe quel autre. Le sang, toujours, possède des caractéristiques qui ne trompent personne et celui du baron le pousse parfois à des gestes et à des attitudes qu'un bandit d'Erzeroum ne désavouerait pas. Il est généreux pour la galerie et affreusement pingre dans sa vie privée, ami de l'ordre apparent et incapable d'ordonner ses passions les plus évidentes, courtois et affable avec les femmes qu'il déteste et implacablement cruel avec les jeunes hommes qui l'attirent. Longtemps je l'ai soupçonné — à cause de son goût pour les costumes à la coupe vaguement militaire — d'être allemand ou autrichien, deux nationalités qui n'étaient pas de mise après la Seconde Guerre mondiale. J'imagine que plus tard, lorsqu'il fut redevenu honorable d'être teuton, le baron von Fredericks ne jugea plus nécessaire de revenir sur un thème qui n'intéressait plus personne.

« Lorsque venant de New York, le baron arriva pour la première fois à Paris, il venait à peine de franchir le cap de la trentaine. Etrangement, il avait déjà l'air d'être vieux. Il avait même l'aspect de quelqu'un qui n'avait jamais été vraiment jeune. Dürer l'aurait probablement immortalisé sous le masque de la Mort, tel que l'imaginent ceux que la Mort effraye.

« Malgré l'œil asiate, la pommette exagérément haute, la bouche à peine dessinée sur des dents proéminentes et la mâchoire carrée et menaçante, le baron n'est pas laid. Il est simplement désagréable à regarder, comme le sont les momies trop bien conservées et certaines dames américaines dont la peau a été abusivement étirée.

« Au physique comme au moral, le baron von Fredericks a l'air d'avoir avalé un parapluie. Le parapluie s'ouvre de temps à autre pour protéger le baron des regards trop indiscrets. Car il a pas mal de choses à cacher, le baron, sans compter des goûts et des penchants qui aujourd'hui n'effarouchent plus personne, mais que sous le règne pompidolien on essayait encore, sinon de dissimuler, tout au moins de ne pas mettre en valeur, ni par la parole, ni par le geste. Ce n'était pas bien vu d'être pédéraste dans une société foncièrement bourgeoise qui n'avait pas encore oublié le respect dû aux valeurs éternelles — Travail, Famille, Patrie — prônées par le maréchal Pétain. Le baron se devait donc d'être prudent. Personne ne savait quel était le dieu qu'il vénérait, ni d'où venait sa famille, ni quelle était sa vraie patrie.

« Elevé depuis sa plus tendre enfance dans les milieux de la haute finance dans lesquels les siens avaient toujours évolué, le baron von Fredericks amassa en peu d'années une respectable fortune en administrant les biens d'un protecteur plusieurs fois milliardaire qui lui avait ouvert son cœur, son lit et ses coffres-forts. La Bourse n'a plus de secrets pour lui et tels les pères fondateurs de l'empire Rothschild, il paye des courriers qui parcourent inlassablement le monde pour le tenir au courant des batailles qui vont être gagnées ou perdues par les Napoléon de Wall Street et de la City de Londres. Lorsque le baron rit — ce qui est rare — cela finit toujours par un ricanement semblable en tous points au cliquetis obsédant d'une caisse enregistreuse.

« Le baron von Fredericks — malgré le violent dégoût qu'il a des femmes — jouit d'un certain succès auprès de celles qui aiment les hommes riches d'aspect fragile. Elles le cajolent patiemment sans jamais perdre l'espoir de lui faire admettre qu'un beau mariage de raison finirait par lui ouvrir enfin les portes des milieux qui lui restent obstinément fermés. Le bruit court qu'une princesse assez agréable à regarder, profitant de ce qu'un soir le baron avait forcé sur la vodka — ce qui lui arrive régulièrement —, avait réussi à le traîner dans son lit. Mais l'aventure s'arrêta là, car le baron, ayant récupéré ses esprits au petit matin, fut pris de violentes nausées à la vue du corps nu de la princesse.

« Le baron von Fredericks possède dans un des plus beaux quartiers de Paris un bel hôtel particulier qu'il a rempli au cours des années de toute sorte d'objets d'art. Il y donne souvent des dîners et des bals auxquels n'assistent que des personnalités triées sur le volet. Le baron apprécie, dans l'ordre, chez ses invités : le nom — car il est snob —, la beauté — car c'est un vrai esthète — et, naturellement, l'argent, puisque sa principale et peut-être unique vertu a toujours été le réalisme.

« Je ne pense pas que le baron ressente à mon égard une folle sympathie. Il a compris dès notre première rencontre chez des amis communs, que je suis difficile, sinon impossible à épater. J'ai, moi aussi, la passion de la beauté, mais j'apprécie également, sinon plus, la laideur lorsqu'elle est intelligente. D'autre part, je n'ai jamais succombé aux charmes de l'argent quand il appartient à d'autres que moi. Quant aux grands noms, mes propres origines me permettent de savoir — trop de courts-circuits au sein des lignées illustres — ce qu'ils valent et le peu qu'ils signifient. Cette indépendance d'esprit par rapport à ce que le baron considère être les piliers du monde dans lequel il évolue n'est pas faite pour que ma personne suscite chez lui des enthousiasmes incandescents.

« Si j'ai déjeuné chez lui dimanche dernier, c'est uniquement parce que Aïcha Belkhacem, une amie marocaine de passage à Paris et qui tenait à me voir, a beaucoup insisté pour que je fusse invité. Probablement pris de court, le baron m'envoya un carton dans lequel il me priait de partager sa table. »

Oui, je me souviens très bien de ce déjeuner qui fut exquis, fascinant et déprimant tout à la fois. Von Fredericks avait convié une douzaine de personnes appartenant à cette faune spécifiquement parisienne qui tient du gratin international dont s'occupe Elsa Maxwell et de la pègre hautement sophistiquée qui hante Monaco l'été et Saint-Moritz l'hiver.

Lorsque j'entrai avec Aïcha dans le grand salon rouge et or où l'on servait les cocktails, la plupart des invités s'y trouvaient déjà. Il y avait là Dali, avec l'effrayante Gala en bottes de cuir qui semblait sortir d'entre les pages d'un roman de Sacher-Masoch. Marie-Laure de Noailles, ressemblant de plus en plus au Louis XIV de Rigaud, bavardait dans un coin avec le charmant Arturo Lopez-Willshaw qui vit royalement du *guano* — qui n'est autre chose que le caca déposé par des milliers d'oiseaux quelque part au Chili — dont il a le monopole. Plus loin, Elsa Martinelli — dont on devine déjà la superbe femme de quarante ans qu'elle sera plus tard — buvait à petites gorgées le champagne que lui avait servi son mentor, le baron Nino Lo Savio, un vieux Sicilien suprêmement distingué qui tirait cigarette sur cigarette d'une boîte en or de Fabergé constellée de saphirs-cabochons. Porfirio Rubirosa arriva avec quelque retard accompagné d'une Brésilienne aux traits de laquelle quelques discrètes gouttes de sang noir prêtaient une splendeur surnaturelle. Dolores Guinness suivit dans leur sillage, expliquant que sa Rolls était restée coincée dans un embouteillage, rue de Rivoli. Les derniers à paraître furent Melissa et Nessim Al Yacoub, un couple d'Egyptiens que Nasser avait ruinés et qui vivaient chichement à Paris — racontait Melissa en riant — des quelque cinq ou six millions de dollars qu'ils avaient eu la prévoyance de planquer en Suisse suivant les conseils du Roi Farouk.

Un maître d'hôtel merveilleusement stylé vient annoncer à Fredericks que le déjeuner est servi et aussitôt celui-ci nous prie de passer à la salle à manger. La table est mise comme à Versailles avant un bal de cour. Les assiettes sont en or massif et les cristaux, du baccarat. Melissa Al Yacoub — c'est une dame au goût très sûr — s'esclaffe :

— Il a toujours peur que l'on puisse penser que nous sommes au Club Méditerranée !

Alors que nous étions encore occupés à boire dans le grand salon, Mme Al Yacoub s'est faufilée dans la salle à manger pour échanger son carton à table contre celui de Mme de Noailles.

— Je préfère, m'explique-t-elle à voix basse, être assise à côté de vous plutôt que de me trouver dans le voisinage immédiat de Dali. Vous savez, j'ai l'odorat extrêmement délicat.

Melissa étant placée à ma gauche, il se trouve que ma voisine de droite n'est autre que l'extraordinaire Brésilienne arrivée avec Rubirosa. Je lui annonce d'emblée que j'adore Rio et que je m'y rends depuis des années à l'époque du Carnaval.

— Comment se fait-il que je ne vous aie jamais rencontrée ?

— Parce que c'est justement pendant le Carnaval que je vais passer quelques jours dans le calme de ma maison de Pétropolis. J'en profite pour mettre de l'ordre dans mes dossiers.

— Puis-je me permettre de vous demander ce que vous faites dans la vie ?

— Je suis marchand d'art.

Ma surprise la fait sourire.

— J'ai une galerie à Rio et une autre à São Paulo.

— Vous êtes peut-être ici pour rencontrer Dali ?

On dirait presque que je viens de dire une inconvenance.

— Oh, non ! proteste-t-elle. Je déteste Dali !

— Tiens... Le peintre ou l'homme ?

— Le peintre. L'homme n'existe pas pour moi.

On nous sert de la langouste à la Newburg et un meursault de la meilleure cuvée.

— Mon ami Rubirosa existe-t-il ? demandai-je, l'air de ne pas y toucher.

Elle sourit de nouveau. Ses lèvres gonflées de sève semblent sur le point d'éclater.

— Vous êtes bien indiscret !

— J'aime toujours savoir si le champ est libre.

Elle fut catégorique :

— Il ne l'est pas.

— Eh bien tant pis, parlons peinture. Pourquoi n'aimez-vous pas Dali ?

Elle cherche ses mots et répond :

— Sa peinture est du chiqué.

Melissa, dont le mari possédait autrefois en Egypte une importante collection de peinture impressionniste, intervient dans la conversation.

— Je ne suis pas loin de penser comme vous, dit-elle en s'adressant à la Brésilienne. A propos, je n'ai pas bien entendu tout à l'heure votre nom ?...

— Bonbon.

— Comment ?

— Bonbon Eça da Guimaraes.

— Eh bien, Bonbon, continua imperturbable Melissa Al Yacoub, savez-vous ce que disaient de Dali ses professeurs à l'Ecole des beaux-arts, à Madrid ? Ils disaient qu'il était diaboliquement habile mais froid comme une carpe et sans aucune personnalité. Beaucoup plus tard Pierre Loeb a dit, lui aussi, qu'il était sidéré par le manque de personnalité de Dali. « Dali, affirmait-il, n'est qu'un enfant prodige qui se refuse à grandir. »

Bonbon se pencha sur moi pour répondre à Melissa. Sa chair brune et dure sentait le pain et le soleil.

— Les enfants prodiges, répondit-elle méprisante, ne sont souvent que des vieillards prématurés. C'est vrai qu'étant encore très jeune, Dali a tout compris, l'impressionnisme, le néo-impressionnisme, le réalisme, le cubisme, tout. Et il était habile, oui. De 1921 à 1923 il a imité tous les grands de son époque, Juan Gris, Derain, Picasso. Plus tard il s'est cyniquement enrichi de l'amitié de Tanguy et de Miró. Il devient aussi l'intime de Breton, lequel lui explique que selon Freud il y a chez chacun de nous un monstre qui vit tapi dans les replis de notre âme.

— Et c'est alors, s'exalte Melissa, que le miracle s'accomplit !

— Eh oui, c'est alors que Dali trouve enfin Dali. Il cesse d'imiter les autres. N'ayant jamais su vraiment que peindre, il va concrétiser sur ses toiles, non pas les monstres qu'il porte en lui, il n'en porte aucun, mais des monstres qu'il invente de toutes pièces. Et comme après tout, c'est un bon dessinateur, le tour est facilement joué. Les imbéciles se pâment et Dali se met à gagner beaucoup d'argent.

Le rôti de veau est parfait. Rose et tendre comme de la chair de bébé. Le grand bordeaux qui l'accompagne est léger et bien équilibré. A l'autre bout de la table et au grand dam des ouïes de Mme de Noailles, Dali se mit à pérorer en roulant furieusement les « r ».

— Mais bon Dieu, qu'est-ce que c'est oune femme élégante ! criait-il à tue-tête. C'est oune femme qui nous méprise et qui ne se rrase pas les aisselles !

Impassible, Gala écoute son mari en se curant les dents.

Sautant, à son habitude, du coq à l'âne, Dali, à une remarque de Dolorès Guinness, répond sur un ton indigné :

— Mais madame ! La peintoure, c'est de la photo en couleur faite à la main !

Et il ajoute, truculent :

— Mon ambition a toujours été de matérialiser avec oune profonde volonté de précision impérrialiste, l'image de ce que le concret nous cache d'irrationnel !

Autour du maître les invités, déconcertés, écoutaient dans un silence quasi religieux.

— Il faut renouveler la peintoure, tonne Dali revenant à ses vieilles obsessions, en exposant enfin à la loumièrre les monstres effrayants qui dorment en nous !

Gala hoche soudain la tête et Dali plonge dans son assiette où s'empilent les boules de mie de pain qu'il a l'habitude de rouler entre ses doigts pendant qu'il parle. Dès que le brouhaha général reprend, Melissa s'adresse de nouveau à la Brésilienne.

— Pour moi le drame de Dali provient de ce qu'il a voulu construire Sainte-Sophie et que c'est le Sacré-Cœur de Montmartre qui est sorti d'entre ses mains.

Bonbon rit du bout des lèvres, la bouche soudain goûlue, presque indécente.

— Je crois surtout, répond-elle, que voulant braver les lois de l'Histoire qui ne s'occupe que de ce qui est grand, Dali a commencé par peindre « petit », avec une loupe, obsédé par les boutons de guêtre, comme Meissonnier, son idole. Il a donc fallu regarder ses horizons infinis par le trou de la serrure. Il a dit et répété : « Je veux pénétrer de plous en plous loin dans la magie minuscule de l'univers... » Puis, inexplicablement, en 1930, le microcosme de Dali devient macrocosme. Tout lui est bon pour remplir ses toiles vides, Dieu, l'atome, la science. La magie dalinienne perd alors son aura et devient dérisoire et banale. Et comme il n'a vraiment rien à exprimer, il s'est accroché pour survivre aux problèmes de perspective, aux illusions optiques, aux vieux trucs qui lui ont permis de réaliser ses christs en croix et ses vierges éclatées...

Je commençais à en avoir assez de cette conversation savante entre deux femmes qui depuis un bon moment ne s'adressaient plus à moi. Et je dis :

— Cela doit être très dur pour un mégalomane comme Dali que d'avoir une âme de miniaturiste.

Elles me regardent toutes les deux, étonnées de ma soudaine perspicacité. Mais c'est Bonbon Eça da Guimaraes qui aura le dernier mot.

— Dali aurait voulu être Vermeer et il n'a été que Dali. Dans cent ans on parlera de lui comme du peintre pompier qui inventa les croix penchées...

Melissa ajouta sa vacherie de femme du monde à celle plus épurée de la Brésilienne :

— Oui, un Bouguereau déniaisé par New York et qui envoyait des télégrammes de félicitations à Franco lorsque celui-ci fusillait des résistants.

— Vous vous intéressez à Bouguereau ? demanda la Brésilienne sur un ton devenu professionnel.

— Mon mari en avait deux dans notre maison du Caire.

— Moi j'en ai quatre à São Paulo. Peut-être devrions-nous nous revoir ?

— Mais oui, pourquoi pas ? admit Melissa en attaquant la tarte glacée au chocolat que le maître d'hôtel venait de poser devant elle.

On se leva enfin de table et on passa pour prendre le café dans un ravissant fumoir au plafond décoré d'exquises grisailles. Aussitôt, des groupes se formèrent suivant de récentes affinités ou de vieilles inimitiés. Quelques couples s'isolèrent, ce qui agaça von Frederiks qui détestait les apartés. Le vieux baron Lo Savio jouait les Cupidons auprès de la Martinelli qui sirotait du cognac avec des mines langoureuses copiées des films de la Dietrich. Juste dans le dos du vieux monsieur sicilien, Rubirosa observait la starlette, avec un sourire prometteur au coin des lèvres. Mme De Noailles poussa du ventre le fragile Lopez-Willshaw et s'installa avec lui sur un sofa, exagérant à souhait la majesté de son maintien.

L'horrible Gala, qui s'était laissée choir dans un fauteuil trop grand pour elle s'endormit aussitôt et se mit à ronfler par saccades. Dali, se sentant abandonné, coinça dans un coin la pauvre Dolorès Guinness et lui crachota au visage en abusant outrageusement de son accent espagnol. Aïcha Belkhacem, les Al Yacoub, Bonbon et moi-même nous prîmes place autour d'une table basse surchargée d'œufs de Pâques en ivoire.

Tel un papillon amidonné, Fredericks allait de groupe en couple en offrant des cigares. Melissa Al Yacoub choisit soigneusement un Churchill dans l'humidificateur en bois de rose que lui présentait le baron. Courtoisement, celui-ci lui proposa :

— Aimeriez-vous que je vous le prépare ?

Melissa parut outrée.

— Préparer... *mon* cigare ? Mais c'est presque de l'obscénité ! Est-ce que vous me proposeriez de préparer pour moi un amant ? J'allume toujours toute seule mes hommes et mes cigares. C'est précisément dans ces préparatifs que je trouve mon plaisir. Après... après c'est toujours du pareil au même.

Fredericks — alors que Nessim s'esclaffait bruyamment — ne daigna même pas sourire. Il nous tourna le dos et s'éloigna sans dire mot.

— Allumer mes amants ! murmura méchamment l'Egyptienne. Qu'est-ce qu'il ne donnerait pas pour ça !

Elle tira une première bouffée de son Churchill et s'enquit, curieuse :

— Est-il vraiment aussi riche qu'on le raconte ?

Avec cette vulgarité un peu canaille qu'affichent certains étrangers lorsqu'ils s'expriment en français, Aïcha expliqua :

— Il est actuellement beaucoup plus riche que son Jules. Un vrai petit génie, car il n'était au départ qu'un joli garçon généreusement entretenu.

— Joli ? s'étonna Melissa.

— Je l'ai connu dès son arrivée à Paris et, crois-moi, il était presque beau.

— Dans le genre gigolo teuton, informa Nessim en confisquant à son profit le cigare de sa femme.

— Moi, dit la Brésilienne en feignant de frissonner, je trouve qu'il a l'air d'un mort.

— Il a probablement vieilli en pourrissant de l'intérieur, comme la plupart des pédérastes.

— Et puis n'oublions pas, dit sentencieusement Nessim, que le commerce de l'argent n'a jamais embelli personne.

Sous le regard méprisant de sa femme, il ajouta, mélancolique :

— Je suis laid. Tous les riches sont laids.

— Sauf Agnelli, déclara Melissa en regardant son mari dans les yeux.

— Gianni, répondit celui-ci, est l'exception qui confirme la règle.

Rubirosa s'approcha de nous. Le pas nonchalant du prédateur sûr de lui. L'œil d'une douceur implacable. Un parfum d'after-shave et de tabac embaumant son sillage. Il prit familièrement le bras de la Brésilienne et soupira :

— Je regrette, mon chéri, mais c'est l'heure du sacrifice...

Bonbon roucoula, flattée :

— Rubi, tu n'as jamais su te tenir.

Le Dominicain montra ses dents très blanches.

— Je ne supporte ni la faim, ni la soif, ni le besoin de faire l'amour...

Le papotage mondain ne m'ayant jamais intéressé, je cessai de les écouter tous et m'en allai regarder par une fenêtre le sévère jardin à la française qui entourait l'hôtel particulier. Un paon faisait la roue sur le gazon et un vieux jardinier coiffé d'un chapeau de paille taillait des buissons avec des grands ciseaux qui brillaient au soleil. Très vite, Melissa Al Yacoub vint me rejoindre.

— Fredericks nous propose de faire avec lui le tour du propriétaire. Venez donc avec nous.

Je n'en avais nulle envie, mais j'avais tellement entendu parler des trésors accumulés dans le célèbre hôtel particulier que je cédai à la curiosité tout en sachant que je n'allais pas apprécier tout ce qu'on allait me montrer. Je supporte difficilement l'étalage de la richesse et le contact direct avec une certaine ostentation me fait monter le rouge aux joues. Si je préfère de beaucoup les collections privées à celles des grands musées, c'est uniquement parce qu'elles sont plus discrètes, moins orgueilleusement démesurées.

Mon ami Gérald Van der Kemp, un homme fin et sensible qui fut pendant des années le conservateur de Versailles, se retrouva pendant la guerre à la tête du « dépôt » de Valençay, en zone encore libre. Le château, propriété du duc de Talleyrand, était devenu le refuge provisoire d'une fabuleuse quantité d'œuvres d'art appartenant à l'Etat français, ainsi qu'à quelques particuliers.

— Lorsque j'arrivai à Valençay, me raconta Van der Kemp, je fus pris de panique. Au hasard des salons je retrouvai la Victoire de Samothrace, la Vénus de Milo, le musée Camondo tout entier, ainsi qu'une grande partie des musées d'Art moderne, Guimet et Cognac-Jay. Il y avait aussi, entreposées à Valençay, les collections privées des Rothschild et des David Weil. C'était vraiment hallucinant.

Van der Kemp vécut balzaciennement à Valençay et faillit être fusillé lorsque les Allemands envahirent la zone et s'emparèrent du château.

— Ce fut une période de ma vie extrêmement curieuse. Je vivais en châtelain de roman. Le matin, je montais à cheval dans la grande forêt silencieuse et l'après-midi, je lisais. Mais le grand moment de la journée était celui de mon réveil. J'avais installé au pied de mon lit un chevalet sur lequel je plaçais chaque nuit, avant de me coucher, un tableau de mon choix. Le matin, lorsque j'ouvrais les yeux, ma première vision du monde pouvait être une Vierge de Van Eyck, aussi bien que *La Joconde*, qu'un Piero della Francesca, qu'un Rubens ou qu'un Goya... Pendant que j'écoutais *Eine kleine Nachtmusik* (1), je buvais mon café en emplissant ma vue de ces beautés uniques que le hasard, tel un magicien bien intentionné, avait mises à ma seule disposition. A te dire vrai, je ne me suis pas encore remis de ces moments inoubliables... »

(1) *Petite musique de nuit.*

« Unique » était le maître mot de cette histoire. Un seul tableau, un seul homme, une seule extase. Van der Kemp avait connu le secret d'une des grandes jouissances de la vie : celle des voleurs d'œuvres d'art qui veulent être les seuls à contempler et à aimer une œuvre unique au monde. La nature, qui est intelligente, ne nous montre jamais qu'un seul paysage à la fois.

Je suivis donc Melissa et rejoignis le groupe de ceux qui s'apprêtaient à suivre le baron dans son tour du propriétaire. Rubirosa et la Brésilienne s'éclipsèrent en arguant des courses urgentes à faire. Le Dominicain me serra la main d'un air lugubre :

— Ce que tu vas t'emmerder, mon pauvre vieux...

Marie-Laure de Noailles retint auprès d'elle d'un geste autoritaire Arturo Lopez qui prétendait prendre part à la visite.

— Restez ici avec moi. Je connais son bric-à-brac. Il ne vaut pas le vôtre. Ni le mien. Servez-moi donc encore un peu de cette fine...

Avant de quitter le fumoir, Fredericks nous offrit des nouveaux cigares.

— Ça va bien nous prendre une petite heure, nous avertit-il.

Cela nous en prit deux. Car rien ne nous fut épargné. Il nous arrêta, parfois très longuement, devant chaque objet qui lui semblait devoir attirer notre attention. Tout y passa. Tableaux, sculptures, pendules, vases, pièces d'argenterie, jades, ivoires, meubles, armes anciennes, manuscrits. Tout.

— Voici, expliquait-il d'une voix curieusement neutre, deux colonnes en lapis-lazuli du XIXe siècle ne servant strictement à rien, pour lesquelles j'ai payé salle Drouot 200 000 francs. A vos pieds, un tapis Kerman en soie d'Amale Abolghassem Kermani. J'ai pu l'avoir à Genève pour 22 000 francs suisses. Ce secrétaire Louis XVI attribué à Adam Weisweller, je l'ai acheté chez Sotheby, à Londres, pour seulement 99 000 livres. Il en vaut aujourd'hui presque le double. Voici deux cabinets Boulle portant la marque d'Etienne Levasseur — vous savez tous que Levasseur fut l'élève préféré d'André

Charles Boulle — que j'ai arraché de haute lutte dans une vente aux enchères à la pauvre Barbara Hutton qui a failli en avoir une attaque. J'en ai eu pour 260 000 dollars. Ces *Roses dans un vase* de Manet, m'ont coûté 1 500 000 dollars, mais je crois bien que je perdrais de l'argent si j'avais à les vendre aujourd'hui.

— Mais voyons ! Tout le monde sait que Manet n'est plus ce qu'il était, remarqua Melissa de sa voix la plus naturelle.

— En revanche, poursuivit le baron imperturbable, ce Breughel le Jeune, que d'ailleurs je n'aime pas tellement, a triplé presque son prix dans les dix dernières années. Je l'avais payé à l'époque 148 000 livres.

Les invités suivaient Fredericks en poussant des oh ! et des ah ! admiratifs.

L'hôtel particulier était deux fois plus grand qu'il n'en avait l'air. Lorsque la visite prit fin, nous étions tous sur les genoux. Jamais je n'avais vu, réunies dans une seule demeure, tant d'œuvres d'art et aussi hétéroclites. Pourtant ces belles choses entassées sans ordre ni concert n'avaient provoqué chez moi qu'une sorte d'angoissant dégoût. Mme de Noailles ne s'était pas trompée en parlant de bric-à-brac. Une Mary Cassatt à côté d'un Renoir pouvait passer aux yeux d'un ingénu pour un mauvais Renoir. Un Picasso surplombant une sculpture de Bénin prenait soudain des allures de plagiat. Une oie de la dynastie Tang posée sur une console Louis XIV devenait une offense à la cohérence, un blasphème. Si l'intention de Fredericks avait été de nous éblouir, l'interminable visite avait produit chez nous l'effet contraire. Je crois que nous nous étions mis à le détester.

— Avez-vous remarqué, dit Melissa Al Yacoub, qu'à aucun moment il ne nous a vanté le talent d'un peintre, la beauté d'un objet ou la rareté d'un meuble ? Il a tout traduit en dollars, rien qu'en dollars !

— Ma chère, lui expliqua doucement Nessim, il n'y a qu'une catégorie de gens qui pensent à l'argent plus que les riches. Ce sont les Juifs.

— Ah, mais le baron est juif ?

Al Yacoub prit son ton le plus mondain pour répondre :

— Tous les barons sont juifs, excepté ceux qui ne le sont pas.

Nous étions tous de nouveau réunis dans le fumoir. Nous nous laissâmes choir sur les sièges, les jambes coupées, le souffle court. On nous offrit du thé, des boissons diverses et encore des cigares.

Mme de Noailles fut la première à prendre congé. Elle quitta la pièce en s'appuyant sur une canne en ivoire, telle une vieille reine claudicante. Quelqu'un réveilla Gala pour qu'elle aidât Dali à enfiler un horrible pardessus en peau de panthère. Alors qu'il passait près de nous, le Catalan fit une halte.

— Vous n'avez pas vu le Dali, natourrellement ? C'est un christ en état d'érection qu'il a mis dans sa salle de bains. C'est oune riche cochon, le barron !

Arturo Lopez-Willshaw s'emmitoufla à son tour dans une pelisse en vison et précéda le baron qui nous indiquait le chemin de la sortie.

Les voitures s'arrêtèrent les unes après les autres devant la grande porte d'entrée. La Rolls vert émeraude du Chilien, la longue limousine noire aux verres fumés des Dali, la Bentley grise des Al Yacoub.

Sur les marches en marbre du perron, Fredericks s'inclina sur la main que lui tendait Melissa. Après l'avoir baisée, il demanda avec une déconcertante fatuité :

— Alors, madame... vous avez aimé ?

Melissa se tourna à demi pour jeter un dernier coup d'œil à la façade de la maison.

— Oui, beaucoup.

Elle embrassa d'un geste vague de la main le jardin, puis l'hôtel particulier et les yeux dans les yeux du baron elle ajouta, admirative :

— C'est fantastique ! Parce que tout ça... avec votre cul, n'est-ce pas ?

Lorsque la Bentley des Al Yacoub passa la grille, Fredericks, pétrifié, restait cloué sur le perron de sa demeure.

Je ne l'ai revu depuis, que de temps à autre. Ce furent toujours des rencontres dues au hasard.

Le cahier avec une étiquette où j'avais écrit « Monte-Carlo » était maintenant au-dessus de la pile. Monte-Carlo. Que de souvenirs ! Les plus anciens remontaient à mon enfance. Mes parents s'y installaient chaque année, du premier juin au trente juillet. Après, ils partaient pour Biarritz où ils passaient le restant de l'été à l'Hôtel du Palais. Lorsque mes parents étaient à Monaco, j'allais les visiter une fois par semaine à l'Hôtel de Paris, où ils réservaient toujours la même suite. J'y allais avec ma grand-mère Dolorès qui possédait à Beaulieu une belle maison à colonnades où je passais une grande partie de l'été. Nous n'avions pas l'impression, ni ma grand-mère, ni moi, d'être tout à fait les bienvenus. On déjeunait bien tous ensemble, on prenait parfois le thé dans une pâtisserie où ma grand-mère m'achetait des berlingots à la menthe, mais on devinait chez mes parents une hâte évidente de nous voir repartir. Il faut dire que papa et maman étaient des gens très occupés. Le tir au pigeon, le golf, le tennis — ma mère était à l'époque championne d'Espagne —, le bridge tous les après-midi et le soir le casino, les galas et les bals.

Il y avait en ces années beaucoup de Russes Blancs à Monte-Carlo. Quelques-uns étaient encore très riches. Mon père était tombé éperdument amoureux d'une princesse Naryshkine et ma mère — quoique la princesse restât fidèle à son mari — lui faisait des scènes épouvantables. Maman avait de son côté un chevalier servant argentin que mon père ne pouvait pas supporter, mais il était trop orgueilleux pour émettre le moindre commentaire.

Parfaitement au courant de ces histoires, ma grand-mère disait qu'à Monte-Carlo on ne jouait pas que son argent, on y jouait aussi son âme et que bien souvent, on la perdait. En bonne catholique, elle exagérait avec beaucoup de naturel et de sang-froid. Si Monte-Carlo était un endroit de perdition, c'était en tout cas l'endroit où il était chic de se perdre.

Le jour, mon père était toujours en complet veston bleu marine — il n'y avait encore que les Anglais pour porter des blazers —, pantalon de flanelle blanche au pli impeccable et cravate, toujours claire le matin, plus foncée en fin d'après-midi. Le soir il se mettait toujours en frac avec un gardénia à la boutonnière. Il était d'une grande beauté et suprêmement élégant. *A little overdressed* (1), disait de lui le futur duc de Windsor qui déjà s'habillait comme un clown.

Mes parents ne fréquentaient à Monte-Carlo qu'un cercle très restreint d'amis espagnols — les mêmes qu'ils fréquentaient à la Cour, à Madrid — cercle auquel étaient admis quelques Russes Blancs dont le grand-duc Dimitri et, naturellement, les Naryshkine. Tomás Anchorena, l'Argentin qui vivait aux pieds de ma mère, ne les quittait pas d'une semelle. Excédé, mon père lui acheta un jour un collier de chien et le pria de le mettre. Le pauvre Tomás, qui était un excellent garçon, prit la chose du bon côté, passa le collier autour de son cou et se mit à japper à quatre pattes autour de ma mère. Pris à son propre piège, mon père ne pouvait qu'en rire.

Tout ce groupe de gens extrêmement collet monté soupait deux fois par semaine chez le prince Esterhazy, un des plus gros propriétaires terriens de la Hongrie, qui vivait avec sa jeune maîtresse autrichienne dans une grande villa à Saint-Jean-Cap-Ferrat. C'était un homme grand et mince, portant monocle comme mon père. Il m'offrait des cadeaux somptueux mais ne m'adressait jamais la parole. Il n'aimait bavarder qu'avec ses chiens. Malgré la vie qu'il menait, il était toujours plongé dans une profonde mélancolie. Un soir qu'il avait perdu une grosse somme au casino et alors que ma mère voulut le consoler, il lui coupa la parole en remarquant : « *You know, Carmen, life is no picnic* (2). » Bien des années plus tard, alors que les Russes avaient envahi la Hongrie, je rencontrai à Buenos Aires un de ses petit-fils. Il travaillait comme réceptionniste à l'hôtel Crillon. Pour lui non plus la vie n'était pas un pique-nique. Il était pourtant gai comme un pinson et couchait avec la fille unique du

(1) « Un peu trop habillé ».
(2) « Vous savez, Carmen, la vie n'est pas un pique-nique »

propriétaire de l'hôtel, avec laquelle, je crois, il finit par se marier.

Mes parents furent à plusieurs reprises invités au palais par la famille régnante. Ils trouvèrent toujours des bonnes raisons pour refuser. « Si nous acceptons leur invitation, disait ma mère, il nous faudra les inviter à notre tour lorsqu'ils viendront en Espagne et je ne veux pas de ces gens à la maison. » Lorsque bien des années plus tard Rainier épousa Grace Kelly, ma mère, qui était déjà une dame très âgée, trouva que c'était la fin de tout. Pensez-vous, une actrice ! Il s'avéra pourtant que la jeune femme de Boston ou de Philadelphie, je ne sais plus, honora le plus beau rôle de sa vie en jouant les princesses.

Lorsque j'étais encore marié à Pip Scott-Ellis je louai pendant plusieurs années consécutives une drôle de petite maison juste derrière ce qui est aujourd'hui le parking du Beach. Mes enfants prirent l'habitude de jouer avec les petits Onassis qui arrivaient à la piscine en Rolls, entourés de cinq ou six nannies anglaises raides comme des piquets. Le pauvre Alexandre, qui devait mourir plus tard tragiquement, était un petit garçon d'une grande timidité qui avait beaucoup de peine à parler. Christina, sa sœur, promettait déjà d'être le monstre qu'elle allait devenir plus tard. Noire, poilue, d'une prétention insupportable, mon fils John la flanquait à l'eau dès qu'elle ouvrait la bouche. Un matin qu'il l'avait balancée dans la piscine une fois de trop, une jeune femme frêle et blonde quitta le groupe des nannies et m'interpella avec hauteur : « Je suis madame Onassis et je trouve inadmissible que votre fils, etc. » Dix minutes plus tard nous riions ensemble des mésaventures de l'horrible petite fille qui poussait des cris perçants parce que mon fils l'empêchait de sortir de l'eau.

Tina et moi devînmes de grands amis. Nous eûmes très vite à cacher notre amitié — plutôt fougueuse — car le vieux Ari, qui n'était pas si vieux que ça, ne supportait pas les écarts de conduite de sa femme. Nous nous rencontrâmes à plusieurs reprises dans le vaste et somptueux appartement que nous prêtait le chef barman de l'Hôtel de Paris, très fier de ce que son appartement servît à celer nos amours coupables. Notre belle amitié se brisa le jour où j'appris à Tina que la Grèce était partie intégrante des Balkans. Elle se fâcha tout rouge : « Tu prétends que je suis une balkanique, moi ! » Elle était bonne fille, un peu pingre et d'une vaste inculture universelle. Je cessai de la voir complètement lorsqu'elle épousa un Anglais au regard de poisson mort et qu'elle devint Lady je-ne-sais-plus-quoi (1).

Tina me présenta à son célèbre mari au cours d'un récital de Mahalia Jackson au Sporting Club d'Eté. Il me regarda quelques instants de travers, puis se décidant à être sympathique, il m'offrit un cigare dont la bague portait ses initiales. Il était d'une laideur prodigieuse, quoique certaines femmes de ma connaissance le trouvaient beau comme Crésus. Il avait l'intelligence du renard décidé à manger les raisins trop verts. Il ne se souciait guère de son apparence physique et s'habillait en dépit du bon sens, avec une préférence très marquée pour les chaussures d'un jaune criard. Un soir, à Capri, il arriva sur la Piazzeta, portant un pantalon qui pendait de tous les côtés. Je lui en fis la remarque et lui recommandai un excellent petit tailleur, derrière le Quisisana, qui travaillait pour Emilio Pucci.

— A quoi bon ! me dit-il avec un fond d'amertume dans la voix. Où que je m'habille, j'ai toujours l'air d'un lit défait.

Il se méfiait et craignait les gens qui avaient reçu ce que l'on appelle une « bonne éducation ». En revanche, il avait une profonde admiration pour ceux qui faisaient preuve à son égard d'astuce, de ruse ou de toute autre forme de rouerie.

Un jour qu'il entrait dans le hall de l'Hôtel de Paris, un petit homme venant de nulle part se précipita sur lui.

— Ari ! Tu ne me reconnais pas ? Je suis Takis, Takis Aristopoulos ! Nous avons été à l'école ensemble, souviens-toi !

La seule école d'Aristote Onassis avait été les rues de Smyrne. De toute évidence, le petit homme mentait.

(1) Lady Blaudford.

— Si tu as quelque chose à me demander, répondit l'armateur habitué à ce genre d'assaut, passe demain à mon bureau et vois ma secrétaire.

Le petit homme prit un air offensé.

— Mais je ne veux rien de toi, Aristote ! Juste une petite faveur qui ne te coûtera pas un sou.

— Laquelle ?

— Tout à l'heure je vais m'asseoir là, à cette table, avec deux hommes d'affaires. Je voudrais simplement que tu passes devant nous et que tu me salues en disant : « Alors, Takis, ça va ? »

— D'accord. A tout à l'heure.

Une demi-heure plus tard, en sortant du bar, Onassis passa comme convenu devant la table du petit homme qui discutait âprement avec deux individus. Il s'arrêta devant le trio, prit l'air surpris et dit :

— Alors, Takis, comment ça va ?

Le petit homme leva la tête, regarda fixement Onassis quelques secondes et répondit agacé :

— Je vais bien, mon vieux. Vous ne voyez pas que je travaille, non ?

Les deux hommes d'affaires restèrent bouche bée. Quarante-huit heures plus tard, Onassis embauchait le petit homme dans une de ses entreprises.

Aristote Onassis était obsédé par les femmes. Elles comptaient beaucoup dans sa vie.

— Te ruinerais-tu pour une femme ? lui demandai-je un jour.

— J'ai essayé une fois. Ce fut en vain. J'étais déjà trop riche.

Il appréciait infiniment chez sa femme Tina — dont le père était beaucoup plus riche que lui — son côté « près de ses sous ».

— L'avarice, disait-il, est la meilleure preuve d'amour qu'une femme puisse donner à un homme riche. Tu sais, Tina n'est pas vraiment avare. Elle est, disons, regardante. Mais c'est souvent le cas chez les gens riches. Ils ont été élevés dans le respect de l'argent. Ils n'ont pas d'idées abstraites sur ce thème. Nous autres, les pauvres qui sommes devenus riches, nous voyons les choses différemment. Mon père me disait toujours : « Si tu laisses tomber de l'argent de ta poche, que ce soit en petite monnaie. Il faut que cela fasse du bruit. »

Et pensant toujours à Tina, il ajouta :

— Même pour une femme désintéressée, le mariage avec un homme comme moi est un métier lucratif.

Nous étions devenus suffisamment amis pour que je me permette de le taquiner.

— Je me demande si tu crois à l'amour.

Il devint mélancolique.

— Naturellement que j'y crois. Autrement à quoi bon vivre ? Seulement, c'est quoi l'amour ? Un je-ne-sais-quoi qui vient d'on ne sait où et qui finit on ne sait ni pourquoi, ni comment.

— Tu passes auprès de beaucoup de femmes pour être un homme extrêmement séduisant.

— On dit en Grèce qu'il suffit parfois d'une nuit pour faire d'un homme un dieu.

Et il ajouta très vite :

— Moi, j'ai un avantage sur les dieux. Ils étaient pauvres et je suis riche. Les femmes sont très sensibles à cette différence.

— Est-ce que tu arrives à oublier complètement celles que tu as aimées ?

Il s'en tira par une pirouette.

— En amour, comme en matière de testament, le dernier est le seul qui compte et il annule tous les autres.

Un clin d'œil malicieux et il ajouta encore :

— Heureusement qu'il y a les codiciles et les tiroirs secrets.

Un soir, à bord du *Christina*, dans le port de Monaco, alors que tous les invités étaient partis se coucher, nous restâmes tous les deux seuls sur le pont du commandant.

— Ari, es-tu vraiment conscient d'être un des hommes les plus puissants du monde ?

Il haussa les épaules, désabusé.

— N'exagérons rien. Regarde rien qu'en Grèce. Mon beau-père est beaucoup plus riche que moi. Stavros Niarchos aussi. Et peut-être deux ou trois Goulandris. Sans compter les Embiricos. Aux Etats-Unis il y a plusieurs douzaines de fortunes qui dépassent de loin la mienne.

— Je ne parlais pas de richesse, mais de puissance.

Il se rengorgea comme un coq de combat lorsqu'il sait qu'on le regarde.

— Oui, je suis puissant. Très puissant. Et crois-moi, ce n'est pas un sentiment de tout repos.

Il réfléchit quelques instants avant de parler de nouveau.

— De nos jours, le concept de puissance a beaucoup évolué. Moi aussi. Autrefois, être puissant voulait dire frapper plus fort et plus vite que tous les autres. C'était l'époque de Sir Basil Zaharoff, de Gulbenkian père, du premier Vanderbilt. Aujourd'hui, être puissant consiste à frapper juste. Ni avant, ni après, mais toujours juste. Moi, j'ai ce talent-là. Je frappe juste. Je me trompe rarement.

La mer était un lac suisse sous la pleine lune.

— Tu sais, dit Onassis comme s'il pensait tout haut, j'ai une image très précise du pouvoir. Tu passes ta vie à vouloir escalader le pic le plus haut d'une montagne. Un jour, tu y arrives. Et lorsque tu es là-haut, tu t'aperçois qu'il est encore plus difficile et infiniment plus dangereux de redescendre de la montagne.

— Et l'argent dans tout cela ?

— L'argent ? Nous vivons dans une société où la honte suprême est d'être pauvre.

A peine une légère hésitation et il ajouta :

— L'argent me donne tout ce que les autres pensent être le bonheur.

Il rit — âprement — et soupira :

— N'essaie pas de me faire dénigrer l'argent. De ma part, ce serait méprisable. D'ailleurs, je compte en gagner encore davantage.

Puis, sans attendre une réponse de ma part, il expliqua :

— J'ai beaucoup d'ennemis. Entre autres, tous ceux qui sont convaincus que l'argent est le sang des pauvres. Mais ceux qui me connaissent bien savent que je n'ai jamais exploité que d'autres plus riches, plus forts et plus puissants que moi.

— C'est-à-dire ?

— Des trusts, des sociétés, des gouvernements.

Il remonta d'un geste impatient son pantalon qui tombait.

— D'ailleurs ce n'est pas l'argent en soi qui m'intéresse, mais le jeu, le défi, la situation inextricable.

Un petit sourire et l'aveu vint, tout simple :

— Et, naturellement, le pouvoir qui découle de la victoire.

— Cela doit être très angoissant...

— C'est une angoisse sans laquelle je ne saurais vivre.

Onassis avait aussi une image autre que celle du redoutable homme d'affaires passé maître dans l'art des coups fourrés. Aux côtés de Tina, il se surpassait pour jouer le rôle d'un homme du monde fréquentant ce que la société internationale pouvait lui offrir de plus brillant et de plus sophistiqué. Mais il jouait très mal son rôle. Il était incapable de toute simulation. De tous les hommes latins, le Grec est celui qui a su conserver intact le caractère excessif de la race. Obsession de la virilité, de l'autorité, mais surtout obsession d'une totale indépendance d'esprit vis-à-vis des femmes en général et de la sienne en particulier. Indépendance scrupuleusement observée dans les moindres détails de la vie quotidienne, pouvant aller souvent jusqu'à la pire des mufleries. Mais ce n'est qu'un besoin profond de s'affirmer en tant qu'« homme » devant la gratuité de certaines exigences féminines.

Onassis avait le goût des fugues. Plutôt qu'un goût, c'était un besoin impérieux.

— Pour une femme amoureuse, admettait-il, ce n'est pas toujours drôle, j'en conviens. Je suis rarement là et quand je suis là, personne ne sait pour combien de temps.

Il pouvait naviguer pendant des semaines entières sur le *Christina* comme si le reste du monde n'existait pas. C'est au cours de ces randonnées en mer qu'il mijotait probablement ses coups fourrés.

— Puis soudain, racontait-il, j'ai besoin d'action. Je

débarque dans le premier port venu, je prends un avion pour n'importe où et je disparais. Des jours ou des semaines. Lorsque je rentre au bercail il n'est pas question que l'on me demande où j'étais, ni avec qui. Oui, je reconnais, je ne suis pas facile à vivre.

Seule à Monte-Carlo, couchant et vivant à bord du *Christina,* Tina ne savait pas à quel saint se vouer. Alors elle se vouait à des gens comme moi, qui l'amusaient et l'aidaient à oublier momentanément les incartades d'Aristote. A l'époque de notre grande amitié je fus souvent son plus fidèle confident.

— Il est de nouveau parti ! Où ? Je n'en sais rien ! Demain je lirai dans les journaux qu'il a été aperçu chez Castel, à Paris, ou bien au Mirabelle à Londres, ou encore au Morocco, à New York, cette boîte si démodée. Il aura été vu toujours accompagné par ces femmes souriantes et bêtes comme des veaux qu'il me préfère. Lorsqu'il reviendra, il posera sur ma coiffeuse un écrin de chez Van Cleef et tout sera dit. Mais je ne vais pas tenir le coup longtemps. Je vais foutre le camp et je vais épouser quelqu'un d'autre. Quelqu'un qui soit quelquefois là.

Pour Tina Lavinos, le *Christina* était un piège à rats.

— Ari ne supporte pas les gens serviles, mais il ne peut pas se passer d'esclaves. Lorsqu'il s'entiche de quelqu'un, hop ! Il l'embarque sur le *Christina* et vogue la galère. C'est son côté Frère de la Côte. Il s'approprie par la force ceux qu'il aime ou qui l'intéressent. Le vieux Winston Churchill n'échappa pas au kidnapping. Lorsqu'il monta pour la première fois à bord du *Christina,* Churchill était déjà passablement gâteux. Mais c'était son passé qui fascinait Ari. « C'est un forban, comme moi, un grand homme sans scrupules capable de n'importe quoi pour arriver à ses fins. » Ari, si impatient avec tout le monde, était avec le vieux monsieur d'une délicatesse infinie. Il allumait ses cigares, jouait avec lui d'interminables parties de backgammon — Churchill trichait effrontément — versait dans les pots à fleurs le trop-plein des verres de cognac toujours à portée de la main de l'ancien Premier ministre. Lorsqu'on se croyait enfin installés dans un train-train de vie qui pouvait durer indéfiniment, Ari, subitement, disparaissait. Et me voilà, une fois de plus, toute seule face à Churchill et à une vingtaine d'invités sur le dos.

Dans le milieu que fréquentait Tina, Onassis n'était jamais très à l'aise. Il était conscient qu'on se moquait de ses manières, de sa façon de s'habiller et même de son argent, qu'il étalait sans aucune discrétion. Il s'efforçait pourtant, le pauvre, de ne pas trop boire, de ne pas rire trop fort, de retenir ses mains fortes et brunes qui avaient tendance à s'égarer sur les cuisses des femmes. Entourée, protégée par les gens de son monde, Tina se mettait à traiter son mari avec une condescendance qui pouvait parfois être offensante. « Ari, dis bonsoir, Ari ne fais pas l'idiot, Ari tais-toi. » Onassis réagissait très mal à cette attitude et forçait encore plus sur ses défauts. Ceci dit, ils s'entendaient sans s'entendre. Onassis la couvrait de bijoux — pour excuser ses fredaines — que Tina rangeait au coffre, leur préférant des colifichets de chez Dior ou de chez Chanel qu'elle achetait à la pelle pour quatre sous.

Un jour, excédée, Tina se fâcha et prit ses distances.

— Pour se venger, racontait Tina, Ari invita cette femme...

Cette femme, c'était Maria Meneghini Callas.

— Il l'imposa chez moi comme un meuble. Un beau matin elle était là. Peu de temps après, ne supportant plus cette nouvelle situation, Tina quitta le *Christina* et son mari, et courut se réfugier chez papa Livanos qui l'accueillit par le traditionnel : « Je te l'avais bien dit. »

Mais très vite Tina réorganisa sa vie. Elle décida de devenir un jour la duchesse de Marlborough. Pour cela il fallait auparavant épouser le marquis de Blandford, héritier de l'illustre duché. Ce n'était pas une décision facile à prendre. Blandford, qui semblait s'être échappé d'une des pages de *Punch*, était d'un colossal ennui. Mais Tina était une petite femme courageuse et obstinée. Elle épousa son Anglais. Elle ne devint jamais duchesse de Marlborough, car le vieux duc n'avait aucune envie de mourir et qu'un matin elle en eut assez de discuter jardinage avec ce mari qui s'intéressait à ses rosiers bien plus qu'à sa propre femme.

C'est à cette époque que je reçus un matin, dans mon courrier, une invitation en bonne et due forme à dîner à bord du *Christina.* Il était spécifié dans le carton que le dîner était offert en l'honneur de Madame Maria Meneghini-Callas et que Sir Winston Churchill y assisterait.

En smoking blanc, je montai sur le Christina à huit heures et demie précises. Sir Winston, qui habitait sur le yacht, était déjà assis devant une table de jacquet, un cigare éteint à la bouche et une flûte de champagne à la main. Je ne l'avais jamais rencontré personnellement auparavant. Malgré son grand âge, il était resté impressionnant. Lorsque je lui fus présenté par Onassis, il haussa un sourcil et bégaya élégamment : « *So you are a Spaniard, what* (1) ?... » Puis il me demanda comment allait ce cher général Primo de Rivera. Je compris qu'il voulait avoir des nouvelles de Franco. Je lui répondis que selon les dernières nouvelles le général allait très bien et qu'à mon avis c'était grand dommage. Il mit un assez long moment à comprendre, puis il émit une sorte d'aboiement féroce, ce qui était sa façon de rire à lui. « *Funny, what ? Very funny... You must be a communist* (2). » Il était devenu vraiment gâteux. Mais je ne pus détacher mon regard du grand homme pendant le restant de la soirée. Tassé dans son fauteuil, le cou pratiquement inexistant, le dos rond, la mâchoire lancée en avant, il avait tout l'aspect du bouledogue cher aux caricaturistes. C'était pourtant bien lui qui à Yalta, imbibé d'alcool, avait abandonné la moitié de l'Europe aux Russes, lui qui avait lâché Mihailovitch au profit de Tito, lui qui avait envoyé à la mort le pauvre Leslie Howard sachant pertinemment que les Allemands abattraient son avion entre Madrid et Londres, lui encore qui en 1936, avait sacrifié la jeune république espagnole trop faible face aux militaires rebelles. Onassis avait raison. Churchill était un forban de haute volée, capable de tout sauf de desservir les intérêts de l'Angleterre. Maintenant, il ne s'intéressait qu'à sa boisson, à ses cigares et aux femmes,

(1) « Donc, vous êtes espagnol ? »
(2) « Amusant, très amusant... Vous êtes peut-être communiste ? »

qu'il ne perdait jamais de vue. Il les traitait avec un cynisme débonnaire : « Qui êtes-vous ? Quel âge avez-vous ? Lequel de tous ces hommes est votre mari ? » Elles rougissaient déconcertées, incapables de comprendre ce qu'il disait. En bon aristocrate anglais, Sir Winston bafouillait avec aisance et finissait toujours ses phrases avec un « *what ?* » qui n'exigeait pas de réponse.

Nous étions ce soir-là une douzaine d'invités. Les Churchill, leur vieil ami l'écrivain Somerset Maugham, le prince romain Vittorio Massimo, le producteur Sam Spiegel, deux banquiers genevois avec leurs épouses, trois Grecs aux mines patibulaires accompagnés de jolies femmes et moi-même. Et je n'ai naturellement pas oublié Maria Meneghini Callas qui n'allait pas tarder à supprimer le Meneghini pour devenir, tout simplement, la Callas.

Elle était plutôt courte sur pattes, la peau aussi sombre que son regard, le nez impérieux ombrageant une bouche ourlée d'un duvet aussi épais que celui qui couvrait ses avant-bras. Elle était mieux que belle. Elle était excitante au sens animal du mot. Elle était habillée pour l'occasion d'une tunique rouge sang qui s'échancrait généreusement chaque fois qu'elle se penchait à l'oreille de Sir Winston pour lui chuchoter des choses qui le faisaient pouffer de rire.

J'avais noté dès mon arrivée l'absence de tout membre de la famille régnante. Rainier et Onassis se livraient depuis des mois une guerre sans merci. Le Grec prétendait coloniser économiquement la principauté à son profit. Rainier, qui craignait Onassis comme la peste, lui rendait la vie impossible dans l'espoir de le voir mettre les voiles et disparaître à l'horizon. Le Palais n'invitait plus Onassis et celui-ci se vengeait en excluant les Grimaldi des fêtes et des dîners qu'il donnait à bord du *Christina.*

On servit des cocktails divers et du champagne pendant que Vittorio Massimo racontait des histoires lestes en dialecte *romanaccio.* Sam Spiegel parlait de Lawrence d'Arabie dans l'espoir d'éveiller l'attention de Sir Winston qui ne lui avait pas encore adressé la parole. Il poursuivait avec Onassis une partie de jacquet qui durait depuis huit jours. Entourée d'épouses de banquier, Lady Winston, rose bonbon et bleu ciel, faisait de la tapisserie en buvant des kirs au vin blanc.

Monte-Carlo se reflétait sur les eaux du port encombré de *cabin cruisers* italiens et de voiliers immaculés battant pavillon panaméen. On entendait au loin la musique du Sea Club et on devinait la voix d'Aimé Barelli chantant *Les Feuilles mortes*. Lorsque celui-ci s'arrêtait de chanter, Louis Frozio prenait la relève en faisant sangloter son violon. Tout était hors du monde, irréel et démodé. Mais tout cela existait.

On passa dans la salle à manger. Sous la serviette de chacun des invités, il y avait un petit paquet enrubanné de faveurs roses. Des boucles d'oreilles et des clips pour les femmes, des briquets en or et des fume-cigarettes pour les messieurs. Des oh ! et des ah ! « Ari comme c'est merveilleux ! Ari comme c'est gentil !... » Maria Meneghini-Callas eut droit à un bijou plus important que tous les autres. Une grosse émeraude sertie dans de l'or blanc qu'elle passa immédiatement à son annulaire. Onassis marquait ainsi le commencement du règne de la nouvelle favorite.

Après les desserts qui n'en finissaient plus, nous passâmes au fumoir pour prendre le café et les liqueurs. Onassis offrit à Sir Winston un « Churchill » gigantesque qu'il lui alluma avec soin. Puis il servit au vieux monsieur un ballon de cognac que Sir Winston huma avec délices. Maria Callas, qui jouait avec un art consommé le rôle de la maîtresse de maison illégitime, s'approcha de l'ancien Premier et lui demanda avec empressement s'il avait besoin de quelque chose.

Quelques borborygmes, un hoquet distingué. Seule de nous tous, Maria Callas avait compris.

— Vous voulez que je chante pour vous ? *A cappella ?*

Le vieil homme se trémoussa sur son siège.

— *Yes, yes ! A cappella !* acquiesça-t-il avec un effroyable accent.

Sous le regard intense et impérieux d'Onassis, Maria Callas n'osa pas refuser.

— Très bien, Sir Winston. Je chanterai pour vous.

Les invités l'entourèrent, silencieux. Debout devant le vieux monsieur, Maria Callas commença à chanter :

— « *Son... vergin... vezzosa...* »

— C'est quoi ? murmura tout bas Onassis derrière moi.

— C'est du premier acte de *I Puritani.*

— Ah...

La cantatrice était devenue soudain d'une grande beauté. Elle avait une voix limpide, sereine, d'une extraordinaire pureté. Dans un lourd silence, le port tout entier semblait l'écouter. Lorsque la dernière note sortit de sa gorge et resta suspendue dans l'air, elle s'inclina lentement, profondément, devant Sir Winston, comme elle avait l'habitude de le faire devant les auditoires enthousiastes de la Scala de Milan ou du Metropolitan de New York.

Le vieil homme d'Etat battit des mains, émerveillé.

— *Again, Maria, again* (1). La même chose !

Elle s'exécuta de bonne grâce. Elle chanta peut-être encore mieux que la première fois. Lorsqu'elle eut fini, Sir Winston supplia :

— Encore une fois, Maria, *please !*

Cela devenait embarrassant. La cantatrice s'adressa à lui avec une douceur qui dissimulait mal sa gêne :

— Ne voudriez-vous pas que je vous chante quelque chose d'autre ?

— *No, no ! The same thing again* (2) !

Résignée, Maria Callas recommença pour la troisième fois :

— « *Son... vergin... vezzosa...* »

Onassis m'agrippa le bras et me tira en arrière. Nous nous éloignâmes tous les deux de quelques pas. Il murmura, rageur :

— Dieu, comme je déteste l'opéra ! Si seulement cette sacrée bonne femme ne savait pas chanter, elle serait vraiment parfaite !

— Je croyais que tu aimais la musique.

(1) « Encore, Maria, encore une fois ! »
(2) « Non, non. De nouveau la même chose ! »

— Quelqu'un de chez vous a dit que la musique était le moins désagréable des bruits.

— Mais alors, Maria Callas...

— Avec Maria, nous parlons de tas de choses autres que la musique, répondit-il avec humeur.

Plus tard dans la nuit, alors que la plupart des invités étaient partis, Ari me confia :

— Je ne pense pas qu'un Grec puisse être vraiment heureux entre les bras d'une « étrangère »... Tu sais comment elles sont ces Allemandes, ces Anglaises et surtout ces Américaines... Elles aiment donner des ordres, elles exigent le respect, elles veulent décider seules de la vie du couple.

Il ralluma son cigare qui s'était éteint et ajouta dans un soupir d'enfant malheureux :

— C'est embêtant de passer sa vie à leur ouvrir des portières... Avec Maria, même si elle a mauvais caractère...

Mais il se tut et n'alla pas plus loin.

Des mois plus tard à Paris, je rencontrai Tina à une soirée à laquelle elle arriva flanquée de son morne et triste Anglais. Je lui racontai la scène dont j'avais été le témoin sur le *Christina*. Elle rit presque de bon cœur.

— Ce n'est pas la première fois que cela arrive. J'ai toujours su qu'Onassis — depuis qu'elle s'était séparée de lui elle ne l'appelait plus Ari — était allergique à la grande musique. Je me souviens que ce damné bateau se transformait en théâtre lyrique, et qu'Onassis et cette dame chantaient en duo des airs d'opéra que le vieux Winston Churchill scandait avec un doigt. Onassis, naturellement, chantait faux et se trompait de texte. C'était souvent le prétexte à de terribles engueulades entre Onassis et cette personne qui, tu en conviendras, est plutôt mal élevée. Sir Winston, ravi, exigeait le lendemain la répétition du spectacle.

Les disputes entre Maria Callas et l'armateur devinrent vite célèbres dans le monde entier. Elles avaient en quelque sorte un caractère sacré.

Lorsque La Callas et Onassis se querellaient, l'équipage du *Christina* au grand complet se réunissait pour écouter les insultes que la diva lançait à son amant, avec le respect et l'attention que les Grecs du petit peuple mettent à écouter une pièce d'Aristophane.

Les termes employés par le couple en ces occasions dépassaient en obscénité ceux qu'emploient d'habitude les marchandes de poisson du Pirée. La dispute finissait toujours par d'énormes éclats de rire. Onassis adorait ces scènes de ménage. La Callas, fine mouche, les provoquait aussi régulièrement que possible. Elle les lui administrait comme un médicament. Cela le changeait, le pauvre homme, des attitudes pincées de Tina, trop bien élevée pour apprécier la saveur de certains gros mots auxquels elle n'était pas habituée.

Entre Maria Callas et l'armateur, les liens étaient innombrables et profonds. L'un et l'autre étaient de la même race, tous deux avaient les mêmes origines et tous deux parlaient la même langue, ou plutôt le même « langage ». Leurs souvenirs en commun d'une jeunesse pauvre et difficile les rapprochaient encore plus que les simples liens de l'amour. Ils connaissaient bien mieux que tous ces gens chics qu'ils fréquentaient, la valeur de l'argent et ce qu'il en coûte de le gagner. Si Tina était pingre, la Callas savait être économe. Onassis appréciait en connaisseur la différence.

— Elle est rudement forte en affaires, disait-il d'elle avec une sincère admiration.

Elle participa à plusieurs de ses affaires et Onassis lui céda des parts dans l'un de ses pétroliers.

Les années passèrent. Les enfants Onassis grandissaient, Alexandre mince et beau, sa sœur Christina de plus en plus ingrate. Ils s'entendaient mal avec Maria qui les traitait en objets encombrants. Onassis finit par se fatiguer de cette relation tumultueuse dont il ne voyait pas la fin. Les insultes de la diva n'avaient plus le charme érotique d'autrefois. Onassis recommença à courir les boîtes en solitaire. Il se commettait en public avec des mannequins célèbres, cette race de femmes ne pouvant servir à rien sauf a être montrées dans les endroits à la mode. On ne pouvait plus ouvrir un journal ou une revue sans voir Onassis photographié le bras autour du cou d'une jolie femme devant une table pleine de bouteilles à moitié vides.

Je fis un court voyage à Athènes pour rencontrer des amis grecs qui m'avaient invité à passer quelques jours dans leur maison d'Epidaure. Un soir que je dînais avec mes hôtes dans un bistrot du Pirée, Onassis fit irruption dans le local entouré d'une dizaine de personnes qui n'auraient été admises dans aucun restaurant à la mode. Des marins en tricot de corps, un chauffeur de taxi, un patron de bateau de plaisance avec une casquette à galons et plusieurs filles à la vulgarité tapageuse dont le métier n'était pas à deviner. Onassis me salua à grands cris en me voyant. Il était fin soûl et son costume en toile écrue était maculé de taches. Il prit place avec ses compagnons autour d'une table et commanda du vin résiné pour tout le monde. L'orchestre — trois types moustachus en blouses brodées — fut invité à boire avec lui, puis toujours à grands cris, il paya une tournée générale à toute la salle. Le patron et les serveurs s'empressaient autour de lui, bourdonnant comme des mouches à merde. Il les rudoyait joyeusement en leur emplissant les poches de billets froissés.

C'était la première fois que je voyais Aristote Onassis dans son milieu naturel. Il s'y trouvait parfaitement à l'aise, riait à gorge déployée et tapait à grands coups affectueux sur les fesses des filles. Il semblait détendu et heureux. Et pourtant je le voyais boire désespérément.

Une demi-heure après son arrivée, la fête battait son plein et l'ouzo coulait à flots. Il fit un signe à l'orchestre qui aussitôt se déchaîna. Dépoitraillé, échevelé, Onassis dansa des sirtakis mélancoliques ou gais avec les putains et les matelots qu'il avait emmenés avec lui. A deux heures du matin tout le monde sacrifia au sport national qui étonne tellement les étrangers qui mettent pour la première fois les pieds à Athènes : on cassa des centaines et des centaines d'assiettes qui bientôt jonchèrent le sol sur lequel il fut désormais impossible de danser.

Je quittai mes amis à la porte du bistrot et je retournai à l'intérieur pour rejoindre Onassis. Il dormait paisiblement, malgré le boucan d'enfer, la tête sur la table, parmi les flaques de vin.

— Que va-t-on faire de lui ? m'inquiétai-je.

— On s'en occupe, n'ayez crainte. On a l'habitude, ça fait quinze jours que ça dure, me répondit l'homme à la casquette de marin.

Les filles s'étaient mises à criailler avec des voix aiguës. Une fausse rousse au grand nez de rapace voulut gifler une petite brune qui la menaça avec un cul de bouteille cassée.

— Qu'est-ce qu'elles ont ? m'inquiétai-je de nouveau.

— Rien. C'est Eudoxie qui a ramené votre ami chez elle hier soir. Cette nuit, c'est au tour d'Arthémise. Mais elles ne sont pas d'accord.

En voyant mon air sidéré, le patron, un bel homme à la casquette galonnée, dont la bouche rieuse était encadrée par une barbe fauve, me rassura de nouveau.

— Partez tranquille, monsieur. Il est entre amis, l'Aristote. Et nous l'aimons tous bien.

Je rejoignis ma chambre de l'Hôtel de Grande-Bretagne, l'âme en paix. J'aurais parié n'importe quoi qu'Onassis allait se réveiller le lendemain dans le lit de la petite brune agressive, peu encline à laisser échapper sa proie.

Je ne revis pas Onassis avant un certain temps. Un fou, probablement téléguidé par les grands patrons de l'acier, assassina à Dallas le président John Kennedy. J'étais à Rome et rentrais d'un tournage aux studios de la Vasca Navale vers huit heures du soir, lorsqu'en entrant dans le hall de mon hôtel du Monte Parioli je tombai sur un groupe d'évêques américains qui pleuraient à chaudes larmes. Je crus un instant que le pape était mort.

Le concierge me détrompa :

— On vient d'assassiner à Dallas le Président des Etats-Unis.

Les évêques américains, qui étaient venus assister au concile Vatican II, avaient appris la nouvelle quelques heures avant moi. Le télé-journal du soir montra des images terribles et déroutantes. Jackie Kennedy, vêtue d'un tailleur rose, tenant entre ses mains la tête ensanglantée de son mari, puis tentant de s'enfuir en se traînant à genoux sur la malle arrière de la voiture. Autour de moi, les évêques sanglotaient de plus belle. Le télé-journal fini, la ville entière sortit dans la rue. La foule silencieuse et tendue s'assembla devant l'ambassade des Etats-Unis dans l'attente des dernières nouvelles. Bien des gens pleuraient. John Kennedy venait d'entrer dans l'Histoire.

J'avais rencontré Jackie Kennedy à Paris lors de la visite présidentielle lors de laquelle le locataire de la Maison Blanche avait annoncé aux Parisiens dans un discours devenu célèbre : « Bonjour. Je suis le mari de Jackie Kennedy. » Le général de Gaulle, lui aussi subjugué par la jeune femme, avait souri avec bienveillance. Elle fut pendant toute la visite officielle la coqueluche du public. Je ne la trouvai pas vraiment jolie. Elle était de ces femmes dont la beauté est purement photogénique. Dès qu'elles bougent où qu'elles sourient, elles redeviennent ce qu'elles sont vraiment, banales et conventionnelles. Jackie était desservie par un regard d'une extraordinaire dureté. Elle parlait peu, en affichant un accent vaguement britannique qui est le comble du chic parmi les membres de la haute société américaine. Elle ne me plut guère.

Dès qu'il eut connaissance du crime, Onassis prit un avion et se rendit aux Etats-Unis. Il connaissait vaguement les Kennedy. Il avait été introduit auprès d'eux par Porfirio Rubirosa qui était un grand ami du Président. Malgré cela, Onassis se mit à bourdonner autour de la jeune veuve. Il lui envoya des tonnes de fleurs et des dizaines de télégrammes d'encouragement. Finalement, il l'invita à une croisière sur le *Christina* pour qu'elle oublie son récent malheur. Au grand scandale du clan Kennedy, Jackie accepta de s'embarquer en compagnie de l'armateur et d'un nombre restreint d'invités triés sur le volet. Aussitôt, la presse du monde entier se déchaîna. Onassis ne s'était pas trompé. Il savoura son triomphe. Ses relations, pour le moment strictement amicales avec la veuve du Président assassiné, lui procuraient à l'échelle mondiale une publicité qu'aucun argent ne pouvait payer. Jackie s'avérait être à son insu un agent de relations publiques exceptionnel. Onassis se dit qu'en l'épousant, cette publicité deviendrait à coup sûr permanente. Il commença à s'afficher publiquement avec Jackie. Il la couvrait de cadeaux et exécutait le moindre de ses désirs. Lorsqu'il annonça son intention de l'épouser, les Kennedy, et avec eux l'Amérique entière, se voilèrent la face. Le Grec en or devint le point de mire de tous les journaux du monde. Il fut malmené à souhait. On le traita de tous les noms. On le traîna dans la boue. On accula Tina à faire sur son ex-mari des déclarations pour le moins désagréables. On fit de Maria Callas la victime que l'on abandonnait à son pauvre sort. On reparla des obscures origines de l'armateur et on ressortit en détail l'affaire des « Liberty Ships » qui lui avait valu un procès retentissant. Mais, curieusement, la presse épargna Jackie. Elle se refusait à lire les coupures des journaux concernant son futur mari que lui envoyait sa belle-famille. Elle ne voyait en Onassis que l'homme qui possédait une flotte de cent bateaux et qui signait avec le gouvernement grec des contrats portant sur six cents millions de dollars. Car Jackie était cupide. L'argent était son dieu et Onassis son meilleur ambassadeur sur cette terre. Elle l'épousa sur un fond de clameurs indignées.

Dès qu'il eut épousé Jackie, Onassis fit des réels efforts pour se mettre à la hauteur de la *gentry* new-yorkaise. Il changea encore une fois de tailleur, il essaya de ne pas s'enivrer en public et ne jeta plus sur les tables des restaurants des billets froissés en boule pour payer les additions. Ce fut des efforts vains et pathétiques. La haute société américaine ne l'admit jamais parmi les siens. Le clan des Kennedy était trop puissant et avait encore trop d'avenir pour que l'on osât frayer ouvertement « avec ce levantin huileux, qui avait tourné la tête à la petite Bouvier ».

Très vite, Onassis déchanta et redevint lui-même. Il cessa tout effort pour dissimuler sa vraie nature. Il était ce qu'il était, un Grec richissime, sorti de rien et allant là où son destin voudrait bien le mener. Personne ne fut plus dupe des raisons qui maintenaient uni l'étrange couple. L'amour n'avait jamais existé entre eux. Jackie avait épousé le Grand Argent et Onassis avait donné son nom à un prestigieux panneau publicitaire.

Si Tina Livanos ne prenait pas très au sérieux son célèbre mari, Jackie, au bout de quelques mois de mariage, le méprisait ouvertement. Je l'ai entendue lors d'un dîner à Paris rabrouer ouvertement Onassis parce qu'il riait trop fort.

— *Ari, please, don't be so vulgar* (1).

Malade et abandonné, Aristote Onassis mourut tout seul dans une chambre de l'Hôpital américain, à Neuilly. Sa femme faisait du shopping à New York, la Callas n'avait pas été mise au courant de la gravité de son état, son fils Alexandre était mort tragiquement et, Dieu seul sait pourquoi, sa fille était absente.

« La mort est belle. Elle seule donne à la vie son vrai climat », fait dire Jean Anouilh à l'un des personnages de son *Euridyce*. Le vrai climat de la vie d'Aristote Onassis fut toujours la solitude. Je l'aimais bien. Il avait des défauts d'homme et aucune de ces vertus détestables qui rendent si méprisables certains êtres humains. Je l'en remercie encore.

Et maintenant j'ouvre le cahier qui me tient le plus à cœur. Le Cinéma. C'est encore une fois écrit en grandes lettres rouges sur la page de garde.

Le Cinéma ! J'ai tourné dans soixante-dix-sept films dont les deux derniers en Espagne, avec mon ami Berlanga que je considère sous beaucoup d'aspects l'égal du grand Buñel. J'ai joué dans soixante-dix-sept films — souvent dans des rôles de cinq minutes — sous la direction de metteurs en scène tels que Federico Fellini, Louis Malle, John Schlesinger, Blake Edwards, Mauro Bolognini, Festa Campanile, Pietrangeli, Agnès Varda, Fred Zinneman, Verneuil... J'ai serré dans mes bras, pour les besoins de la cause, des femmes qui ont hanté les rêves de beaucoup d'hommes. Audrey Hepburn, Jeanne

(1) « Ari, s'il vous plaît, ne soyez pas si vulgaire. »

Moreau, Simone Signoret, Virna Lisi, Lilly Palmer, Julie Christie, Julietta Massina, Marina Vlady et tant d'autres dont les noms reviendront sous ma plume à mesure que leur visage remontera à la surface de ma mémoire. J'ai même embrassé longuement sur la bouche — et c'était mon rêve — Miss Kim Novak dans un film américain de série B. Elle était dodue comme une caille et elle sentait bon. Je suis tombé amoureux fou de plusieurs d'entre elles pendant les six semaines que durait le tournage, puis une fois le film fini, je ne les ai plus revues.

J'ai entrepris, grâce au cinéma, des voyages hallucinants. Je suis parti au Cambodge pour tourner une scène d'amour ridicule qui aurait pu être tournée à Montreuil. J'ai vu jeter bêtement l'argent par les fenêtres et économiser sordidement sur la nourriture des figurants. J'ai été escroqué plutôt deux fois qu'une par des producteurs passés maîtres dans l'art de signer des chèques sans provision. Je me suis beaucoup amusé et je me suis, hélas, beaucoup ennuyé aussi, car le cinéma a de nombreux points communs avec la guerre. On a toujours trop chaud ou trop froid, car on tourne toujours à contre-saison. *Esquimau* en plein mois d'août et *Au soleil des Caraïbes* au mois de février. On passe son temps à attendre — comme à la guerre — on ne sait pas trop quoi, on ne sait pas trop qui. On perd ou l'on gagne des batailles que l'on croyait être des escarmouches. On joue sans s'en rendre compte dans des navets qui deviendront avec le temps des grands classiques. Le contraire arrive aussi, plus souvent qu'on ne croit. On se retrouve sur un plateau avec un très grand directeur et des acteurs éblouissants. On vous explique que l'histoire que l'on va tourner est tirée d'un best-seller vendu à des millions d'exemplaires. On se félicite de participer à l'accouchement d'un nouveau *Gattopardo*. Hélas, on ne met au monde qu'un minable chat de gouttière. Et les salles restent obstinément vides. Pourquoi ? Personne ne connaît la réponse, car la règle d'or, au cinéma, est qu'elle n'existe pas. Et pourtant si, il y en a une : si le film marche, c'est toujours dû à l'immense talent du metteur en scène, et s'il se casse la gueule c'est parce que ces foutus acteurs, etc.

Si je deviens un jour un vieillard gâteux je rabâcherai à mes petits-enfants ce que j'ai cru être d'incroyables aventures.

Mon père, comme les enfants, avait, lui, son histoire favorite.

Je tournais à Paris dans un film médiocre, *Vive Henri IV, vive l'amour*, sous la direction d'Autant-Lara, un homme insupportable et brouillon, incapable de donner la moindre indication à un acteur autrement qu'en hurlant. Je jouais, en pourpoint et cuissardes, le rôle d'un ambassadeur espagnol à la Cour du roi de France. Autant-Lara n'était pas du tout d'accord sur ma façon de me tenir.

— Mais non, mais non ! aboyait-il, pas comme ça ! Bombez le torse, avancez la jambe droite, appuyez le poing sur la hanche, levez le menton, soyez fier et arrogant !... Bon Dieu de bon Dieu ! Comportez-vous comme un Grand d'Espagne !

Je hasardai timidement :

— Mais j'en suis un, monsieur.

Autant-Lara s'arrêta net de crier.

— Vous dites ?

— Je dis, monsieur, que j'en suis un, de Grand d'Espagne.

Autant-Lara fit brusquement demi-tour et quitta le plateau à grandes enjambées. Nous l'entendîmes crier derrière les décors :

— Qu'on me foute ce type-là à la porte ! Il se prend pour un Grand d'Espagne ! Je ne peux pas travailler avec des fous !

Jean Sorel, mon partenaire, qui est dans le civil marquis de Roquebrune, était devenu tout pâle :

— Si tout à l'heure ce con me dit que je ne me comporte pas comme un marquis, je lui casse la figure !

Souvent les journalistes me posent la question : qui êtes-vous vraiment, un romancier ou un acteur de cinéma ? Vingt-six volumes publiés me donnent, je crois, le droit de me considérer comme un écrivain et soixante-dix-sept films tournés, m'interdisent de nier que je sois devenu un acteur professionnel. Ces deux carrières sont tellement imbriquées l'une dans l'autre, qu'il m'est désormais impossible de répondre clairement à la question.

Evidemment, oui, je suis un acteur de cinéma. Mais comment tout cela a-t-il commencé ? Chamfort a écrit quelque part que le hasard est un don de la Providence, ce qui est une façon comme une autre de dire que le hasard fait bien les choses. Car c'est bien par hasard que tout a commencé.

J'avais réservé un soir une table au Grand Véfour avec Gaëlle d'Oncieu qui préféra aller dîner à l'Escargot de la rue Montorgueil. C'était le mois de mai et Paris était plein de touristes américains. Je lui dis que nous ne trouverions pas de table libre à l'Escargot sans l'avoir retenue au moins une semaine à l'avance. Allons donc au Grand Véfour. Non, allons à l'Escargot, insista Gaëlle. Les maîtres d'hôtel la connaissaient bien et ne manqueraient pas de nous caser. Un taxi nous déposa à la porte du restaurant. Comme je l'avais prédit, il était bondé. Mais comme Gaëlle était, en effet, fort connue, Georges, Pierre, Louis ou Jean, nous installa au deuxième étage à une table où il n'y avait même pas la place pour un cendrier supplémentaire. La chaleur était étouffante et le brouhaha assourdissant. J'étais, il faut le dire, de fort méchante humeur.

A quelques mètres de nous, assis à une table plus confortable que la nôtre, dînait un couple étrange. Une ravissante négresse vêtue d'un tailleur blanc de chez Chanel et un garçon aux yeux pâles qui me regardait fixement depuis que nous étions arrivés. La négresse parlait, parlait et lui me regardait. Au bout d'un moment, la chose devint embarrassante. Pendant ce temps, Gaëlle mangeait ses escargots et ne se rendait compte de rien. A la fin, je n'y tins plus.

— Mais qu'est-ce qu'il a à me regarder ce type ?

Gaëlle leva la tête, regarda le garçon et lui fit un grand sourire.

— Vous le connaissez ?

— Mais oui, c'est Napo Murat.
— C'est un pédé ?
— Oh ! non alors !
— Il n'arrête pas de me regarder.
— Il a peut-être un peu trop bu...
— Qui c'est, la jolie Noire ?
— Un mannequin de chez Dior.

S'apercevant que nous parlions de lui, le prince Napoléon Murat — de la famille des abeilles — cessa de me contempler et je pus enfin dîner tranquille.

Au bout d'une vingtaine de minutes, le prince et la jolie négresse, ayant fini de dîner, se levèrent pour partir. En passant devant notre table, le prince retint sa compagne par le bras. Présentations — elle s'appelait Dinah — et salamalecs d'usage. La négresse gagnait à être vue de près. Des petites gouttes de sueur perlaient à sa lèvre supérieure. Elle avait des dents pointues de chat sauvage et des grands yeux dorés. Le prince s'adressa à moi d'une voix pâteuse, car il avait un peu trop bu :

— Est-ce que je peux vous appeler demain matin au téléphone ? J'ai quelque chose d'intéressant à vous proposer.

Que pouvait-il bien me vouloir ? Je me dis qu'en prenant un contact quelconque avec lui, je pourrais peut-être revoir la jolie négresse dont les seins pointaient impertinents sous sa blouse blanche. Je donnai donc au prince mon numéro de téléphone. Ils s'en allèrent enfin tous les deux, lui de son pas lourd, elle en dandinant des fesses.

Le lendemain matin, à huit heures et demie précises, le téléphone me réveilla. Cette fois, la voix du prince était nette et claire.

— Voici ce dont il s'agit, commença-t-il sans autre préambule. Je suis un des producteurs du prochain film de Louis Malle.

Je n'avais pas la moindre idée de qui était Louis Malle.

— Le film aura pour titre *Les Amants*, poursuivit le prince. C'est tiré d'un conte libertin du XVIIIe siècle et c'est Louise de Vilmorin qui en a écrit les dialogues.

Là, j'étais en pays de connaissance. L'affaire était donc sérieuse ou tout au moins de qualité.

— Les rôles principaux, expliqua encore le prince, seront tenus par Jeanne Moreau et Alain Cuny.

Jeanne était encore à l'époque une comédienne pratiquement inconnue. Je n'avais pas un souvenir très net de son visage. En revanche, le nom de Cuny m'impressionna. C'était un des acteurs préférés de Claudel et personne n'avait grogné comme lui dans le rôle de Tête d'or.

— Il y a un petit rôle, continua à dire le prince-producteur, qui ne peut être tenu que par un très bon cavalier. C'est le rôle d'un joueur de polo dont Jeanne est amoureuse. Porfirio Rubirosa m'a dit avoir souvent joué avec vous au polo en Argentine. Je ne vous connaissais pas personnellement avant-hier soir, mais maintenant que je vous ai vu, je suis certain que vous êtes le personnage du rôle. Accepteriez-vous de rencontrer Louis Malle pour discuter avec lui de ce projet ?

Tourner dans un film ? Je n'y avais jamais pensé. Qu'allait dire Paul Flamand, mon éditeur ? Et surtout mon père qui, le pauvre, avait déjà tout dit ? Je pris rendez-vous avec le prince pour l'après-midi même au Polo de Bagatelle où Louis Malle tournait depuis quelques jours les premières séquences de son film.

De ma vie je n'ai été aussi ponctuel à un rendez-vous. Le prince Murat — « appelez-moi donc Napo, je vous en prie » — me présenta à Louis Malle qui donnait des instructions, un mégaphone à la main, à un groupe de cavaliers qui galopaient en faisant des moulinets avec leur maillet. Il était habillé comme pour se rendre à un cocktail. Complet veston gris très strict et cravate bleu sombre à pois blancs. Joufflu et rose, plutôt de petite taille, il avait l'air d'avoir seize ans. Il était d'une exquise politesse et parlait avec une pointe de cet accent légèrement pincé qui est l'apanage des grands bourgeois français. Rien en lui ne laissait deviner l'homme de cinéma. Je n'aurais pas été surpris de le voir assis derrière un beau bureau Louis XVI dans les quartiers directoriaux de la Banque de France.

— Votre rôle consiste, m'expliqua-t-il, à vous approcher à cheval de Jeanne à la fin du match que vous venez de gagner et à faire un geste désabusé en écoutant les compliments qu'elle vous fera.

Je fus désappointé.

— C'est tout ?

— C'est tout.

Et il ajouta avec un curieux petit sourire :

— Je n'ai pas encore réfléchi, mais il se peut que je développe un peu le rôle du joueur de polo.

Une petite hésitation et il ajouta :

— Cela dépend de vous.

J'avais soudain une envie furieuse, impérative, de jouer au cinéma.

— Vous monterez un de mes propres chevaux qui est habitué aux caméras, me dit Louis Malle en montrant la tête d'un alezan qui sortait d'un box à deux pas de nous.

Par sa mère, Louis Malle appartenait à la famille Beghin — le sucre, le papier, la presse — et son oncle Ferdinand avait presque fondu en larmes — de rage — lorsque le fils de sa sœur annonça son intention de se consacrer au cinéma. Des années plus tard, alors que Louis était déjà considéré comme l'un des grands metteurs en scène français, l'oncle Ferdinand, que je rencontrai chez des amis, me dit : « Vous qui êtes un copain de mon neveu, pourquoi ne lui faites-vous pas comprendre qu'il serait bon qu'il fasse quelque chose de sérieux dans la vie ? » Pour Ferdinand Beghin, ancien officier de cavalerie, il n'y avait que trois choses sérieuses auxquelles un homme pouvait sacrifier sa vie : le sucre, le papier et la presse.

— A propos, connaissez-vous Jeanne ? me demanda le jeune directeur.

Non, je ne la connaissais pas. Louis Malle envoya un stagiaire chercher la comédienne. Elle arriva au bout de quelques minutes, tout habillée de blanc. Elle me sourit et me tendit une main incroyablement petite. Elle échangea un regard complice avec le metteur en scène et me demanda :

— Alors, monsieur, vous avez déjà accepté ?

Non, je n'avais pas encore accepté, mais c'était tout comme.

La première impression que me fit Jeanne Moreau fut très particulière. J'eus une immédiate envie de la protéger. De qui, de quoi ? De tout et de tous. Il y avait quelque chose de pathétique dans le fond de son regard. Aidez-moi, semblait-il dire. C'était de toute évidence une femme triste qui jouait à être gaie. Don Luis Buñuel, qu'elle adorait, l'a dépeinte mieux que quiconque. « Elle cherche toujours quelque chose qu'elle ne trouvera jamais. Je ne crois pas qu'elle soit heureuse. C'est justement cela, un certain malheur endémique, qui parfait ses qualités intérieures. Si un jour elle devenait quelqu'un d'heureux, Moreau cesserait d'être ce qu'elle est : merveilleuse. » Oriana Fallacci, moins subtile et plus venimeuse, avait deviné quelque détresse cachée lorsqu'elle avait écrit que Jeanne avait l'aspect « d'une fleur malade et parfumée ». Je m'étais tout de suite mis à l'aimer en priant Dieu qu'elle ne s'en rendît pas compte. Elle vivait avec Louis Malle et je n'ai jamais brisé la vie d'un couple qui joue à être heureux. D'ailleurs, Napo Murat m'avait prévenu : « Tout le monde tombe amoureux d'elle. Vous ne serez pas l'exception... Faites quand même attention... Sous des dehors indifférents, Louis tient beaucoup à elle. »

Je repartis chez moi avec le script du film sous le bras. Au premier coup d'œil, l'histoire me sembla assez banale. Jeanne vit en province avec son mari — Alain Cuny —, propriétaire d'un grand journal local. C'est un homme fort à l'aspect indestructible. Jeanne est *sa* femme et il la traite comme n'importe quelle autre de ses nombreuses possessions. Ils habitent un ravissant petit château en pleine campagne, à quelques kilomètres de la ville. Malgré ses occupations de maîtresse de maison et le temps consacré à son unique petite fille, Jeanne s'ennuie mortellement. Le couple a une amie, Maggy — joué par l'inoubliable Judith Magre — qui invite un peu trop souvent Jeanne à la rejoindre à Paris. Là, Jeanne connaît Raoul, le joueur de polo. Elle devient sa maîtresse et apaise sa mauvaise conscience en se disant que son mari la trompe probablement avec sa jolie secrétaire (Michèle Girardon). Sur ce, en revenant un matin de Paris, Jeanne tombe en panne sur la route. Un jeune homme (Jean-Marc Bory) vient à passer dans sa 4CV minable. C'est l'être gris par excellence. Ni grand, ni petit, ni beau, ni laid et, au premier abord, plutôt antipathique. Il prie Jeanne de monter dans sa voiture et la ramène au château. On l'invite à dîner et Jeanne insiste pour qu'il passe la nuit à la maison. Le jeune homme accepte. Cette nuit, c'est tout le film de Louis Malle. Il réussit à rendre crédible une histoire bourrée d'invraisemblances. Tout y est, la chaleur moite de l'été, la lune reflétée sur le lac, la promenade en barque, la musique de Brahms... Et pourtant, Louis Malle crée une atmosphère qui lui est personnelle, sans jamais donner l'impression du déjà vu. Jeanne et le jeune homme se livrent tout au long de la nuit à une passion charnelle racontée pour la première fois au cinéma. Au petit matin, Jeanne embrasse sa fille endormie et quitte sa maison et sa vie avec le jeune homme, sous les yeux médusés de son mari, de son amant et de Maggy.

Déjà, pendant le tournage, je savais qu'il y avait dans cette histoire une clef secrète que je n'arrivais pas à trouver. Pourquoi Louis Malle avait-il voulu porter à l'écran ce conte libertin, « cette foutaise » comme disait à voix basse Louise de Vilmorin ? Longtemps après la sortie des *Amants*, Jeanne Moreau, qui s'était séparée du metteur en scène, me donna la solution.

— Le jeune homme gris, c'est Malle. Il a toujours eu le complexe de sa petite taille et de son physique insignifiant. Il voulait montrer dans son film qu'il n'est pas nécessaire d'être grand, ni beau, ni riche, pour rendre une femme passionnément amoureuse.

Les Amants connurent un immense succès à l'échelle mondiale. Nous étions tous — peut-être à l'exception de Louis Malle — infiniment surpris. Aucun de nous n'avait eu l'impression de travailler dans le génie. Et pourtant, dès la présentation du film, les gens se ruèrent dans les salles qui affichèrent complet plusieurs mois d'affilée.

Louis Malle avait calculé ses dates de montage en

pensant au Festival de Venise où son film devait être projeté. Tous les acteurs y furent invités. Nous arrivâmes à Venise assez inquiets, car de nombreux incidents avaient éclaté à Paris et en province pendant la projection du film. Des gens furent choqués par le violent érotisme de certaines scènes. C'était d'ailleurs la première fois que l'on voyait à l'écran un homme et une femme s'ébattre nus, commettant de surcroît le péché d'adultère. Et en plus, avec une petite fille dormant du sommeil des innocents dans la chambre voisine. Des associations de toute sorte réclamèrent à cor et à cri l'interdiction du film. Et cependant, nous étions loin d'avoir tourné *Le Dernier Tango à Paris*. Des Espagnols évitèrent de me saluer lorsqu'ils me rencontrèrent dans la rue. Je reçus des lettres anonymes de gens qui me reprochaient d'avoir participé « à de telles obscénités ».

Les Italiens, mis au courant par la presse de toutes ces mésaventures, nous reçurent à Venise avec un mélange de froideur et de curiosité. Barricadés dans nos chambres du Danielli, nous obéîmes aux ordres de Louis Malle qui nous avait interdit de parler du film avec les journalistes.

Le soir de la présentation du film au Lido, un grand dîner nous fut offert au palais Labia par Charles de Beistegui, un milliardaire mexicain qui faisait la pluie et le beau temps dans la haute société de l'époque. C'était un curieux personnage. D'un snobisme effréné, il habitait un palais dans lequel tout, absolument tout, était faux : les tableaux, les meubles, et les objets d'art qui encombraient les tables et les crédences. Une équipe de copistes et d'artisans triés sur le volet falsifiaient pour lui, à longueur d'année, tout ce que Beistegui ne pouvait acheter aux musées. « Cela me coûte, expliquait-il ravi, plus cher que si j'avais à payer l'original. » Entouré de faux Tieppolo et de faux meubles de tous les styles et de toutes les époques, il aimait à donner des bals masqués et se vantait — le goujat ! — d'être le vrai père de notre duchesse d'Albe, arguant que leurs laideurs étaient identiques.

Le dîner — nous étions tous tellement nerveux — nous parut interminable. Tout le gratin était là. Des princesses vénitiennes au profil de gondole, des ducs siciliens sombres et poilus comme des Maures et des vieilles dames romaines aux noms sans fin qui avaient voyagé exprès jusqu'à Venise pour constater de leurs propres yeux « de quelle sorte de cochonneries étaient capables ces Français ». On nous posa mille questions saugrenues à propos de notre métier. Jeanne répondait de bonne grâce, souriante et en apparence tranquille, mais je savais, moi, à quel point la pauvre pouvait être énervée. De mère Britannique, elle parlait l'anglais à la perfection, ce qui l'aidait à suivre les méandres d'une conversation que ces grandes dames italiennes panachaient de courtes phrases dans la langue de Bacon. « *Cara mia, it's terribly exciting, questo lavoro suo !* (1) » Cuny, lourd et silencieux, écoutait avec l'air sombre d'un pachyderme blessé, les idioties que l'on répandait autour de lui. Assise à ma gauche, Louise de Vilmorin — non seulement elle avait du talent, mais aussi une élégance préraphaélite qui frappait l'œil dans les faux décors de Beistegui — semblait de plus en plus inquiète. « Ces gens, marmonna-t-elle, ne s'imaginent même pas ce qu'ils vont voir tout à l'heure... » Puis, serrant sous la table ma cuisse avec ses doigts griffus, elle ajouta, la voix altérée : « Ils vont nous écharper... »

Le café, délicieux, fut servi dans des tasses minuscules en porcelaine de Chine et les liqueurs dans d'énormes ballons de Murano aux reflets sanglants. Louis Malle, coincé entre une duchesse sarde poilue comme une chèvre et la femme d'un ancien ministre français, donna enfin le signal du départ. Des *motoscaffi* de la flottille de M. de Beistegui nous menèrent rapidement de l'autre côté de la lagune. Le Lido était bondé d'hommes en smoking et de femmes parées de leurs plus beaux atours. Harry Belafonte, que j'avais connu la veille, me fit le signe de la victoire avec ses longs doigts bruns. On nous installa au premier rang de la corbeille, décorée de fleurs aux couleurs françaises et italiennes. Je fus placé d'autorité entre Jeanne et Louise de Vilmorin, encadrées par

(1) « Chère amie, votre travail est terriblement excitant ! »

Louis Malle et Alain Cuny. Pendant ce qui me parut être une éternité, nous fûmes livrés aux photographes. M. de Beistegui et une quarantaine de ses invités prirent place juste derrière nous.

On sentait sans peine que cette soirée ne serait pas comme les autres. On nous regardait de partout avec une curiosité empreinte d'animosité. Des gens riaient trop fort. Des hommes montraient Jeanne du doigt avec une grossièreté qui paraissait voulue. L'atmosphère était tendue à l'extrême. Finalement, les lumières s'éteignirent et le film commença dans un silence oppressant. La musique de Brahms envahit la salle, lente et majestueuse. Les premières images du film défilèrent sous nos yeux, rapides et fulgurantes. Le Polo de Bagatelle. Raoul, au galop, frappait la balle de son maillet. Un public de femmes en chapeaux de paille et voilettes applaudissaient discrètement. Jeanne, en tailleur blanc, s'approchait du cheval, maintenant immobile, et posait la tête sur la cuisse de son amant. Derrière moi, la voix d'un des invités de Beistegui murmura, surprise : « *Quello gioca veramente a polo* (1)... » Une demi-heure passa avant que le film n'entrât dans le vif du sujet. Enfin Jeanne et le jeune homme restèrent en tête à tête. Premier baiser et premiers murmures. La grande nuit de Louis Malle venait de commencer. Louise de Vilmorin, qui m'avait pris la main dans l'obscurité, la serra avec une force désespérée. Son dialogue était fluide et élégant. Jeanne et le jeune homme se disaient des jolies choses, tout en en faisant de moins belles.

Le voyage en barque au clair de lune. Brahms se surpasse et fait pleurer ses violons. Sous les feuillages de la rive avait peut-être lieu — on n'y voyait pas trop clair — le premier acte de chair. Le silence était de plus en plus dense. Jeanne et le jeune homme retournaient à la maison. Un fondu enchaîné et puis, tout de suite, le Lit. Le grand moment était arrivé. Un homme et une femme, nus, dans un lit. Cette scène ne s'était pas encore vue au cinéma, sauf dans des films pornos dont la plupart des

(1) « Mais il joue vraiment au polo... »

gens ignoraient l'existence. Les murmures devinrent des cris à peine étouffés. Le jeune homme se coucha sur Jeanne. La salle entière se mit à bourdonner. La tête du jeune homme glissa lentement sur les seins de Jeanne, puis sur son ventre puis... elle disparut de l'écran. Avec un talent extrême, le visage de Jeanne mima les affres de l'amour. Et du plaisir. Dans la salle les cris fusèrent : « *Non e possibile ! E uno scandalo ! Porci !* (1) » En contrepoint à ces protestations, des applaudissements éclatèrent, d'abord timides, puis de plus en plus courageux et violents. « *Bravo ! Meraviglioso ! State zitti mascalzoni !* (2) » Mais voilà que maintenant le jeune homme buvait l'eau de la baignoire où flottait encore le corps de Jeanne. Nouveaux cris, nouveaux applaudissements. Et aussi des insultes. La salle devint folle lorsque Jeanne embrassa sur le front sa petite fille endormie avant de partir avec son amant. « *Putana ! Vergognati !* (3) »

Lorsque le film prit fin et que les lustres s'allumèrent la salle bouillonnait comme un chaudron. Debout dans les rangs d'orchestre des hommes insultaient à grands cris les acteurs. D'autres applaudissaient à tout rompre et envoyaient des baisers à Jeanne du bout des doigts. Un admirateur lança à toute volée une gerbe de fleurs qui atterrit sur les genoux de Judith Magre, pâle comme une morte. Jeanne se leva pour quitter la salle. Elle souriait, calme et tranquille, comme si de rien n'était. L'insulte claqua de nouveau : « *Putana ! putana !* » L'écho répondit : « *Brava ! Bravissima !* » Quelqu'un près de nous gifla son voisin de toutes ses forces. Le vacarme était assourdissant. Un individu, rouge d'indignation, se frayait un chemin vers Jeanne avec des intentions évidemment hostiles. Cuny s'interposa, les poings en avant, prêt à foncer comme un taureau furieux. Des *carabinieri* empanachés de plumes apparurent et se mirent à séparer les gens qui se battaient à coups de poing. Louis Malle, à peine plus rose que d'habitude dans son smoking bleu nuit, était

(1) « Ça n'est pas possible ! C'est un scandale ! Cochons ! »
(2) « C'est merveilleux ! Taisez-vous ! »
(3) « Putain ! Honte à toi ! »

aux anges. Il savait que le lendemain la presse du monde entier allait parler de nous.

Lorsque Louise de Vilmorin se retourna pour argumenter avec lui, M. de Beistegui, le visage glacé, l'ignora. De concert, comme dans un ballet bien réglé, tous ses invités nous tournèrent le dos. Les vieilles dames romaines étaient furieuses et les ducs siciliens outrés. Ils étaient tombés dans un piège et ils n'étaient pas prêts à nous le pardonner. Louise de Vilmorin, le visage crispé, les regardait s'éloigner à la queue leu leu, butés et silencieux. « Ils n'ont rien compris, les sales cons... » Il n'y avait d'ailleurs pas grand-chose à comprendre, sauf, peut-être, que Louis Malle avait réussi un très grand film avec dix ans d'avance sur la morale de son époque.

Le lendemain, à l'exception de quelques journaux ultra-conservateurs, la presse était dithyrambique. On comparait Louis Malle aux plus grands metteurs en scène morts ou vivants. « Une étoile est née », titrait un journal à grand tirage en comparant le talent de Jeanne à celui de la prestigieuse Hepburn. On découvrit aussi que Brahms était un grand musicien. Lyrique, un critique écrivait : « L'érotisme de la musique de Brahms épouse à merveille la vision immorale que le signor Malle a de la vie... » Quarante-huit heures plus tard, le Grand Jury du Festival rendit son verdict dans la grande salle du Lido bourrée de monde. Un petit monsieur bedonnant, qui portait un œillet noir au revers de son smoking blanc, annonça d'une voix chevrotante dans un silence de mort : « Grand Prix du Festival : *Les Amants*, de Louis Malle ! » Une clameur assourdissante s'éleva du public avec la violence d'une lame de fond. Curieusement, cette fois il n'y eut pas de protestations. Les gens applaudissaient à tout rompre. Jeanne, resplendissante, le front ceint d'un minuscule diadème, monta sur scène pour recevoir le prix avec Louis Malle. Un couple heureux au sommet de la gloire. Près de moi, Louise de Vilmorin murmura, très pâle : « Ils ne sont pas si bêtes, après tout... » La pauvre Judith Magre, toujours assise, tremblait comme une feuille, incapable de prononcer un mot. Quant à Cuny, l'indomptable, l'inébranlable Cuny, il avait les yeux embués de larmes. Moi, je n'étais pas très sûr de savoir ce qui m'arrivait. C'était trop. Que pouvait-il bien se passer maintenant ? Je n'eus pas beaucoup de temps pour y penser. Un grand souper officiel nous était offert au Cipriani, au milieu de la lagune. Cuny y arriva avec presque une heure de retard, les yeux vitreux, l'élocution hésitante : « Excusez-moi, Jeanne, mais j'ai été pris dans un embouteillage de gondoles... »

Vers deux heures du matin, les *motoscaffi* du Cipriani ramenèrent tout le monde sur la terre ferme. Jeanne et moi allâmes au Harry's Bar pour y attendre Louis Malle retenu par les reporters de *Time*.

— Heureuse ?

— Fatiguée.

Elle commanda un verre d'eau glacée et enleva le diadème qu'elle posa sur la table à côté de son sac.

— Vous reverrai-je à Paris, Jeanne ?

Elle me sourit, acide et tendre.

— Pourquoi pas ?

Napo Murat m'avait dit la veille que les choses ne marchaient pas très fort entre la comédienne et le metteur en scène.

Je rentrai à Paris en passant par Vienne où des amis m'avaient invité à passer quelques jours. Vienne est un élégant cimetière où l'on se prend à chantonner dans la salle de bains la ballade d'Anton Karas qui servit de musique de fond au *Troisième Homme* d'Orson Welles. Les Autrichiens avaient déjà entendu parler — en mal, évidemment — du film de Louis Malle et je fus, dans les dîners auxquels j'étais invité, une sorte d'inquiétante vedette. « Imaginez-vous, devaient-ils se dire les uns les autres à l'oreille, qu'il joue dans des films cochons. » On me posait des questions qui me rappelèrent celles des invités de M. de Beistegui. J'en profitai pour ne parler que de Jeanne. J'en parlai même trop. Mon hôtesse, une charmante vieille dame qui s'appuyait par coquetterie sur une canne, me dit un soir : « Ma parole, mais vous êtes amoureux de cette personne !... » Je l'étais. Je ne pensais qu'à Jeanne.

A Paris, je laissai passer quelque temps avant de la

joindre au téléphone. Lorsque je me décidai à l'appeler, Jeanne accepta assez facilement de dîner avec moi le lendemain. Je l'invitai chez Lipp où M. Cazes — à Paris, la presse nous avait transformés en héros — nous installa bien en vue à une des tables, en entrant sur la droite, réservées aux privilégiés de la maison.

Jeanne — malgré son œil toujours cerné — s'était remise des fatigues de Venise. Elle me traita dès le départ d'une façon différente de celle à laquelle elle m'avait habitué pendant le tournage. La différence était subtile, mais elle était là et je m'en aperçus tout de suite avec émotion. Il était entendu que nous étions des amis, mais, soudain, nous étions quelque chose de plus. A plusieurs reprises pendant le dîner elle posa sa main sur la mienne, une main si petite qu'elle arrivait à peine à couvrir mon poignet.

Nous parlâmes au début du dîner de tout et de rien, prenant notre temps, comme ces spadassins qui feintent longuement avant de fondre sur le cœur de l'adversaire.

— L'amour ? Oh, si, j'y crois. Comment vivre autrement ? Seulement je ne crois pas au grand amour. Je crois à beaucoup de grands amours.

L'avertissement était clair et, somme toute charitable. Elle gobait ses huîtres, l'œil luisant.

— Il m'est arrivé de me coucher amoureuse d'un homme et de me réveiller aux côtés d'un étranger. Les Anglais qui ne sont pas portés sur l'hystérie, disent pour expliquer ce phénomène : « *One morning, tea has another taste* (1). » Mais ce n'est pas parce que je ne suis plus amoureuse d'un homme que je cesse pour autant de l'aimer. J'ai une grande affection pour tous les hommes qui ont compté dans ma vie et je ne comprends pas ces femmes qui déblatèrent à propos de leurs anciens amants.

Un jour, à Rome, Mastroianni me dirait : « Beaucoup de gens tombent amoureux de la Moreau. Parfois elle les paye de retour. Elle les aime à sa manière. Mais seulement jusqu'à la fin du film. Après... ciao ! »

(1) « Un matin, le thé a un goût différent. »

— Et Louis Malle, Jeanne ?

Son sourire se figea.

— Louis Malle ? C'est fini, maintenant.

Elle continua à gober calmement ses huîtres et m'expliqua que de par sa naissance, de par son éducation et ses goûts, Louis était un bourgeois. Un grand bourgeois.

Elle avait commandé des rougets. Elle les décortiqua avec une précision extrême.

— En fait, dit-elle en s'essuyant la bouche, je n'ai jamais désiré vivre avec un homme dont je serais la femme.

— Pourquoi ?

— Parce que mes idées sur le mariage appartiennent encore au monde des jeunes filles dont je ne suis plus. Et plus banalement, parce que je crois sincèrement que le mariage gâche l'amour et, ce qui est encore plus grave, l'amitié.

Son visage se creusa comme sculpté dans l'eau.

— Vous savez, c'est important, la liberté... Malheureusement les femmes n'ont pas encore très bien compris ce que c'est, la liberté. Dans la littérature française de la fin du siècle dernier, une phrase revient souvent dans la bouche des héroïnes de roman : « Je me suis donnée. » Quelle merveille ! Se donner ! Mais c'est ça, la liberté ! Aujourd'hui les femmes ne se donnent plus, elles s'abandonnent. Abandonnées, on les ramasse. Et parfois on ne les ramasse même pas. Et les voilà vexées, outrées, exaspérées. Les femmes ont toujours cru au départ aux pouvoirs de la séduction... Les pauvres... Séduire, c'est facile, c'est à la portée de presque tout le monde. Mais garder... Alors, là, garder...

— Vous n'aimez pas les femmes.

— Mais si. Je suis même liée d'amitié avec certaines femmes. Aujourd'hui on peut être l'amie d'une autre femme. La concurrence est trop vaste pour être déloyale...

Elle rit, d'un rire de gorge. C'était doux, chaud, pas convaincant du tout. Elle mit de nouveau sa main sur la mienne.

— Evidemment, je préfère de beaucoup l'amitié d'un

homme. Elle prend tout de suite une autre dimension, même si les femmes n'arrivent pas à établir une vraie complicité avec les hommes. La complicité, voilà la grande barrière que nous opposent les hommes. Un Himalaya ceinturé de brouillards...

Une arête resta en travers de sa gorge. Elle toussa, but une gorgée d'eau et reprit :

— J'ai toujours eu beaucoup d'indulgence pour les hommes. Je les prends tels qu'ils sont. Et je les aime assez menteurs. De toutes les failles viriles, c'est la plus humaine, celle qui me touche le plus. Les raisons qu'ont les hommes de mentir à une femme sont un tel témoignage de leur fragilité ! Ils ne mentent pas toujours pour tromper. Souvent, simplement pour enjoliver. Ce désir enfantin de concocter des « histoires parfaites » m'émeut beaucoup. Il n'est pas facile — ni marrant — de vivre à la mesure de notre imagination. Alors, mentir... Disons que c'est une façon de faire de la poésie bon marché...

On enleva ce qui restait des rougets et on posa devant elle un châteaubriand couronné de frites.

— En revanche, ce que je ne supporte pas — c'est presque de la répulsion physique — c'est le mec bien dans sa peau. C'est le propre des cons. Cela va toujours de pair avec la prétention, la vulgarité et l'avarice...

Elle coupait sa viande avec une grande fermeté. Elle avait le poignet solide, malgré son apparence de fragilité.

— Il est très important aussi qu'un homme soit là lorsque j'en ai besoin. Je veux dire, en cas de coup dur. Et même en cas de coup moins dur. Tu sais, la disponibilité...

Elle m'avait tutoyé. C'était peut-être sa façon à elle de se jeter à l'eau.

— Moi, continua-t-elle, je suis toujours là lorsqu'il le faut. Je veille à ne jamais faillir à cette règle. C'est très important pour l'autre de vous avoir sous la main dans un moment de détresse. Je connais un homme qui appelle cela : être à portée de cœur.

Des gens passaient, nous voyaient et murmuraient, parfois un peu trop fort : « C'est la Moreau, je te dis, et l'autre, tu sais, l'Espagnol... »

Elle soupira longuement avant de dire :

— Pour moi, le comble de la misère, c'est l'absence. Est-ce que tu es un homme qui s'absente ?

Elle ne me donna même pas le temps de répondre « non ».

— Vois-tu, j'ai le pressentiment que je finirai ma vie toute seule. Dans une vaste maison pleine de fleurs, mais seule. Je serai une vieille dame assez laide — as-tu remarqué que je n'ai pas vraiment de squelette ? — dans le genre Bette Davis, molle et floue. J'agirai comme la Castiglione qui à l'approche de la vieillesse cassa autour d'elle tous les miroirs.

Dès qu'on nous eut servi le dessert, M. Cazes s'approcha de nous et nous offrit le champagne.

— M. Cazes est un vrai Français, dit Jeanne dès qu'il fut reparti, il sait que tout événement doit être fêté au champagne.

— Quel événement fêtons-nous ce soir, Jeanne ? Le succès des *Amants* ?

Elle eut l'air presque choquée.

— Mais non ! Toi et moi, dînant ce soir ici en tête à tête. Tu sais, je garde très rarement le contact avec les gens d'un tournage. Mais comme je te disais, lorsque je serai vieille...

— ... Tu ne seras jamais vieille, Jeanne.

— Mais si. Tu sais, je n'en ai rien à foutre des rides, moi. Mais j'admire assez cette frivolité suprême qui consiste à refuser l'horrible décrépitude de la vieillesse. Pour certaines femmes — j'en connais — la beauté est une passion. Et j'ai toujours eu un faible pour les gens que dévore une passion. Fût-elle futile.

— Est-ce ton cas ?

Elle répondit presque cassante :

— Je ne suis pas comédienne par métier. Mais par état.

Le champagne arriva sur notre table. Pendant que le garçon débouchait la bouteille de Mumm glacée, Jeanne dit encore :

— Je suis née portant en moi de multiples passions.

Elle but une gorgée du liquide doré et ajouta :

— Dont la principale est celle de vivre. Je suis avide de tant de choses !

Amoureux d'elle, je me demandai à quel point cela devait être terrible et merveilleux que de vivre dans l'entourage d'un être humain dont la passion est le lot quotidien. La réponse me fut donnée en quelques mots :

— J'ai, d'une manière effrayante, le goût de l'absolu. Lorsque j'aime, mon exigence est terrible.

Et, avec la sérénité d'un banquier encaissant un chèque :

— Je suis quelqu'un d'intolérable.

Je ne protestai pas. Même pas pour la forme. De toute évidence, elle se vantait. Je l'avais vue pendant des semaines d'humeur toujours égale, discrète et policée comme ces Anglaises d'autrefois lorsqu'elles voyageaient à l'étranger. Je ne sais pas trop pourquoi, je lui expliquai :

— Un jour, tout au début du tournage — je te connaisais à peine —, je t'ai longuement observée alors que tu attendais qu'on t'appelle sur le plateau. J'étais avec mon ami Georges Belmont, qui ne t'avait jamais vue auparavant et qui était venu faire un reportage pour un journal de femmes. Tu fumais dans ton coin, toute seule, avec l'air de quelqu'un d'abandonné, d'oublié. J'ai été tout de suite frappé par l'expression de ton visage. C'était assez extraordinaire. Tu regardais, tu écoutais avec... maintenant que je sais, je dirais, avec une telle avidité ! Tu étais de toute évidence quelqu'un « d'habité » par des forces obscures d'une extrême violence que ton visage ne pouvait pas dissimuler. Mais qu'est-ce qu'elle a ? me suis-je demandé à haute voix. Georges Belmont m'a répondu : « C'est une actrice qui attend le succès. » J'ai su qu'il avait raison. Tu attendais. Je ne savais pas quoi. Mais tu attendais. C'était flagrant. Et c'était aussi très émouvant.

— Cela se voyait donc tant que ça ?

— L'ambition, c'est comme l'amour, ça embellit les victimes. Dans ton coin, seule et vulnérable, je t'ai trouvée très belle.

D'un geste brusque de la main elle abat le compliment comme un oiseau de malheur. Et je continue :

— Bon. Le succès est venu... Et malgré cela, tu es là, pareille à la Moreau que j'ai rencontrée il y a quelques semaines. Comme si ce succès ne te concernait pas. Est-ce possible ?

Elle me demanda de lui verser encore du champagne.

— Le succès, je l'ai attendu. Longtemps. Je l'ai convoité de toutes mes forces. J'ai beaucoup travaillé, beaucoup patienté. J'ai fini par accepter l'idée que le succès m'était dû. Alors quand il est arrivé, je ne me suis pas trop exaltée. Venise m'a plutôt rassérénée. Entre nous, ce n'était que justice.

Un temps. Et agacée :

— Il y a des gens pour croire que le succès est nuisible. Quelle idiotie. Moi je pense, au contraire, que le talent a besoin de succès comme une plante a besoin d'eau.

— Le succès c'est aussi un luxe.

— Oui et le plus grand des luxes c'est de pouvoir dire non. A partir de maintenant, je vais souvent dire non.

Je la regardai d'un air probablement très bête.

— Qu'est-ce que tu regardes ?

— Toi. Tu as l'air si fragile.

Elle serra ma main avec une force que je ne lui aurais jamais soupçonnée.

— Les femmes tenaces et irréductibles donnent souvent l'impression d'être fragiles. Mais ce sont les Suédoises qui s'enrhument.

Elle posa sa serviette sur la table.

— Allons ailleurs, proposa-t-elle.

— Où cela ?

— Chez toi.

— D'accord.

Je demandai l'addition.

Un matin vers onze heures le téléphone sonne dans mon appartement, à Paris.

— Allô ?

— José ? *Sono Mauro Bolognini.*

Mauro Bolognini, le metteur en scène italien dont Luchino Visconti m'avait dit, après avoir vu *La Viaccia* avec la Cardinale et Belmondo : « Si j'ai un jour un successeur, ce sera lui. »

— Je t'appelle de Rome pour te proposer un rôle dans mon prochain film.

Le cinéma a cela de merveilleux. Vous êtes un matin tranquillement chez vous, le téléphone sonne et voilà votre vie organisée par quelqu'un d'autre pendant les prochaines semaines.

— C'est un film à trois sketches, m'expliqua Bolognini, j'en tourne un, Antonioni un autre et quant au troisième, ce n'est pas encore décidé. Nous allons tourner à Rome et en Sardaigne.

— De quoi s'agit-il exactement ?

Bolognini hésita brièvement au bout du fil.

— Eh bien... c'est une idée de Dino di Laurentis. Le film s'appellera quelque chose dans le genre de *La Femme aux trois visages*.

— Qui sera-t-elle ?

Encore une hésitation, cette fois un peu plus longue.

— Soraya.

— Comment ?

— Soraya.

— La princesse ?

— Elle-même.

Je n'en croyais pas mes oreilles.

— Mais, est-ce qu'elle peut jouer dans un film ?

Bolognini me parut gêné.

— Là n'est pas la question. Et en tout cas, c'est le problème de Dino.

— Mais...

— ... Tu joueras le rôle de son mari. Trompé évidemment.

— Et qui sera l'amant ?

— Richard Harris.

J'étais franchement stupéfait. Soraya donnant la réplique au grand Richard Harris ! C'était ou bien une plaisanterie de mauvais goût, ou bien, tout simplement une idée de génie.

— Alors, José, s'impatienta Bolognini, c'est oui ou c'est non ?

— Avec toi, Mauro, c'est toujours oui.

— *Grazie, caro.* Je t'attends lundi prochain, à onze heures, aux studios de la Vasca Navale. Je vais demander à la William Morris de s'occuper de ton contrat.

— Combien de temps penses-tu que durera le tournage ?

— Avec Soraya dans le rôle principal ? *Chì lo sa...*

Et il ajouta, mélancolique :

— J'espère que Dino a toujours les reins solides...

— A lundi, Mauro.

— Ciao, José.

Soraya allait donc faire du cinéma. L'idée me semblait tout bonnement saugrenue. Son mariage avec Reza Palhevi, puis sa répudiation, lui avaient permis d'être une des femmes les plus célèbres du monde. Dino di Laurentis avait dû se dire qu'avec elle dans son « casting » il n'aurait pas besoin de dépenser beaucoup d'argent en publicité. Mais je me demandai si le producteur connaissait Soraya autrement que par les reportages parus dans la presse. J'avais rencontré Soraya assez souvent dans des dîners parisiens. Je m'arrangeais toujours pour ne pas être assis à table à côté d'elle. Sa compagnie, plutôt qu'un plaisir, était une corvée que tout le monde évitait. Incomparablement belle mais maladivement timide, Soraya était incapable de prononcer un mot sans devenir rouge de confusion.

Je bouclai mes valises et je débarquai le dimanche soir à Rome où une chambre avait été retenue pour moi à l'Excelsior de la Via Veneto. Dès que je fus installé, j'appelai au téléphone mon ami Renzo Avanzo, l'homme le mieux informé en Italie sur tout ce qui avait trait au cinéma.

— Renzino, on m'a proposé de jouer avec Soraya dans le prochain film de di Laurentis.

— *Mamma mía !*

Cela voulait tout dire.

Il m'invita à dîner le soir même à la Taverna Flavia, le restaurant préféré des Romains qui aimaient coudoyer des gens de cinéma. Lorsque j'arrivai à la Taverna, déjà pleine de monde, Renzo m'y attendait en bavardant avec

Charlton Heston qui prenait des croquis à la dérobée dans un cahier de dessin qui ne le quittait jamais. A une table voisine dînait Dawn Adams — la future princesse Mássimo — avec laquelle je tournerais dix ans plus tard un abominable film, *Sapho*, qui me permit de rencontrer et de devenir l'ami de Marina Vlady, la plus jolie et la plus spirituelle des sœurs Poliakoff. Tout près de nous, Virna Lisi, qui devait m'assassiner un jour dans un film de Christian-Jaque, discutait à voix basse avec Ugo Tognazzi à qui je donnerais la réplique dans « *Il magnífico cornuto* » d'Antonio Pietrangeli.

Chaque fois que je rencontrais le baron Avanzo, j'étais frappé par l'extrême finesse de ses traits, la lucidité de son regard et la froide intelligence de son sourire. C'était un de ces aristocrates italiens qui, tout en appartenant à un autre siècle, avait su planter fermement les pieds sur les terres mouvantes de notre époque. C'était un homme qui plaisait aux femmes et les autres hommes étaient fiers de compter parmi ses amis.

Dès qu'il eut fini de boire son verre de vin blanc, il alla droit au but :

— Pourquoi veux-tu tourner ce film, José ? Pour l'argent ?

— Ce n'est pas la moindre des raisons.

— Laisse tomber.

— Pourquoi ?

— Ils vont droit à la catastrophe.

— Ce n'est peut-être pas ce que pense di Laurentis.

— Di Laurentis ne pense qu'à monter un gros coup publicitaire. Et d'autre part, perdre un peu d'argent peut l'arranger du côté du fisc.

Il se servit un deuxième verre de vin auquel il ne toucha pas.

— J'ai aussi entendu des propos que je n'ai pas aimés.

— Quels propos ?

— Di Laurentis a demandé à Bolognini et à Antonioni — on ne sait pas encore qui sera le troisième metteur en scène — de passer outre la totale incompétence de Soraya. Si elle se casse la gueule, tant pis pour elle.

— Et ils ont accepté ?

— Mauro s'en tirera toujours, parce que son talent est immense. Il serait capable d'apprendre à jouer la comédie à une sourde-muette. Et puis il n'y a pas que Soraya dans son sketch, il y a aussi Richard Harris. J'ai pu avoir accès à la première mouture du script. Il s'agit de trois histoires d'amour interprétées par une seule comédienne qui doit jouer le rôle de trois femmes absolument différentes. On a proposé le film à la Loren avant de penser à Soraya. Sophia a refusé net. « C'est un casse-gueule sans garde-fou dans les tournants », a-t-elle déclaré judicieusement. Maintenant, la Soraya, il faudra la prendre aux tripes, l'émouvoir, la faire pleurer. Or Antonioni est un homme froid, distant, incapable de montrer — donc de sentir — la moindre émotion. Chez un Anglais, on s'en fout, il a été élevé pour ça. Mais chez un Italien, alors là... Réfléchis, José, ne t'embarque pas dans cette aventure. C'est un conseil d'ami.

Peter O'Toole, ivre mort, louvoya dangereusement sur le trottoir encombré de la Taverna et alla s'asseoir, sans y être invité, à la table de deux dames américaines qui prirent des mines faussement outrées.

De retour à mon hôtel, je trouvai un message de Bolognini me priant de l'appeler chez lui.

— Mauro...

— Tu as dîné avec Renzino, n'est-ce pas ?

— Mais comment sais-tu que...

Il rit.

— Tu es à Rome et Rome, c'est tout petit. Il t'a mal parlé de notre film évidemment ?

— Il m'a dit que nous allions droit à la catastrophe.

— Pas nous. Soraya et di Laurentis. Et encore ce n'est pas sûr...

— Mais alors pourquoi...

Il m'interrompit, véhément.

— Parce que ça va être terriblement excitant ! On va faire rire et pleurer Soraya ! On va faire fleurir un bout de bois !

— Mais Antonioni...

— Antonioni c'est le problème de Dino, pas le nôtre.

D'ailleurs, un Italien qui ne sait pas parler avec ses mains ne m'intéresse pas. A demain, José ?

J'ouvre le cahier n° 14 où sont consignées les péripéties du film appelé provisoirement *La Femme aux trois visages* et je lis :

« Rome. Studios de la Vasca Navale. Onze heures du matin. »

Lorsque j'arrive sur le plateau où Mauro Bolognini doit faire un *provino* (1) à Soraya, une trentaine de personnes sont déjà réunies autour du metteur en scène. Soraya, habillée d'un tailleur blanc en soie sauvage, écoute d'un air crispé ce que Bolognini est en train de lui expliquer. Elle a l'air mal à l'aise et contrariée.

Bisbiglia, la script-girl, m'explique.

— Elle est dans tous ses états, la princesse. Elle est arrivée à neuf heures du matin pour être maquillée. Les studios étaient encore fermés à clef. La maquilleuse n'est arrivée que vers dix heures et demie. La princesse a attendu assise dans sa Mercédès avec sa secrétaire allemande en buvant des Coca-Cola. Elle est furieuse.

— Mets-toi à sa place.

— Pour rien au monde ! Je serais immédiatement foutue à la porte du Parti !

Je m'approche de Soraya pour la saluer. Lorsqu'elle me voit, son visage s'illumine. Enfin quelqu'un qu'elle connaît. Elle me tend la main en rougissant violemment. Elle esquisse gentiment un sourire et murmure :

— Ces Italiens, quelle aventure...

Je la rassure :

— Vous verrez, tout va se passer très bien.

Elle prend un air faussement détaché :

— Quel est votre rôle dans ce film ?

— Celui de votre mari, madame.

Elle me regarde comme si j'avais dit une obscénité. Elle balbutie :

— Je croyais que c'était Mr. Harris qui...

(1) Un essai filmé.

— Non, le mari c'est moi. Richard Harris, c'est votre amant.

Elle détourne le regard, rouge de confusion.

Soraya — Son Altesse Impériale la Princesse Soraya Esfandiary, ex-épouse répudiée du shah-in-shah d'Iran — est assise sur une chaise devant une caméra qui la dévore de son œil de mante religieuse. Des projecteurs illuminent son beau visage sur lequel perlent déjà de grosses gouttes de sueur. Elle regarde d'un air apeuré Bolognini qui s'approche entouré de collaborateurs, l'air d'un chirurgien à la mode sur le point d'opérer une cliente célèbre.

— Madame, dit-il en s'inclinant devant Soraya avec une exquise courtoisie, je vais vous demander d'exécuter devant la caméra quelques mouvements qui nous permettront de décider le genre d'éclairage qui conviendra le mieux à votre visage. Vous verrez, madame, c'est très facile et ce sera très vite fini.

Soraya acquiesce et pendant quelques secondes sa chaise devient un trône.

Bolognini est en complet veston, cravate à fines rayures et chaussures éblouissantes. Il a l'air d'un grand patron, d'un diplomate, d'un illustre architecte, de tout sauf de ce qu'il est : un metteur en scène de cinéma publiquement sympathisant du Parti communiste italien.

— *Andiamo, Alduccio* (1), dit-il sans lever la voix, Motore !

La caméra s'est mise à ronronner tout doucement.

— Madame... s'il vous plaît... tournez, lentement, votre tête vers la gauche.

Soraya se trompe et se tourne brusquement vers la droite. Patiemment, Bolognini la reprend :

— J'ai dit à gauche, madame... Vous avez fait le contraire... Recommençons... Action !

Le visage de Soraya est écarlate. Elle tourne la tête dans la bonne direction. C'est une attitude d'une rigidité quasi militaire. On dirait presque qu'elle souffre de

(1) « Allons-y, Alduccio. »

crampes dans le cou. Lorsque Soraya s'immobilise la caméra cesse de ronronner.

Bolognini se tourne vers ses collaborateurs :

— *Allora ? Non é meravigliosa ? Non é fantástica ?* (1) Bravo, madame. Je vous félicite et je vous remercie.

Tout le monde se réjouit autour du metteur en scène. « *Magnifico ! Stupendo !* » Je n'en crois pas mes oreilles.

— Maintenant, madame, la même chose mais en vous tournant cette fois vers la droite... *Motore !*... Action !

Soraya s'exécute de nouveau. Je comprends, peut-être pour la première fois, l'expression « avoir avalé un parapluie ».

Bolognini s'extasie :

— *Mà* quelle aisance ! Quelle grâce !

Des bravos fusent autour de moi. Mais... de qui se fiche-t-on ? Elle a l'aisance d'un chimpanzé malade et la grâce d'un Panzer montant à l'assaut d'une position.

— Maintenant, madame, déclare Bolognini avec emphase, nous allons nous occuper de votre regard. C'est un trop beau regard pour qu'on le néglige. Vous allez suivre des yeux ce jeune homme qui va se promener devant vous à travers le plateau. Vous allez feindre tour à tour — je vous l'indiquerai d'un mot — la surprise, puis le bonheur et peut-être même, si vous le permettez, l'amour. Vinciguerra, ordonne Bolognini au stagiaire, promène-toi devant Son Altesse jusqu'à ce que je te dise *basta*. Va premièrement à droite, puis à gauche et ainsi de suite, mais surtout ne t'arrête sous aucun prétexte... *Motore !*... Action !

Vinciguerra, qui a l'air aussi méfiant qu'un lapin de laboratoire, trotte, à droite, à gauche, virevolte, recommence, à gauche, à droite, à droite, à gauche. Affolée, Soraya fait de son mieux pour le suivre du regard.

— Surprise ! crie soudain le metteur en scène.

Et Soraya ouvre la bouche toute grande, les yeux ronds.

— Bonheur ! souffle Bolognini en adoucissant la voix.

(1) « Alors ? N'est-elle pas merveilleuse ? N'est-elle pas fantastique ? »

L'ancienne impératrice d'Iran prend l'air d'une bonne écoutant les fadaises d'un soldat.

— *Amore,* madame, feignez l'*amore !*

Soraya, je ne sais par quel miracle, réussit à mimer l'expression d'un jeune veau auquel on aurait alloué une ration supplémentaire d'herbe fraîche.

Bolognini, prenant à témoin tous les présents, crie son enthousiasme.

— *Favolosa, Signora* (1)*!* Une vraie comédienne ! *Uno sguardo cosi profondo, cosi malincónico ! Grazie, Signora, grazie* (2)*!*

Même la Duse aurait perdu la tête. Emue, Soraya se trouve au bord des larmes. Même au temps de sa gloire iranienne, personne ne lui avait fait de tels éloges. Oubliant tout protocole, Bolognini lui baise les mains.

— Vous pouvez maintenant rentrer chez vous, madame. Et surtout reposez-vous bien. En principe, nous commencerons à tourner jeudi matin.

Soraya se lève entourée de l'admiration générale. D'un geste gauche de la main, elle prend congé de tout le monde. « *A pronto, Altezza... Buon riposo,* madame (3)... » Quelques-uns sur le plateau lui donnent du « *Maestá* » et même du « *Maestá Imperiale* ». Elle refuse de la tête cette dignité à laquelle elle n'a pas droit. « Non... non... s'écrie-t-elle confuse, appelez-moi Soraya. » Des applaudissements éclatent. Et encore des bravos. C'est l'apothéose.

Dès que la princesse quitte le plateau flanquée de sa secrétaire allemande, Bolognini s'effondre.

— *Ma ché disastro* (4)*!*

Autour de lui, c'est le silence. Personne ne sait encore quelle est l'attitude qu'il convient de prendre.

— *Ma ché catástrofe* (5)*!* larmoie encore Bolognini en s'essuyant le visage avec un grand mouchoir de soie.

Il nous prend tous à témoin :

(1) « Fabuleuse, madame ! »
(2) « Un regard si profond, si mélancolique ! Merci, madame, merci ! »
(3) « A bientôt, Altesse... Bon repos, madame. »
(4) « Quel désastre ! »
(5) « Quelle catastrophe ! »

— Vous avez vu ce regard imbécile ? Ce sourire de demeurée ?

Personne ne pipe mot. La cruauté de la situation gêne tout le monde. Bolognini me fait signe de le suivre dans son bureau.

Les quatre murs de la petite pièce sont couverts de grandes photos qui montrent en gros plan le visage de Soraya. De beaux pièges à lumière auxquels je comprends que beaucoup se soient laissé prendre. Comme s'il devinait mes pensées, Bolognini s'écrie :

— Cette femme a la beauté vénéneuse des eaux stagnantes ! Dès qu'elle bouge, dès qu'elle sourit... quelle déception !

— Est-ce que di Laurentis la connaît personnellement ?

— Non. Ils ne se sont parlé qu'au téléphone.

— Ah...

Bolognini regarde avec hargne les photos de Soraya comme s'il s'agissait d'agrandissements de faux dollars.

— Sincèrement, José, qu'est-ce que tu en penses ?

— La même chose que toi. Une catastrophe. Qu'est-ce que tu vas dire à di Laurentis ?

Il me regarde, surpris.

— Mais... je vais lui dire exactement ce qu'il a besoin d'entendre. Que Soraya est un diamant brut et qu'il suffit de le tailler pour qu'il brille de mille feux.

— Tu y crois, toi, à ce que tu viens de dire ?

Les Italiens n'aiment pas qu'on les accule à leurs propres mensonges. Bolognini tire d'un placard une bouteille et se sert un grand verre d'eau minérale. Il boit longuement avant de répondre.

— Rien n'est plus vain ni plus faux que le cinéma. Comme disait Jouvet, le sein de Dorine est métaphysique. J'ai tourné des scènes d'amour terriblement émouvantes avec des femmes qui avaient un cactus à la place du cœur. Tu sais, j'ai réalisé beaucoup de miracles au cinéma.

Il pose son verre vide sur le bureau encombré de paperasses et ajoute gravement :

— Il est vrai que cette fois-ci nous ferions peut-être mieux d'aller tourner à Lourdes...

Je profite du silence qui s'ensuit pour dire :

— Ce n'est pas très honnête ce que vous avez fait tout à l'heure avec cette pauvre femme. *Stupendo ! Meraviglioso !* Quelle grâce ! Quelle aisance ! Elle va finir par y croire.

— C'était bien là mon intention, me répond Bolognini froidement.

Puis soudain, avec une rage contenue :

— Elle jouera, même s'il me faut lui arracher les tripes !

Pauvre Soraya, me dis-je. D'abord le shah et maintenant Bolognini. Elle n'a vraiment pas de chance avec les hommes.

Je reprends la lecture du cahier n° 14. Et je lis :

« Roma. Vasca Navale. Jeudi. Dix heures et demie du matin. »

J'arrive aux studios avec une demi-heure d'avance, ce qui me permettra d'aller boire au bar les trois ou quatre cafés *strettos* qui me tiendront lieu de moral.

A peine ai-je dépassé la grille de la Vasca, qu'un petit homme au teint basané et aux cheveux gluants de brillantine se précipite sur moi.

— Vous êtes bien monsieur José Vilallonga ?

Il est parfumé comme une femme et porte des chaussures en cuir tressé.

— En effet, monsieur, c'est bien moi.

Le petit homme fait une courbette et se présente.

— Zahedi, attaché culturel à l'ambassade d'Iran.

J'ai déjà entendu parler d'un général iranien du même nom. Parent du shah, si ma mémoire est bonne. Le petit homme parle de nouveau en butant sur chaque mot, comme s'il les prononçait tous pour la première fois. En Angleterre cela ferait distingué. Mais dans les circonstances présentes, c'est plutôt agaçant.

— Vous devez, me dit-il, jouer le rôle de... de...

On dirait que le mot à venir lui reste en travers

de la gorge. Mais il finit quand même par le sortir :

— ... l'amant de Son Altesse Impériale la Princesse Soraya ?

— Non, monsieur, vous vous trompez. C'est Mr. Richard Harris qui doit jouer le rôle de l'amant. Moi, je ne suis que le mari.

Un moment, le petit homme semble déconcerté. Puis, presque brutalement, il s'écrie en touchant ma poitrine de son index :

— Mari ou amant, il faut que vous sachiez qu'en aucun cas, m'entendez-vous, en aucun cas vous ne devez établir le moindre contact physique avec Son Altesse.

J'en reste la bouche ouverte. Le petit homme en profite pour ajouter sur un ton menaçant :

— Il pourrait vous en cuire.

La chose me semble trop grotesque pour être prise en considération. J'écarte du bras le petit homme qui éclate en imprécations et je me dirige vers les plateaux. A michemin je tombe sur Vinciguerra.

— Où est M. Bolognini ?

— Il est au maquillage avec la princesse.

Dans la grande salle violemment éclairée, une douzaine de personnes se pressent autour de Leonora, la maquilleuse, qui redessine avec des crayons gras le contour de l'œil droit de Soraya. C'est un bel œil couleur d'émeraude digne d'être serti dans une couronne pour conte de fées. Bolognini, en complet veston, l'air d'un Premier ministre en exercice, murmure des ordres à l'oreille de Leonora :

— Allonge un peu le sourcil vers la tempe... *ecco*... un peu d'ombre encore sous la paupière... *perfetto*... maintenant souligne-la, avec du vert... ajoute un peu de mauve... *ecco*... bravo, Leonora !

La maquilleuse a mis tout son talent à suivre les indications du metteur en scène. Des oh ! et des ah ! ont souligné constamment son minutieux travail. Lorsque elle parachève son œuvre d'un coup de crayon qui transforme l'œil de Soraya en quelque chose qui n'a plus rien d'humain, les oh ! et les ah ! deviennent assourdissants. Il ne manque plus qu'une belle et retentissante musique de fond. Rossini conviendrait à merveille à tant de talent.

Je baise la main de Soraya que l'on vient de manucurer et je fais un signe discret à Bolognini qui se sépare aussitôt du groupe.

— Mauro, il faut que je te parle. Je crois que c'est important.

— Bon. Allons dans mon bureau.

Les photos de Soraya que j'avais vues lundi matin ont été remplacées par d'autres toutes neuves, encore plus spectaculaires.

— Ce sont des photos prises pendant le *provino*, m'explique Bolognini. Qui pourrait le croire ?

Et il ajoute, exaspéré :

— C'est une femme qui ferait une merveilleuse statue de sel !

— Mauro, j'ai été arrêté à la porte des studios par un petit homme...

— Monsieur Zahedi. De l'ambassade d'Iran.

— C'est un fou ?

— Non, c'est un agent de la Savak, la police secrète du shah. Mais ne te frappe pas. Il arrête tout le monde.

— Il s'est présenté à moi en tant qu'attaché culturel à l'ambassade. Et tiens-toi bien, Mauro, il m'a annoncé que je ne devais établir en aucun cas le moindre contact physique avec la princesse pendant le tournage du film.

— Oui, je sais. C'est dans son contrat.

— Quel contrat ?

— Le contrat de Soraya.

Bolognini décroche le téléphone posé sur son bureau et me demande :

— Un café ?

Je réponds machinalement :

— Oui, un espresso.

Mais je me reprends aussitôt et j'explose :

— Vous avez accepté de tourner un film avec Soraya tout en sachant qu'il est spécifié dans son contrat que nous ne pouvons pas la toucher ?

Bolignini hausse les épaules, débonnaire :

— Tu sais, les contrats...

Il tire sur son gilet barré d'une jolie chaîne de montre en platine et m'explique :

— C'est le shah qui a exigé que l'on ajoute cette clause au contrat de Soraya avant de lui donner le feu vert pour qu'elle joue au cinéma. Si elle permet à qui que ce soit de la toucher, le shah ferme le robinet et Soraya ne perçoit plus un sou de son royal mari.

— Et, naturellement, vous ne comptez pas respecter ce contrat.

— Naturellement pas. Comment pourrions-nous le faire ? Avec toi on pourrait peut-être s'arranger. Tu n'es que le mari. Mais avec Richard Harris, l'amant, c'est impossible. Dino a tenu à ce qu'il y ait une scène particulièrement explosive sur un sofa.

— Alors non seulement cette pauvre fille va sombrer dans le plus épouvantable des ridicules en croyant qu'elle peut jouer la comédie, mais en plus vous allez... la ruiner !

Un garçon en tablier nous apporte les cafés. Dès qu'il est reparti, Bolognini passe un bras autour de mes épaules.

— *Caro José*, quitte une fois pour toutes l'armure de Don Quichotte et redescend sur terre. Et surtout ne t'encombre pas de problèmes qui ne sont pas les tiens. Soraya est une grande fille. *Ché te ne frega* (1) ? Bois ton café tant qu'il est chaud.

Il met quatre morceaux de sucre dans sa tasse et étouffe de rire.

— Je me demande, ronronne-t-il, ce qui va se passer lorsque M. Zahedi arrêtera demain matin Richard Harris à la porte du studio pour lui annoncer les interdictions du shah. Tu connais Mr. Harris ?

— Non.

— C'est quelqu'un d'extrêmement violent.

Il avale son café d'un seul coup, puis soupire :

— Et puis... il boit.

Il se passa que le lendemain M. Zahedi reçut un coup de poing en pleine figure que lui flanqua un Mr. Harris

(1) « Qu'est-ce que tu en as à foutre ? »

arrivé ponctuellement à son travail mais dans un état qui laissait supposer une longue randonnée, réalisée la veille, dans les vignes du Seigneur. J'allais apprendre d'ailleurs très vite que ce n'étaient pas les cuites de Mr. Harris qui étaient dangereuses, mais ses terribles gueules de bois.

Richard Harris était un grand bel homme aux manières brusques et à la parole facilement ordurière dont le contentement de soi dépassait de loin les bornes de la logique. Il entra sur le plateau en criant d'une voix de stentor :

— *Where is that silly bitch* (1) ?

La *silly bitch* se trouvait entre les mains de Leonora qui la préparait pour les premières scènes du tournage. Mauro Bolognini s'approcha d'elle en tenant par le bras l'acteur anglais et les présenta de façon des plus conventionnelles.

— Son Altesse la Princesse Soraya. Mr. Richard Harris, qui sera votre partenaire principal dans le film.

La réaction de Harris fut immédiate.

— Je n'ai pas l'intention de vous appeler *Your Highness* (2). Et encore moins, Madame.

La tête émergeant d'une vaste serviette blanche nouée autour de son cou, le visage couvert de crème blanche, Soraya balbutia :

— Appelez-moi Soraya...

Cette preuve d'humilité n'apaisa pas Mr. Harris.

— Avez-vous déjà joué au cinéma ? gronda-t-il s'appuyant d'une main sur le fauteuil de la princesse.

Bolognini intervint, souriant et chaleureux.

— C'est son premier film. N'est-ce pas merveilleux ?

— Pourquoi avez-vous décidé de faire du cinéma ? insista l'acteur d'une voix de plus en plus menaçante.

Soraya fut incapable de répondre quelque chose d'intelligible. Alors Mr. Harris se mit à crier :

— Vous êtes toutes les mêmes, les bonnes femmes riches ! Vous n'avez rien à foutre de la journée ! Vous ne savez pas vous occuper, ni de vos mains ni de votre tête !

(1) « Où est cette salope ? »
(2) « Altesse. »

Parce que vous n'êtes que des parasites et des inutiles ! Et puis, un beau matin vous vous réveillez en décidant de faire... du cinéma !

Leonora, ses pinceaux en l'air, écoutait horrifiée.

— Et ce sera à moi, continua à hurler l'Anglais, d'avoir à supporter votre incompétence et vos erreurs ! Mais ça ne va pas se passer comme ça ! Je ne suis pas une nurse, moi... Miss !

Ce « Miss » nous fit à tous l'effet d'une gifle.

— Avez-vous pensé, cria encore Mr. Harris, le visage cramoisi de fureur à quelques centimètres à peine de celui de la princesse, qu'avec vos caprices vous avez enlevé le pain de la bouche à une vraie comédienne ?

Soraya fondit en larmes. Tout le talent et le travail de Leonora s'en alla à vau-l'eau. Bolognini intervint, froid et onctueux comme un évêque :

— Allons, mes enfants, calmez-vous. Richard voulez-vous boire quelque chose. ?

— Oui. Un whisky. Double. Sans glace et sans eau.

— Et vous, madame ?

— Un verre de lait.

Richard Harris explosa de nouveau.

— Un verre de lait ? *Oh, shit* (1) ! Comment peut-on parler raisonnablement avec une bonne femme qui boit du lait ?

Et, toujours obsédé par ses revendications sociales, il se pencha de nouveau sur Soraya.

— Si vous teniez tant à travailler, pourquoi n'êtes-vous pas allée à l'usine, ou au bordel ? C'est quand même plus digne que de jouer au cinéma !

Leonora épongeait les larmes de Soraya avec une serviette qui fut vite trempée. Vinciguerra arriva enfin, envoyé par le ciel, avec le whisky de l'acteur et le lait de sa partenaire. Richard Harris se désintéressa momentanément de Soraya et se tourna vers moi.

— Et vous... est-ce que je vous connais ?

— Le mari. Vous êtes l'amant et je suis le mari.

— Est-ce que je vous ai déjà vu à l'écran ?

(1) « Oh, merde ! »

— *Les Amants* de Louis Malle, avec Mlle Moreau, souffla prestement Bolognini.

Richard Harris prit une mine dégoûtée.

— *Oh, that !...* J'ai vu ça à New York. Du porno élégant. *French shit* (1).

Je m'abstins de répondre. Le type était beaucoup trop fort pour moi.

— Il est évident, dis-je en italien à Bolognini, que Mr. Harris et moi avons été élevés dans des établissements tout à fait différents.

— Qu'est-ce qu'il dit ? demanda l'Anglais, soupçonneux.

— Il dit, lui répondit Bolognini, qu'il est ravi d'avoir l'opportunité de travailler avec vous. Messieurs, si nous allions un moment dans mon bureau ? J'ai pas mal de choses à vous dire à tous les deux.

Nous quittâmes la salle de maquillage laissant une Soraya en pleurs entre les mains de Leonora qui essayait de son mieux de la consoler. Dès que nous entrâmes dans la petite pièce, Mr. Harris montra son verre vide.

— Est-ce que je peux en avoir un autre ?

Bolognini décrocha le téléphone intérieur et demanda le bar.

On avait pendu aux murs, parmi celles de Soraya, plusieurs grandes photos dûment encadrées de Mr. Harris dont le profil était vraiment superbe. Lui aussi gagnait beaucoup à être immobilisé sur du papier couché.

Lorsque Mr. Harris fut en possession de son deuxième whisky double sans glace et sans eau, Bolognini lui demanda :

— Est-ce que vous avez bien compris ce que M. Zahedi vous a raconté tout à l'heure ?

— M. Zahedi ? Qui est M. Zahedi ?

— L'homme auquel vous avez donné un coup de poing à la porte des studios.

— Mais il ne m'a rien dit du tout ! protesta Richard Harris. Il s'est simplement accroché aux revers de mon

(1) « De la merde française. »

veston. J'ai essayé de me dégager et comme il ne voulait pas me laisser aller, j'ai frappé. C'est tout.

Bolognini lui expliqua alors en long et en large qui était M. Zahedi et quelle était sa mission.

— *What!*

Richard Harris resta bouche bée quelques instants. Puis, prenant son élan, il partit d'un énorme, d'un immense éclat de rire qui lui remplit les yeux de larmes. Pendant un bref moment il devint presque sympathique. Lorsqu'il cessa de rire il demanda, réellement préoccupé :

— Comment allez-vous faire, Mr. Bolognini, pour tourner la scène d'amour du sofa si je ne peux pas la prendre dans mes bras ?

Bolognini fit un geste vague de la main.

— Faites-moi confiance, je trouverai bien une idée. On peut toujours interpréter à sa façon les clauses de n'importe quel contrat.

— Mais est-ce que cette imbécile de salope de merde est au courant ?...

— Mr. Harris !

La soudaine transformation de Bolognini me laissa pantois. Il n'était plus le gentil, l'accommodant metteur en scène italien toujours prêt aux concessions. Son visage était devenu dur comme de la pierre, ses yeux semblaient s'être glacés à l'intérieur. Il avait tout à coup l'aspect d'un tueur de la Maffia dans un film de série B.

— Mr. Harris, dit-il d'une voix métallique, je n'admettrai dans le futur aucune grossièreté de votre part à l'égard de la princesse Soraya.

— Mais...

— Il n'y a pas de mais qui vaille ! Vous avez signé un contrat dans lequel vous acceptez de travailler sous ma direction aux côtés de Soraya Esfandiary. Cela dit, si cela ne vous convient plus, vous me le faites savoir et je vous remplace *ipso facto* par Richard Burton qui meurt d'envie de jouer votre rôle.

La transformation de Richard Harris fut aussi spectaculaire que l'avait été celle de Bolognini. Il donna une grande tape amicale sur le dos du metteur en scène et dit :

— *Well, old boy,* ne nous fâchons pas ! J'étais un peu énervé. C'est tout.

— Bien. Vous présenterez tout à l'heure des excuses à la princesse et nous n'en parlerons plus.

— *Okay, okay,* murmura l'Anglais en sifflant ce qui restait de son whisky.

A partir de cet instant, l'antipathie qu'il ressentait à l'égard de Soraya se transforma en une haine implacable. Froidement, systématiquement, il entreprit tout pour ruiner professionnellement ce qui aurait pu être, avec beaucoup de chance, une médiocre et misérable carrière.

A quatre heures de l'après-midi, on tourna ma première scène avec Soraya. Dix minutes auparavant, Bolognini m'avait entraîné dans un coin du plateau.

— Dans ta scène, m'expliqua-t-il, nous allons respecter scrupuleusement l'esprit du contrat. Vous n'aurez pas à vous toucher. Elle revient à son foyer après une longue escapade avec son amant qu'elle dit avoir quitté définitivement. Tu t'emportes contre elle, mais tu finis par lui pardonner en lui disant que, malgré tout, tu l'aimes toujours. Elle fond en larmes et affirme qu'elle t'aime aussi. Et voilà. Tu vois bien que vous n'avez vraiment pas besoin de vous toucher.

— Quand même, Mauro...

— Oui, je sais, ce serait beaucoup mieux autrement, mais il ne faut pas tenter le diable. Dino di Laurentis a envoyé des émissaires à Téhéran pour négocier avec le shah, afin que l'on puisse altérer quelques clauses du contrat. Nous voulons bien, par exemple, que Harris et Soraya ne s'embrassent pas sur la bouche, mais en revanche, je voudrais pouvoir les filmer, vus de dos, l'un dans les bras de l'autre. J'arriverais ainsi à donner le change. Dino va aussi demander au shah la permission pour Harris de toucher Soraya, sauf pour les seins, le ventre, les cuisses et le derrière.

— Alors qu'est-ce qu'il reste ?

— Il reste ce qu'il reste et c'est bien assez.

Je compris que ce n'était pas le moment de l'agacer. Le pauvre homme était submergé de problèmes qui mettaient en jeu sa réputation professionnelle. Il me donna une grande tape sur l'épaule :

— Allons travailler. Tu verras, tout va se passer très bien.

Le plateau avait été transformé ce matin en un grand salon richement meublé dans le style grand bourgeois de Milan. A un signe de Bolognini, je me place devant la porte principale. Soraya entre par une autre qui est supposée être celle de sa chambre à coucher. Elle est encore habillée comme si elle venait juste de rentrer de voyage. Entre nous deux se dressent une grande table *risorgimento*, un énorme sofa, deux fauteuils et plusieurs sièges disséminés çà et là.

La voix tranquille de Bolognini ordonne : *Motore !*

Notre dialogue résume en quelques phrases le drame que nous vivons. Ma femme vient de me tromper. Je le lui reproche. « Après tout ce que j'ai fait pour toi... » Elle se défend en disant qu'elle était amoureuse, donc faible et aveugle, mais qu'elle a fini par comprendre que j'étais le seul homme de sa vie. Emu, je pardonne. Nous parlons en anglais, seule langue civilisée — à l'exception de l'allemand — que Soraya domine avec aisance. Tel que Bolognini me l'a demandé, je m'exprime d'une voix sourde et contenue. Mon « *I love you* » est presque un murmure. De l'autre côté de la pièce — à une vingtaine de mètres — Soraya qui n'a pas entendu ce que je lui disais, s'affole et demande : « *What do you say ?* » ce qui n'est évidemment pas dans le script. Silence de Bolognini et la caméra continue de ronronner. Alors je crie plus fort :

— *I love you* (1) *!*

Cette fois Soraya a compris. Et pour bien se faire entendre, elle hurle à son tour :

— *Me too* (2) *!*

(1) « Je t'aime ! »
(2) « Moi aussi ! »

Dans le script il est indiqué qu'à ce moment précis nous devons tomber dans les bras l'un de l'autre. Bolognini a suggéré que nous amorcions le mouvement et qu'il couperait avant le contact physique.

Obéissant aux ordres reçus, Soraya s'élance vers moi. Elle bute sur une chaise et la renverse. Je m'élance à mon tour. Le grand sofa s'interpose entre mon infidèle épouse et moi. Je le contourne et continue ma course. Soraya vient vers moi en zigzaguant parmi les meubles. Elle se prend le pied dans le tapis et va s'étaler de tout son long lorsque, grâce à Dieu, j'arrive. Je la reçois dans mes bras lorsque j'entends la voix de Bolognini qui crie : « Coupez ! »

Soraya appuie sa tête contre ma poitrine. Elle reprend doucement son souffle. Je la serre contre moi pour lui exprimer ma sympathie.

Bolognini sort de derrière la caméra et s'approche de nous. Il est rayonnant.

— *Bravissimi, ragazzi!* Quelle force dans vos voix ! Quelle passion ! Et puis, cette course éperdue à travers le salon... c'était tellement émouvant !

Il avait parlé sur un ton qui me sembla parfaitement sincère. Nous venions de tourner, à mon avis, une scène tout à fait exécrable que Bolognini — le sourcilleux, l'exigeant Bolognini — avait trouvée très bien. Une fois de plus, je me demandais : mais qui en Italie n'a pas son grain de folie ?

Les semaines qui suivirent balancèrent entre le cauchemar et la farce psychédélique. A Téhéran, les hommes de di Laurentis avaient fait du bon travail. A bout d'arguments, le shah avait lâché du lest sans pour cela réduire d'un centime la pension de Soraya. Il admit, non sans peine, que son ex-femme jouait dans un film occidental qui ne serait pas distribué — c'était une autre clause du contrat — dans les pays du Moyen-Orient et qu'en Europe personne ne trouverait à redire que l'on embrassât à l'écran une dame qui dans sa vie privée affichait des principes hautement islamiques. Si le shah fut inflexible sur le chapitre des baisers sur la bouche, il accepta que les acteurs aient le droit de prendre les mains de Soraya et même d'entourer ses épaules d'un bras affectueux chaque fois que le script l'exigerait. Il est bien évident que le script que le shah avait lu n'avait rien à voir avec celui que Bolognini voulait tourner.

— Du moment que le Pahlavi nous permet de la toucher, exultait le metteur en scène, pour le reste, j'en fais mon affaire.

Il fit construire sur le plateau, juste en face du grand sofa, une belle cheminée en marbre de Carrare et il joua savamment avec les flammes pour masquer artistiquement le corps — toujours vêtu — de Soraya qu'un jeu de miroirs livrait aux assauts érotiques d'un Richard Harris perpétuellement hors de lui. La grande scène du sofa se résuma en fin de compte à quelques gros plans du beau profil de Mr. Harris penché sur celui non moins attrayant de la princesse iranienne, pendant que les pieds des deux partenaires dansaient sur le tapis un ballet qui allait délecter les érotomanes les plus chevronnés.

Richard Harris s'adressa dès le premier jour à Soraya en l'appellant Miss Esfandiary. Avec une royale condescendance, la princesse affubla son irascible partenaire d'un Ricky qui mit en joie les Italiens de l'équipe.

A mesure que les jours passaient, les compliments de Bolognini à l'égard de Soraya devenaient de plus en plus dithyrambiques. Il la compara à la grande Hepburn, lui attribua un charme en tout point pareil à celui de Shirley Mac Laine et affirma à plusieurs reprises qu'elle avait parfois une puissance dramatique supérieure à celle de la Magnani. Je finis par me demander si Mauro n'était pas tombé tout bonnement amoureux de la princesse.

A force d'écouter ce genre de louanges, Soraya devenait de plus en plus sûre d'elle-même. Elle débitait ses dialogues sur le ton monocorde qui était le sien dans la vie de tous les jours, mais elle ne se trompait jamais d'une virgule. Elle alla même un matin jusqu'à souffler à Richard Harris une phrase que celui-ci n'arrivait pas à mémoriser. Cela mit l'Anglais dans une fureur épouvantable. Habituée aux sorties intempestives de son partenaire, Soraya laissait passer l'orage et recommençait sa scène comme si de rien n'était.

Le film, une fois achevé, s'avéra un fiasco complet. Les critiques furent sans pitié. Personne n'y échappa. Même le shah se vit reprocher d'avoir permis à son ex-femme d'avoir participé « à cette lamentable mascarade ». Personne en Europe — à l'exception de l'Espagne — ne voulut distribuer le film. En Espagne, on montra un film qui ne ressemblait en rien à celui que nous avions tourné. La censure espagnole, bien plus sévère que celle du shah, n'admettait pas qu'une femme mariée eût un amant. Les dialogues espagnols furent dûment trafiqués. Dans la nouvelle version parlée du film, Richard Harris devenait le grand frère de Soraya et moi un simple ami de la famille. Les espagnols ne comprirent probablement pas pourquoi le frère et la sœur se roulaient sur le tapis devant un feu de cheminée et encore moins pourquoi l'ami de la famille reprochait furieusement à Miss Esfandiary d'être partie en voyage avec son bellâtre de frère.

A Rome, j'assistai à la première assis à côté de Federico Fellini. En sortant du cinéma il me dit :

— Pourquoi est-ce qu'on te propose toujours de jouer des rôles idiots ? Un jour je te ferai jouer, moi, quelque chose qui vaille la peine.

Il était bien gentil Fellini. Mais il était italien. Alors, je me dis : « *Parole... parole...* »

Il pleuvait sur Paris. Une femme que je croyais aimer m'avait quitté la veille. La levrette grise que j'avais achetée à Florence deux mois auparavant était malade et j'avais perdu au jeu des sommes qui dépassaient mes possibilités économiques. Je broyais du noir comme chaque fois que j'avais à faire face à des petites calamités. Lorsque le téléphone sonna, je me retournai dans mon lit et mis la tête sous l'oreiller. Mais la sonnerie ne cessa pas pour autant. Je décrochai, m'attendant à quelque nouveau malheur. Une voix diaphane me réveilla d'un seul coup. C'était la voix d'Audrey Hepburn.

— José, peux-tu venir ici aussitôt que possible ?

— Où, ici ?

— Mais chez moi, à Hollywood.

Mariée à Mel Ferrer, Audrey venait souvent en Europe. Je la rencontrais un peu partout chez des amis communs. C'était une femme d'une élégance exquise sans laquelle Monsieur de Givenchy serait moins connu en Amérique qu'il ne l'est aujourd'hui. Fragile et délicate, parlant un anglais aussi pur que celui de Sir John Gielgud, elle détonnait dans les milieux de cinéma où elle était considérée comme un être à part. Présentée à la reine mère d'Angleterre au cours d'une réception, la vieille dame, surprise, s'était écriée : « *But... she is one of us* (1) *!* », ce qui était un compliment d'une importance aussi considérable que l'ordre de la Jarretière.

— Pourquoi veux-tu que je vienne à Hollywood ?

— Parce qu'il y a un très joli rôle pour toi dans le film que je vais tourner avec Blake Edwards. Georges Axelrod a tiré le scénario d'une nouvelle de Truman Capote, *Breakfast at Tiffany's*.

Assis dans mon lit, le téléphone à la main, je m'étais mis à trembler. Un film en Amérique aux côtés d'Audrey Hepburn et sous la direction d'un de mes directeurs préférés ! Comme je restai sans voix, Audrey continua de dire :

— Nos partenaires seront George Peppard, Mickey Rooney et un chat.

— Un chat ? Alors j'arrive !

Elle se mit à rire.

— Tu viens, naturellement, à la maison.

— Quand m'attends-tu ?

— Kurt Frings t'appellera dans un quart d'heure pour te donner tous les détails.

Ce fut le plus long quart d'heure de ma vie. Lorsque le téléphone sonna de nouveau il ne pleuvait plus sur Paris, ma levrette gambadait aux pieds du lit et j'avais complètement oublié la couleur des yeux de la femme qui m'avait quitté sans un adieu.

— Kurt Frings à l'appareil. Je viens de parler avec Audrey. Elle est ravie que tu aies accepté de venir. C'est elle qui t'a décroché le rôle. Prends un crayon et note.

(1) « Mais... elle est des nôtres ! »

— Vas-y.

— Sept semaines de travail sans sortir des studios. Vingt mille dollars après impôts. Une villa dans les collines, à moins que tu ne préfères rester chez les Ferrer, ce que je te déconseille fortement. Ils sont toujours au régime. Elle, c'est pour maigrir et lui parce que, comme disent les Français, il a des oursins dans les poches. Ah, tu auras aussi une Mustang décapotable et deux négresses à ton service. Est-ce que tu es d'accord ?

Kurt Frings, neveu du célèbre cardinal Frings, qui avait tenu tête à Hitler, était un ancien champion de boxe et un homme selon mon cœur. Agent de la plupart des grandes vedettes américaines — dont Liz Taylor, Burton, Harrison, Hepburn, etc. —, il perdait son temps à s'occuper d'un amateur qui allait lui rapporter la misérable somme de deux mille dollars. Je l'avais rencontré pour la première fois chez Curd Jurgens, à Saint-Paul-de-Vence, où il nous éblouissait chaque soir en avalant des quantités incroyables de verres de vodka avant de rouler par terre.

— C'est d'accord, Kurt, et comment !

— O.K. Tu prends demain l'avion pour Los Angeles. Ton billet t'attendra à l'aéroport. Emmène tes smokings et tes costumes de ville faits sur mesure à Londres. S'ils t'habillent ici, tu risques de porter des pantalons toujours trop courts. Ah, et n'oublie pas de m'apporter trois ou quatre bouteilles de crème de cassis pour faire des kirs au champagne.

Je crus qu'il allait raccrocher lorsqu'il se ravisa :

— Est-ce qu'Audrey t'a expliqué que tu allais tourner avec un chat ?

— Oui.

— Eh bien, ce n'est pas très exact. Vois-tu, au contraire d'un chien, un chat n'apprend à exécuter qu'un seul mouvement. Il saute de l'armoire au lit, ou bien du lit à la commode. Mais jamais de l'armoire au lit et tout de suite après du lit à la commode. Etant donné que « Cat » — c'est le nom de ton partenaire — a dans ce film un rôle plutôt mouvementé, tu ne vas pas travailler avec un chat, mais avec une vingtaine de chats tous pareils les uns aux autres.

— Considérant que mon salaire est de vingt mille dollars...

— ... ça fait mille dollars par tête de chat. Ce n'est pas mal, n'est-ce pas ?

— Ce n'est pas mal pour l'Europe.

Frings gronda au bout du fil :

— Ah ! les acteurs ! Vous êtes tous les mêmes. Non seulement vous prenez les 90 % de mes cachets d'agent, mais en plus vous n'êtes jamais contents !

Quarante huit heures plus tard je débarquai à l'aéroport de Los Angeles. Kurt était là pour me recevoir, ou plutôt pour s'emparer des bouteilles de cassis qu'il m'avait commandées. A côté de lui, il y avait un petit homme au teint olivâtre et aux cheveux de jais qui tenait par le bras une femme rousse gigantesque aux épaules d'athlète et aux mains comme des battoirs. Je reconnus immédiatement le petit homme pour l'avoir vu dans plusieurs grands classiques du cinéma français. C'était Marcel Dalio. Il me présenta sa compagne, Maureen O'Hara, comme « la femme de Tarzan ». C'était une Irlandaise, ancienne championne de natation, qui tournait à Hollywood pour la télévision une série dont la femme du célèbre homme-singe était l'héroïne principale. Dalio — dont je ne comprenais pas très bien la présence à l'aéroport — retint longuement ma main entre les siennes.

— Je suis venu, me dit-il, vous souhaiter la bienvenue au nom de la colonie française de Hollywood. Monsieur Charles Boyer, notre président dont je suis ici l'ambassadeur, vous prie à dîner demain soir chez lui. Et, sans transition :

— Vous aimez les grandes femmes ?

— Je les adore. Ma première nurse était le portrait craché d'Ingrid Bergman.

— Eh bien, dit Dalio en roulant des yeux terribles, tenez-vous à distance de celle-ci. Je suis un homme extrêmement jaloux.

La femme rousse qui ne comprenait pas un mot de ce que racontait Dalio prenait appui sur lui comme sur un parapluie. Dalio devint par la suite un de mes meilleurs amis. Lorsqu'il se cassa un bras en jouant au lit avec la femme de Tarzan, gentiment, il me la céda. Malheureusement j'étais déjà amoureux de la fille qui remplissait tous les deux jours le réservoir de ma Mustang rouge décapotable.

Elle était du Texas et s'appelait Jinny Hart. Elle avait des cheveux d'un rouge flamboyant et de grands yeux verts pareils à ceux de Maureen O'Hara. Je passais ma vie à faire le plein dans la station-service où elle travaillait huit heures d'affilée par jour. Elle avait joué un petit rôle dans un film de John Huston et attendait avec patience que son agent, un minable qui habitait la périphérie, lui décroche le grand rôle auquel elle se savait promise par le destin. S'ils ne l'avaient pas séduite, mes pourboires royaux l'avaient néanmoins intéressée. Elle accepta de prendre un verre avec moi chez Dino's et d'aller dîner un soir chez Romanoff. Catholique convaincue et vierge pratiquante, elle n'alla jamais plus loin, ce qui naturellement me rendit enragé. Je décidai d'en parler à Kurt Frings.

— Kurt, je connais une fille qui a déjà joué un petit rôle avec Huston.

Frings m'arrêta net et continua à ma place :

— ... Elle est belle comme le jour, elle est pourrie de talent et son agent est un pauvre type qui ne sait pas comment s'y prendre. Et tu aimerais que je m'occupe d'elle.

— C'est à peu près ça.

— Ecoute, José. Il y a entre Hollywood et Los Angeles mille filles toutes belles comme il n'est pas permis, toutes avec autant de talent que Bette Davis et qui pour le moment vendent des pizzas chez Bartolini ou des chapeaux dans un magasin chic de Bel Air. Toutes veulent devenir des vedettes de cinéma. Mille nouvelles vedettes de cinéma, ce serait la ruine de la plupart des grandes compagnies. Neuf cent quatre-vingt-dix-neuf d'entre elles n'ont aucune chance de voir leurs rêves réalisés, la tienne pas plus que les autres. Si tu veux coucher avec elle, raconte-lui que tu es un producteur français et que tu as le rôle de sa vie dans le prochain film de Truffaut. Ça marchera probablement.

— Kurt, tu es un salaud.

— Ici, nous sommes tous des salauds. C'est la seule façon de ne pas trop s'apitoyer sur le sort de toutes ces filles qui attendent vainement, comme des cactus dans le désert, qu'il leur pousse des fleurs.

Jinny Hart ne coucha jamais avec moi. D'ailleurs je ne connaissais pas Truffaut. Mais elle finit par épouser un producteur d'origine hongroise dont la Rolls consommait beaucoup plus d'essence que ma Mustang. Elle est devenue une des actrices préférées de la Warner Brothers, elle a joué dans un film de Woody Allen et lorsque les commères parlent d'elle dans leurs chroniques, elles le font toujours avec respect. Je la rencontre parfois dans des dîners. Chez les Kirk Douglas, chez les Würst. Elle met toujours quelques secondes à me reconnaître puis, tout de suite, avec un grand sourire chaleureux, elle me demande si j'ai besoin d'un coup de main. Un jour, je lui répondrai que ce dont j'ai vraiment besoin c'est d'un coup de pied. Kurt Frings a très bien pris le succès fulgurant de Jinny. Selon lui, même à Hollywood, l'exception fait la règle.

A Hollywood, je n'ai eu que le temps de prendre quelques notes griffonnées à la va-vite. La plupart d'entre elles ne dépassent pas une page de bloc-notes. Elles sont serrées dans une chemise en papier brun que je retrouve sous une pile de mes cahiers. J'essaye vainement de les classer chronologiquement, ce qui s'avère impossible car j'ai souvent oublié de dater mes notules. Je vous les livre donc telles qu'elles me sont tombées sous la main.

Je suis installé depuis hier soir au Château-Frontenac, l'hôtel où les acteurs français de passage à Hollywood ont l'habitude de descendre. Il a suffi d'un coup de téléphone de Charles Boyer au directeur de l'hôtel pour qu'on m'octroie la plus belle pièce du rez-de-chaussée avec accès direct sur la piscine.

Kurt Frings me l'avait bien dit : « Tu ne tiendras pas chez les Ferrer au-delà d'une semaine. » J'ai tenu, vaillamment, trois jours. Trois jours pendant lesquels ils m'ont vu mourir de faim à leur table avec l'air poliment surpris de gens qui ne comprennent pas qu'il faille pour survivre autre chose qu'une aile de poulet frit et un yaourt à l'ananas. Lorsque Mel offre du sucre avec le café, il demande toujours : « *One or none* (1) ? »

Je m'attendais à les voir vivre dans un grand domaine de style californien avec piscine olympique, ou alors dans un faux château Tudor comme on en trouve encore dans les anciens quartiers résidentiels. Mais non. Ils habitent une modeste villa qui pourrait être celle d'un retraité du Crédit Lyonnais au Vésinet. Leur piscine en forme de rognon est minuscule, et la négresse qui est leur unique domestique tend le linge entre deux arbres dans un jardinet à peine entretenu. Pourtant Audrey gagne un million de dollars par film. Mais allez donc savoir... Ils ont peut-être le snobisme de la modestie. Lorsque je lui en fis le commentaire, Kurt Frings, qui a des lettres, cita Voltaire : « C'est peu d'être modeste, il faut encore avoir de quoi ne pas l'être. »

Les Ferrer — Audrey tient beaucoup à ce qu'on l'appelle Mrs. Ferrer — ont décidé de donner un cocktail — oh, à peine une vingtaine de personnes — pour que je rencontre les gens qu'il convient de connaître à Hollywood. A la date et à l'heure prévues, j'entrai dans le salon des Ferrer et je restai tout de suite figé sur place. Devant moi — je pouvais presque les toucher du bout des doigts — je voyais en chair et en os des hommes et des femmes qui m'avaient fait rêver pendant des années. Verre en main, souriants, détendus, je vis là Gary Cooper, Spencer Tracy, Lauren Bacall, Shirley Mac Laine, le vieux Lionel Barrymore dans un fauteuil à roulettes, et Greer Garson, l'inoubliable Mrs. Minniver de ma jeunesse. Plus loin, le coude appuyé sur la cheminée, James Mason s'entretenait avec un vieux

(1) « Un seul ou pas du tout ? »

monsieur extrêmement distingué qui n'était autre que Basil Rathbone, le « méchant » de la première version du *Prisonnier de Zenda*.

Amusée par mon évident désarroi, Audrey me fit signe d'approcher. Je m'avançai donc la main tendue — avec ce que je croyais être mon sourire le plus chaleureux — vers l'invité le plus proche, Gary Cooper. Il me regarda l'air vaguement surpris et me serra la main avec indifférence. Mon sourire se glaça. J'étais un très très vieil ami de Mr. Cooper, mais malheureusement, lui n'était pas au courant.

Je saluai le reste des invités avec plus de circonspection. Lorsque Mel, qui a le snobisme des noms à tiroirs européens, prononça intégralement le mien en me présentant à Shirley Mac Laine, celle-ci porta deux doigts à ses lèvres et pouffa de rire : « *You are not really serious* (1) ! »

Tout le monde fut très gentil avec l'ami des Ferrer venu de Paris. A la fin de la soirée, j'étais invité à passer trois week-ends à Palm Springs, deux autres à Newport — puisque j'aimais faire de la voile — et encore deux autres à Santa Monica. Shirley Mac Laine, déformant le José qu'elle avait entendu dans la bouche de Mel, décida après son troisième whisky de m'appeler Jazzy, ce qui amusa tout le monde, moi le premier. Romain Gary me dirait le lendemain sur ce ton mi-figue, mi-raisin qui était le sien pour dire des choses légères : « Saint-John Perse prétend qu'il faut habiter son nom. Mais que je sache, il n'a jamais rien dit à propos des surnoms. Si l'on tient compte de la sonorité de Jazzy, tu devrais être trompettiste... »

Dix minutes avant huit heures, Fred Astaire, dont j'avais vu *Top Hat* une bonne cinquantaine de fois, apparut, habillé d'un pantalon de flanelle et d'une chemise à rayures. Il arrivait en droite ligne d'un studio d'enregistrement et n'avait pas eu le temps d'aller se changer. Lorsqu'il apprit que je venais de Paris, il me prit par le bras et me dit en français avec un effroyable

(1) « Vous n'êtes pas sérieux ! »

accent : « On ne vit qu'à Paris ! Partout ailleurs et surtout ici à Hollywood on perd sa vie à la gagner ! »

Lana Turner arriva à son tour, engoncée dans une robe rose bonbon amplement décolletée et les pieds chaussés de croco blanc. Elle était d'une grande gentillesse et d'une stupéfiante vulgarité. Elle appela tous les hommes « *darling* » — léger sursaut chez James Mason — et embrassa les femmes en leur donnant du « *sweetie* (1) », ce qui semblait incongru lorsqu'elle s'adressait à la très digne et très discrète Mrs. Minniver. Dès qu'elle apprit que j'étais à Hollywood pour quelque temps, elle m'invita à la party qu'elle devait donner deux semaines plus tard à Las Vegas. Derrière Lana, Audrey me fit des grands signes pour que je dise « non ».

Gary Cooper fut le premier à prendre congé. Strictement habillé de bleu marine, cravaté de gris et portant des boutons de manchette de chez Cartier, il n'avait qu'une très lointaine ressemblance avec le célèbre cowboy qui tirait sur les malfrats, le revolver appuyé sur la hanche.

James Mason et Rathbone se mirent à deux pour descendre le lourd fauteuil à roulettes de Lionel Barrymore. Quelques minutes plus tard, tout le monde était parti.

A huit heures et demie précises, Audrey, Mel et moi étions de nouveau assis devant une aile de poulet frit qui ressemblait à s'y méprendre à celle que nous avions mangée au déjeuner.

— Vos amis, dis-je à mes hôtes, sont des gens absolument charmants.

Audrey et Mel échangèrent un regard dont la signification m'échappa.

— Ecoute-moi bien, Jazzy, me dit Mel de sa voix neutre, autant que tu saches tout de suite où tu mets les pieds. Tous ces gens ont été très aimables avec toi parce qu'ils t'ont rencontré chez Audrey Hepburn. Je précise bien chez Audrey Hepburn et non pas chez les Mel Ferrer. C'est avec elle qu'ils ont voulu être aimables en t'invi-

(1) « Chérie. »

tant. Pas avec toi. S'ils t'avaient rencontré chez une autre personne, par exemple chez quelqu'un qui ne gagne pas un million de dollars par film, ils auraient été sûrement beaucoup moins cordiaux et avenants. Voilà la vérité sur Hollywood.

Je haussai les épaules, désabusé :

— C'est la même chose à Londres, à Paris ou à New York.

— Peut-être, intervint Audrey, mais ici, *my dear Jazzy*, il faut multiplier par cent.

J'eus confirmation quelques jours plus tard de cet état d'esprit hollywoodien à un dîner donné par les Würst et auquel Audrey avait réussi à me faire inviter. Les Würst, à l'époque, c'était vraiment quelque chose. Producteur des plus grand succès de l'industrie cinématographique des dix dernières années, ayant aussi de gros intérêts dans le pétrole et dans l'immobilier, le père Würst était à la tête d'une fortune considérable. Il habitait avec sa femme ce que les indigènes appelaient en s'emplissant la bouche une *mansion* entourée d'un immense parc planté d'arbres exotiques et de plantes rarissimes. Il y avait dans le domaine profusion de tout ce qu'un homme très riche peut désirer sans avoir recours au monde extérieur. Des écuries pour une vingtaine de chevaux, un golf privé, plusieurs courts de tennis, trois piscines — eau chaude, eau tiède et eau glacée — avec sauna incorporé, sans compter les fontaines, les cascades et les lacs artificiels où voguaient des cygnes noirs au cou cerclé, les soirs de fête, de beaux colliers en pierres semi-précieuses.

Dès que je pénétrai à la suite des Ferrer dans le vestibule à colonnades en marbre blanc, j'aperçus, enfermés dans une cage en verre, une des célèbres danseuses de Degas. Elle avait l'air d'une petite fille momifiée retenue prisonnière contre son gré depuis des siècles.

A mesure que je traversais les cinq ou six grands salons de la *mansion* grouillants de monde, j'admirais, pendus aux murs, des Monet, des Cézanne, des Sisley, des Modigliani et des Renoir à la pelle. Un Rodin, d'un érotisme à peine voilé par un savant éclairage, trônait au milieu du salon principal. De beaux Giacometti encadraient des meubles français de haute époque et l'un des plafonds avait été décoré de fresques de Chagall qui me semblèrent identiques à celles de l'Opéra de Paris.

Mel murmura à mon oreille :

— C'est Mr. Würst qui paye, mais c'est Madame qui achète.

Mme Würst était une petite femme brune à la voix stridente habillée par Sciapparelli et coiffée par un figaro qui ne devait pas la porter dans son cœur. Elle avait de toute évidence, malgré son aspect presque comique, ce goût très sûr de la grande qualité que possèdent au plus haut point quelques Juifs cultivés. C'est avec cette redoutable personne que je commis quelques minutes plus tard une gaffe qui aurait pu scier à jamais ma carrière sociale à Hollywood. Dry-martini en main, je m'étais approché à pas comptés d'un des plus beaux autoportraits de Van Gogh que j'avais vus de ma vie. C'était, si ma mémoire est bonne, une version de *L'Homme au chapeau de paille*, mais sur un fond totalement différent que celui du célèbre tableau. Il était pendu, dans un grand cadre doré du XVIIIe français, juste au-dessus du foyer d'une énorme cheminée où flambait un feu de bois.

— Vous n'avez pas peur que la chaleur finisse par abîmer cette merveilleuse copie ? demandais-je aimablement à la maîtresse de céans.

— Copie ? Quelle copie ? demanda-t-elle les yeux soudain ternis.

Je montrai de la main le Van Gogh qui me regardait de ses yeux fous. Mme Würst mit un moment à répondre.

— Mais ce n'est pas une copie, dit-elle enfin sur un ton légèrement condescendant. Mon mari a acheté ce tableau à Londres pour plusieurs millions de dollars.

La terre ne s'ouvrit pas sous mes pieds et je restai là, planté devant cette *jewish American princess* qui devait me prendre pour un plouc récemment débarqué de sa savane. J'essayai d'arranger les choses en expliquant à Mme Würst qu'il était vraiment difficile d'imaginer que tous ces tableaux de maître qui nous entouraient fussent des originaux. Elle sourit, de plus en plus condescendante. Alors j'ajoutai, pour l'achever.

— En Europe, il n'y a pas de collection privée de cette importance.

— Si, répondit-elle avec beaucoup de fair-play. Il y a celle du baron Thyssen-Bornemisza et, naturellement, celle encore plus importante des princes de Lichtenstein. Cela dit, la nôtre n'est pas mal non plus. Au deuxième étage, j'ai quelques italiens du XVIIe que je vous montrerai tout à l'heure si cela vous intéresse.

Je compris que j'étais pardonné. Passablement apitoyée par le mauvais quart d'heure que je venais de passer, elle m'assit à sa droite lorsque nous passâmes à table. Nous continuâmes à parler d'art. Mme Würst avait dans ce domaine des solides connaissances. Jeune fille, elle avait travaillé chez Sotheby avant de devenir pendant plusieurs mois la collaboratrice de Sir Anthony Blunt.

— Getty n'achète jamais rien sans me consulter auparavant, m'informa-t-elle avec fierté. C'est moi qui le conseille pour la grande peinture espagnole.

Je lui racontai que mes parents possédaient à Barcelone un portrait de Philippe IV peint par Vélasquez. Son œil s'alluma comme si je venais de presser sur un bouton.

— Est-ce qu'il est à vendre ?

Je lui fis comprendre, prudemment, que, grâce à Dieu, nous n'avions pas besoin pour le moment de vendre quoi que ce soit. Elle me regarda comme si je venais de dire une idiotie.

— On ne vend pas toujours par nécessité.

— Alors... pourquoi ?

— Mais... pour le plaisir de brasser des affaires. Je vais bientôt vendre mes impressionnistes français pour acheter des *early American* dont les prix montent depuis quelque temps de façon considérable.

Nous parlâmes aussi, Mme Würst et moi, de relations communes. Je ne mentionnai pas le nom d'une seule personne qu'elle ne connût pas plus ou moins intimement. Comme je m'en étonnais, elle m'expliqua :

— Vous savez, je voyage beaucoup car j'ai pas mal d'intérêts divers. Je connais pratiquement tout le monde.

— Ça fait beaucoup de monde, Mrs. Würst ! plaisantai-je.

— Oh ! non, dit-elle calmement. Je ne pense pas qu'il existe dans le monde plus de deux ou trois mille personnes qui comptent. Le reste, c'est des figurants...

Je ne sais plus pour quelle raison nous parlâmes de Jean Negulesco. La voix de Mme Würst chavira :

— Vous connaissez Jean ? *Dear Jean ! I love him so much* (1) *!* C'est un homme tellement exquis ! J'ai passé des heures délicieuses à bavarder avec lui.

— L'avez-vous vu dernièrement ?

Mme Goetz eut l'air choqué.

— Oh ! mais nous ne le voyons plus. Il est ruiné, vous savez !

Etre pauvre c'est, partout dans le monde, une calamité. Mais à Hollywood, c'est considéré comme un crime de lèse-Amérique.

La Paramount me laissa poireauter à Hollywood pendant toute une semaine avant de me convoquer aux studios. On me téléphona un matin pour me dire que Blake Edwards m'attendrait à son bureau à quatre heures de l'après-midi.

Le réalisateur qui allait me diriger dans *Breakfast at Tiffany's* me reçut en tête à tête dans une petite pièce derrière les coulisses du grand plateau où nous devions tourner incessamment. La première chose que je vis en passant la porte fut un gros plan de mon visage cloué au mur par quatre punaises. On avait blanchi mes tempes au pinceau et on avait dessiné au crayon gras deux fortes rides qui encadraient étroitement ma bouche, laquelle avait pris une expression dure et amère.

— C'est vous dans vingt ans, dit Blake Edwards en épiant ma réaction.

Comme je restai muet, il me demanda :

(1) « Je l'aime tellement ! »

— Est-ce que vous vous plaisez ?

— C'est peut-être cette gueule-là que je mériterai d'avoir à cinquante ans.

— C'est une assez belle gueule.

— C'est la gueule d'un salaud.

— Vous êtes un salaud dans mon film. Audrey vous appelle *The Rat*.

Blake était l'image même du *marine* qui trouve normal de massacrer des enfants à My Lay. Il portait le crâne rasé de près et s'habillait d'un pantalon kaki et d'une chemise de l'armée de la même couleur. Son aspect paramilitaire me causa tout d'abord une impression assez désagréable. Mais il avait un regard bleu très clair et un sourire ironique qui m'ont permis de comprendre très vite que j'étais en présence de quelqu'un d'extrêmement bienveillant et facile à vivre. Je découvris par la suite que Blake était un libéral américain ayant du goût pour les vins français et les femmes faussement angéliques dans le genre Anouk Aimée.

— Asseyez-vous, me dit-il. Voulez-vous boire quelque chose ?

— Jamais avant minuit.

— A minuit tout le monde est au lit dans cette foutue ville.

Ses doigts jouèrent avec une balle de golf qui était posée sur la table.

— Vous connaissez Audrey depuis longtemps, je crois ? C'est elle qui m'a demandé de vous donner ce rôle. Quel âge avez-vous, Jazzy ?

Tiens, il était déjà au courant.

— Trente ans.

— Pourquoi voulez-vous faire du cinéma ?

— Je ne sais pas encore très bien. Le vôtre sera mon deuxième film.

— J'insiste. Pourquoi voulez-vous faire du cinéma ?

Je pris au passage la balle de golf qu'il avait fait rouler vers moi.

— Eh bien, dis-je après une courte réflexion, je pense qu'une vocation, même tardive, est en quelque sorte, comme disait Jouvet, un miracle qu'il faut faire avec soi-même.

— Jouvet était un homme de théâtre.

— Le cinéma est le théâtre de notre époque.

— J'aimerais y croire.

Puis il me regarda un long moment en silence avant de dire :

— J'ai vu *Les Amants*.

— Ah...

— C'est une histoire trop civilisée. En Amérique, nous sommes beaucoup plus clairs. Et beaucoup moins honnêtes. Dans mon film, vous serez aussi un amant avec un grand A. Mais, pour les Américains, un amant c'est toujours un salaud. Et je veux que dans mon film vous soyez un salaud avec un grand S. Selon vous, Jazzy, à quoi reconnaît-on fondamentalement un salaud ?

— A sa lâcheté.

Il respira, apparemment soulagé.

— Dans *Les Amants*, Louis Malle a fait de vous un voyou bien élevé. Dans mon film, vous serez un salaud riche et bien-pensant. Un Brésilien.

— Pourquoi un Brésilien ? Est-ce qu'il n'y a pas de salauds en Amérique ?

— Oui. Mais chez nous les salauds finissent toujours assassinés ou repentants. Je veux que vous soyez un salaud intégral. Vous abandonnez à leur sort Audrey et son chat et vous rentrez chez vous, au Brésil, pour jouir tranquillement de votre fortune, entouré du respect général.

— Une belle fripouille, quoi.

— Exactement. Il faut que le public vous haïsse.

— J'ai lu dans le script que j'étais le propriétaire d'un gros élevage de taureaux de combat.

— Oui, cela vous rendra encore plus odieux.

— Au Brésil, les taureaux de combat n'existent pas. La corrida n'est pas permise, là-bas.

— Je sais, mais il y a une scène dans laquelle vous jouez négligemment avec des banderilles. J'y tiens beaucoup, à cette scène. Les banderilles, c'est symbolique...

— Mais alors, pourquoi ne pas faire de moi un Espagnol au lieu d'un Brésilien ?

— Parce que la plupart des Américains ne savent pas où se trouve l'Espagne, alors que le Brésil, ils connaissent.

Il recommença à jouer avec la balle de golf.

— Dites-moi, Jazzy, est-ce que vous avez emporté avec vous un ou deux smokings ?

— Deux. Un blanc et un noir.

— Parfait. Il faut que vous fassiez très européen.

— Mais... ne suis-je pas un Brésilien ?

— Tous les Brésiliens riches s'habillent en Europe.

— Ah, bon...

— Possédez-vous un étui à cigarettes en or ?

— J'en ai un, oui. Mais il est resté à Paris.

Blake Edwards pressa un bouton sur la table et, comme s'il attendait cet appel derrière la porte, un jeune homme en jeans et blazer rouge fit son apparition.

— Jimmy, accompagne Mr. Vilallonga jusqu'à la bijouterie du studio pour qu'il choisisse l'étui à cigarettes en or dont il a besoin pour la scène de demain.

— O.K., Mr. Edwards.

Blake se leva et me tendit la main.

— Je vous verrai demain sur le plateau. Je tournerai avec vous et avec Audrey à huit heures précises. Scène II, page 27 du script. Tenue de ville. Veillez à ce que le nœud de votre cravate soit plus gros que ce qu'on a l'habitude de voir ici. Je suis très sensible à ce genre de détails. Ils font la différence entre un honnête Américain et les salopards de partout ailleurs.

Jimmy m'emmena jusqu'à la bijouterie de la Paramount à travers une série de plateaux vides et de petites cours encombrées de vieux décors. Nous fûmes reçus à la porte du magasin par un monsieur en veste noire et pantalon rayé. Le bonhomme me montra avec empressement une dizaine de boîtes en or signées Cartier, Van Cleef, Boucheron, etc. Je choisis celle qui me semble être la plus belle. Elle était en or cannelé et portait gravé dans un coin un écusson et des initiales en cyrillique.

— Vous avez un goût très sûr, me félicita le bijoutier.

Il était d'origine russe et s'appelait Alexis Menchikoff.

Il m'expliqua que la boîte que je venais de choisir était la copie exacte de celles que le tsar Alexandre III offrait le jour de son anniversaire aux officiers de la Garde.

— Elle a déjà joué dans plusieurs films, ajouta-t-il en enveloppant l'objet dans du papier de soie. Melvyn Douglas s'en est servi dans *Ninotchka* et Curd Jurgens dans *Michel Strogoff*.

Je signai un reçu et il me raccompagna jusqu'à la porte en m'apprenant qu'il avait joué un petit rôle dans un film de Billy Wilder. Depuis lors, il attendait derrière son comptoir qu'on lui proposât un autre rôle. Il n'y a pas d'anciens acteurs à Hollywood. Il n'y a que des acteurs au chômage qui attendent. Je serrai la main du bijoutier et rejoignis Jimmy qui m'attendait en fumant une cigarette devant la porte.

— C'est fou, m'étonnai-je, ce que ce type ressemble à Everett Horton (1).

— Ici, répondit Jimmy, tout le monde ressemble à quelqu'un d'autre, ou tout au moins, essaye de lui ressembler.

Je pensai à Jinny Hart qui tenait tellement à être confondue avec Maureen O'Hara bien qu'elle fût plus belle.

Jimmy continua de m'expliquer :

— J'ai une girl-friend qui pleure de joie chaque fois qu'on la confond dans la rue avec Betty Grable. Le chauffeur de M. Edwards, lui, se soûle tous les samedis soir comme un Polonais parce qu'on lui a raconté qu'il ressemble à Dean Martin. Je connais au moins une douzaine de manucures qui pourraient se faire passer pour Liz Taylor dans un bal masqué et la plupart des serveuses des pizzerias à la mode font de leur mieux pour bouger le derrière comme la Monroe dans *Bus Stop*.

— Mais ça sert à quoi de ressembler à quelqu'un d'autre ?

— A rien. Je me tue à le répéter à ma fiancée. Sois toi-même et arrête une fois pour toutes de vouloir être une deuxième Debbie Reynolds. Vous savez, lorsqu'elle s'ha-

(1) Célèbre acteur comique des années 40-50.

bille et se maquille selon ses propres goûts, elle ressemble facilement à cette actrice italienne si belle... la...

— La Loren ?

— Non, l'autre, celle qui cueille du riz avec de l'eau jusqu'à mi-cuisse.

— Silvana Mangano ?

— C'est ça ! Elles sont pratiquement identiques.

Je remarquai en quittant le studio que le portier, qui me saluait en portant deux doigts à sa casquette, était le portrait tout craché de Victor Mature dans je ne sais plus quel film biblique.

Le lendemain matin, à huit heures précises, Blake Edwards commanda :

— Moteur !

Il y avait sur le plateau une soixantaine de personnes. Holly Golithly, l'héroïne de la nouvelle de Truman Capote, donnait une party dans son deux-pièces-cuisine new-yorkais. Portant, avec une grâce exquise, une robe noire très simple de Givenchy, Audrey, un long fume-cigarette à la main, allait de groupe en groupe, embrassant les hommes et saluant les femmes d'un sourire. Cat — une horrible bête couleur caramel — effarouché par le brouhaha assourdissant des conversations, sautait d'un meuble à l'autre, égratignant au passage des épaules nues et emmêlant des coiffures.

A chaque bond de Cat, il fallait tout arrêter pour changer de chat.

A chacune de ces interruptions, nous perdions une bonne demi-heure. Il est évidemment plus facile de mettre en situation un élève de l'Actor's Studio qu'un pauvre chat qui a passé la moitié de sa journée enfermé dans une cage et qui se voit soudain transporté au cœur d'une réunion où une soixantaine de personnes crient et s'agitent à qui mieux mieux. Les chats sont des animaux à l'âme indépendante et les nôtres n'étaient pas précisément faciles à manier. Plusieurs d'entre eux refusèrent d'aller se nicher dans les bras de Georges Peppard. D'autres, en revanche, s'entichaient d'un acteur et refusaient de s'en éloigner.

Blake Edwards avait demandé à ses comédiens s'ils voyaient un inconvénient quelconque à consommer des vraies boissons alcoolisées pendant le tournage de cette séquence, de manière à rendre l'ambiance aussi réaliste que possible. Personne ne vit le moindre inconvénient. A dix heures du matin, trois femmes étaient tombées à terre ivres mortes et plusieurs autres ronflaient paisiblement dans leur coin. Quant aux acteurs masculins, on pouvait compter sur les doigts de la main ceux qui savaient encore ce qu'ils faisaient là. Le moment venu, la plupart d'entre eux eurent le plus grand mal à rendre intelligibles leurs textes. Ravi, Blake Edwards semblait trouver cela tout naturel. Pour du réalisme, il pouvait en revendre aux Italiens.

A onze heures — alors que le sixième chat venait de descendre dans l'arène — je fis mon entrée sur le plateau. Habillé par un maître tailleur de Bond Street et chaussé par Loeb, j'étais, dans toute sa gloire, The Rat, le riche Brésilien emmené là par une amie de Holly Golithly et qui allait tomber éperdument amoureux de celle-ci au premier coup d'œil.

Blake Edwards m'avait résumé en quelques mots la situation.

— Vous restez indécis sur le pas de la porte sans rien dire. Vous n'êtes pas habitué à ce genre de party et encore moins à fréquenter des gens comme ceux qui sont présents. Vous restez donc planté là à regarder.

Comme tout acteur débutant qui ne sait où mettre ses mains je demandai :

— Est-ce que je pourrais allumer une cigarette ?

— Oui, pourquoi pas ? Je veux que vous ayez l'air étonné, mais sans exagération. Après tout, vous êtes supposé être un homme du monde.

Lorsque deux minutes plus tard la voix de Blake Edwards aboya : « Moteur ! » et que la porte qui donnait sur le deux-pièces-cuisine de Holly Golithly s'ouvrit, je laissai passer le couple qui m'avait emmené et restai cloué sur place, l'air sidéré. Il y avait vraiment de quoi.

La fumée des cigarettes avait rendu l'atmosphère irrespirable et le bruit des conversations menées à tue-tête était assourdissant. Le maquillage coulait sur le visage des femmes qui avaient trop bu et la plupart de leurs compagnons chancellaient, verre au poing, parmi les meubles renversés. Fou de panique, Cat le chat, qui prenait part à cette séquence, bondissait d'un coin à l'autre de la petite pièce, échappant à tout contrôle humain. A côté de la caméra, Blake Edwards souriait, ravi.

Suivant au pied de la lettre ses instructions, j'attendis encore quelques secondes puis, lentement, je tirai de la poche intérieure de mon veston la belle boîte en or. J'allais l'ouvrir pour en extirper une cigarette, lorsque Blake Edwards, soudain furieux, cria :

— Coupez !

La caméra s'arrêta net de ronronner.

— Jazzy... qu'est-ce que vous faites ?

Tout le monde me regardait. Plusieurs ivrognes se mirent à rigoler.

— Mais... j'allais allumer une cigarette.

Impatient, Blake Edwards secoua énergiquement la tête.

— Non, non... Remettez cette boîte dans votre poche. Je ne veux pas la voir !

Je ne comprenais pas grand-chose à ce qui se passait.

— Alors... qu'est-ce que je dois faire ?

— Faites comme le duc d'Edimbourg quand il suit sa femme ! Mettez les mains dans votre dos et prenez l'air idiot ! Moteur !

Je fis exactement ce qu'il me disait de faire.

Toujours sur le pas de la porte, je me balançais d'un pied sur l'autre en comptant jusqu'à vingt, puis je me frayai un passage à travers la cohue des invités — Cat se mit deux fois en travers de mon chemin — pour aller rejoindre le couple avec lequel j'étais arrivé.

La séquence finie, Blake Edwards m'adressa un chaleureux sourire.

— C'était bien, Jazzy, très bien. Vous aviez vraiment l'air d'un... d'un... comment dites-vous en français ?

— D'un cheveu sur la soupe ?

— *Exactly !*

Malgré les félicitations de Blake Edwards, cette histoire de boîte en or qu'il ne fallait pas montrer continuait de m'intriguer. Je profitai de la pause du déjeuner pour l'accoster.

— Blake, pourquoi m'avez-vous demandé tout à l'heure de remettre la boîte en or dans ma poche ?

— Parce que ça faisait nouveau riche. Vous êtes tout sauf cela, dans mon film.

Il mangeait sa salade du bout des dents et buvait de l'eau claire.

— Mais alors, Blake... pourquoi m'avez-vous demandé d'aller chercher une boîte en or chez le bijoutier du studio ?

— Parce que je voulais que vous ayez une boîte en or dans la poche.

— Sans jamais la montrer ?

— Sans jamais la montrer.

— Je ne comprends pas.

Il me regarda comme si j'étais idiot.

— Un homme qui porte une boîte en or de trois mille dollars dans sa poche, m'expliqua-t-il sur un ton exagérément patient, se comporte d'une façon différente de celle d'un homme qui se balade avec un simple paquet de cigarettes.

— Ah bon... ?

On lui apporta un plat de spaghettis sur lesquels il versa la moitié d'un flacon de ketchup.

— N'êtes-vous jamais sorti dans la rue en ayant oublié votre argent sur la commode ?

— Cela m'arrive de temps à autre.

— Et, alors, comment vous sentez-vous ?

— Eh bien... je ne sais pas... je n'y ai jamais vraiment pensé.

— Vous vous sentez idiot, désemparé, vous n'êtes plus vous-même.

— Mais non !

— Mais si. Vous entrez dans votre bar habituel en sachant que vous n'allez pas pouvoir payer vos verres. Alors vous vous adressez au barman — votre ami de toujours — sur un ton qui n'est pas celui de tous les jours.

Vous exagérez votre sourire et vous faites assaut d'amabilité. « Comment vont les enfants, mon cher Georges, etc. » Vous devenez abject.

— Vous... vous croyez ?

— J'en suis sûr.

Il avala une dernière bouchée de spaghettis et ajouta :

— L'argent fait l'homme, Jazzy.

— En Europe, c'est plutôt le crédit...

— Vous n'êtes pas en Europe. Et mon film se passe à New York. Votre boîte en or, c'est un symbole. Vous n'avez pas à la montrer, elle existe. Sans elle dans la poche, The Rat n'est plus personne.

Comme théorie, c'était plutôt primaire. Mais j'étais en Amérique et c'est quand même là que l'on fait du grand, du véritable cinéma. Je tournai donc toutes les séquences restantes de *Breakfast at Tiffanys'* avec ma boîte en or dans la poche. Je ne l'exhibai que pendant les pauses. Elle impressionna vivement Mickey Rooney qui me demanda de la lui prêter pour la faire copier. Il voulait l'utiliser pour transporter ses vitamines. Elle impressionna aussi une ravissante figurante japonaise pour qui la boîte en or était un signe évident de richesse. Elle m'invita à manger du poisson cru chez elle. Akihira avait des yeux de porcelaine et un ventre de petite fille. Après le poisson je la mangeai toute crue, elle aussi. Comme dessert, ce fut exquis.

Albert Einstein a débarqué hier matin à Los Angeles où il doit donner une série de conférences à l'Université. Il a tout de suite fait savoir à qui de droit que son plus vif désir était de visiter un des grands studios de Hollywood, ainsi que de rencontrer des acteurs de cinéma, une race de gens, expliqua-t-il, qui éveillait sa curiosité et avec laquelle il n'avait jamais eu jusque-là le moindre contact.

Notre studio fut le premier à réagir. En moins de vingt-quatre heures, un cocktail-souper fut organisé sous la compétente direction de Mike Romanoff et une centaine d'invitations furent envoyées à d'importantes étoiles sommées de collaborer à l'hommage que Hollywood allait rendre à l'illustre savant. On avait naturellement pris soin d'inviter des directeurs, des scénaristes, des acteurs et des actrices d'origine centre-européenne, de manière à ce que Mr. Einstein ne se sentît pas trop dépaysé.

A six heures de l'après-midi, une cohue de gens célèbres dans le monde entier attendait, verre en main, l'arrivée du vrai père de la bombe atomique. Il arriva, à l'heure indiquée sur l'invitation, flanqué des grands patrons de plusieurs studios, dont Jack Warner, en gangster, et Darryl Zanuck pendu au bout d'un long cigare qu'il n'avait pas eu le temps d'allumer.

Mr. Einstein était incroyablement fagoté. On aurait pu le prendre au premier coup d'œil pour un parent pauvre de Groucho Marx. Plusieurs femmes laissèrent échapper un rire vite étouffé. Des hommes aussi élégants que l'était Fred Astaire restèrent un long moment bouche bée. Einstein était habillé d'un pantalon en flanelle incroyablement tirebouchonné, d'une veste noire aux coudes luisants et aux revers couverts de taches et d'un gilet en laine grise barré d'une grosse chaîne de montre. Il était chaussé de gros souliers de marcheur qui n'avaient pas été cirées depuis des mois. Maladroitement nouée autour du cou, il portait une cravate-châle d'un vert criard piquée d'un énorme cabochon en verre ordinaire. D'une des poches de sa veste émergeait la moitié d'un béret basque.

— Et c'est ce type-là qui a fini par trouver le moyen de faire sauter la planète !... murmura derrière moi Jason Robards qui encerclait du bras la taille d'une jolie blonde à l'air stupide.

Des femmes, parmi les plus belles sur cette terre, entourèrent Mr. Einstein pour lui serrer la main. Le vieux savant, bousculé de toutes parts, eut soudain le lamentable aspect d'un hibou ébloui par les phares d'une voiture. Mais le hibou en question avait un sourire d'enfant émerveillé. Il regardait les femmes — son regard s'attarda longuement sur Katherine Hepburn — comme s'il n'en croyait pas ses yeux. Il observa aussi les allées et venues de Gary Cooper et de Kirk Douglas avec l'œil d'un savant bouleversé par une erreur de la nature.

Entouré de nouveau par les grands patrons de l'industrie cinématographique, il visita plusieurs plateaux sur lesquels on tournait encore des films. Il émit un sifflement d'admiration à la vue d'un décor du « Far West » et sourit finement — comme à contrecœur — devant un obus en carton-pâte à bord duquel un jeune Tarzan habillé de plastique devait se rendre sur la lune.

La visite terminée, on passa aux grands salons « de style français » — emprunté aux décors de *La Dame aux camélias* — où l'on servit les cocktails qui devaient précéder un souper froid de la meilleure qualité.

Libéré des *tycoons,* Mr. Einstein allait de groupe en groupe bavardant gentiment avec les uns et les autres. Sa curiosité était infinie. Il posait des questions — surtout aux femmes — en commençant toujours par un « *Tell me, my dear* (1) » qui équivalait presque à une déclaration d'amour.

Marcel Dalio, en strict smoking noir — il avait tourné pendant la journée dans un film où il jouait un maître d'hôtel français — s'approcha de moi, un verre de champagne à la main.

— On te l'a déjà présenté ? me demanda-t-il.

— Non, pas encore.

— J'aimerais tellement lui parler !...

— Eh bien, vas-y. Il a l'air plutôt aimable.

Marcel dansa d'un pied sur l'autre.

— Ah ! si j'étais une femme... soupira-t-il.

— Qu'est-ce que tu ferais ?

— Je coucherais ce soir avec lui !

Comme je m'esclaffais, Marcel s'emporta :

— Tu ne comprends rien ! Il a la beauté de l'intelligence, ce type-là ! A côté de lui, Tyrone Power c'est le néant !

Les invités s'égayaient autour des tables où brillait l'argenterie dont on se servait dans les films qui se passaient en Angleterre. Toujours suivi de Dalio, j'allai me servir au buffet derrière lequel trônait impassible Mike Romanoff, plus faux prince russe que jamais.

(1) « Dites-moi, ma chérie... »

Pendant un long moment, je perdis de vue Mr. Einstein. Puis, tout à coup, je l'aperçus de nouveau. Il était assis sur le bord d'un canapé, une assiette débordante de saumon fumé sur les genoux. Il semblait absolument fasciné par la conversation de son voisin. Et son voisin n'était autre que Fernando Lamas. La vue du couple me produisit un choc.

— Est-ce que tu vois ce que je vois ? demandai-je à Dalio.

Aussi surpris que moi-même, Dalio acquiesça :

— Oui. Je vois Albert Einstein qui parle avec Fernando Lamas.

— Dis plutôt que tu vois Albert Einstein qui écoute parler Fernando Lamas.

Nous étions surpris. Et pourtant, nous l'aimions bien, l'Argentin. Nous avions Dalio et moi un certain goût pour les tropiques. Fernando était beau et sympathique. Il avait de belles dents et de superbes cheveux noirs luisants de brillantine. C'était, il est vrai, un acteur assez médiocre, mais il portait bien l'uniforme et montait à cheval convenablement. Dans sa vie privée, il affichait un goût démesuré pour les femmes d'un certain âge. « Elles présentent l'avantage, expliquait-il, d'avoir déjà leur carrière toute faite. » Tel était le cas de sa première épouse, Arlène Dahl, une belle ancienne étoile rousse sur le retour. Ceux qui enviaient à Fernando son succès auprès des femmes racontaient qu'il était bête à manger du foin. C'était de la pure exagération. Fernando était tout simplement quelqu'un que l'on imaginait mal discutant avec Einstein. La seule idée était à hurler de rire.

Jason Robards, une bouteille de bordeaux à la main, s'était joint à nous.

— Pourquoi vous rigolez comme ça ? demanda-t-il, curieux.

— Regarde là-bas.

Jason écarquilla les yeux, stupéfait.

— Fernando Lamas qui parle avec Albert Einstein ! *My God !*

Robards prit par le bras Mickey Rooney qui passait près de lui.

— Mickey... regarde... là-bas sur le canapé... qu'est-ce que tu vois ?

Mickey Rooney se haussa sur la pointe des pieds.

— Shit ! Mais c'est Fernando !... Et avec Einstein !

Quelques secondes plus tard ce fut Debbie Reynolds qui poussa des cris. En quelques secondes notre groupe se multiplia comme les pains du miracle. Lorsque Fernando Lamas se leva pour prendre congé d'Einstein, nous étions une bonne douzaine de personnes à regarder la scène, pétrifiés.

Dalio appela l'Argentin d'un grand geste de la main. Lamas s'approcha de nous, nonchalant.

— Qu'est-ce que tu lui racontais à Einstein ? lui demanda Dalio.

L'Argentin leva très haut sur le front un sourcil finement dessiné.

— Einstein ? Qui c'est Einstein ?

— Le professeur Einstein. Le vieux monsieur avec lequel tu parlais. L'inventeur de la bombe atomique.

Un grand sourire illumina le beau visage de l'Argentin.

— Alors... il s'appelle Einstein ? Je me disais bien, c'est fou ce qu'il a l'air juif !

Je pressentis que Jason Robards allait lui rentrer dedans. J'intervins au plus vite :

— Fernando, est-ce que tu as lu ton invitation ?

— Mais je n'étais pas invité ! C'est Dino Martin qui m'a emmené avec lui !

— Raconte, Fernando, insista Dalio, qu'est-ce que tu lui disais à Einstein ?

Le cercle se resserra autour de l'Argentin. Fernando prit son temps et se servit un dry-martini.

— Ben, tu sais, on a parlé de tout et de rien. C'est un vieux monsieur, quoi... Il est complètement en dehors du coup. Il me disait que j'avais bien de la chance d'être acteur, parce que j'étais toujours entouré de jolies femmes, que je pouvais les embrasser, leur faire l'amour... Pauvre vieux... tellement ingénu ! Je lui ai expliqué qu'il ne fallait pas se fier aux apparences et que toute médaille a son revers. Je lui ai dit que dans mon métier rien n'est jamais tel qu'on le voudrait. Et qu'en ce bas monde, tout est relatif. Je ne sais pas s'il m'a bien compris. Il avait l'air plutôt bouché, le vieux...

Dalio se mit à sautiller sur place tandis que Jason manquait de s'étouffer.

— Tu lui as dit, à Mr. Einstein, que tout est relatif ? Tu as bien dit... relatif ?

— Oui, j'en suis sûr, parce qu'il m'a répondu très gentiment que lui aussi avait une théorie là-dessus. J'ai pris congé de lui avant qu'il ne me l'explique, sa théorie...

Il paraît que plus tard, sous Perón, les Argentins ont voulu nommer Lamas ministre de la Culture. Mais il a préféré continuer à faire du cinéma. Il n'était pas si bête, après tout.

Nous étions dans la troisième semaine du tournage de *Breakfast at Tiffany's* et je venais de terminer la séquence dans laquelle Holly Golithly apprend la mort de son frère et devient à moitié folle, lorsque Kurt Frings s'approcha de moi, me prit par le coude et m'entraîna dans un coin du plateau.

— Je veux, me dit-il à voix basse, que tu demandes à Blake une permission de vingt-quatre heures pour mercredi prochain. Je me suis informé et j'ai appris que tu ne travailles pas ce jour-là.

— Une permission de vingt-quatre heures... pour quelle raison ?

— Pour aller à New York. Tu partirais mardi soir dans le dernier avion et tu serais de retour le lendemain en fin d'après-midi.

— Qu'est-ce que je suis censé faire à New York ?

— Embrasser Kim Novak sur la bouche à huit heures précises du matin.

— Quoi ?

— Tu m'as très bien entendu. Tu toucheras pour cela huit mille dollars. Après impôts, bien entendu.

— Mais qu'est-ce que tu racontes ?

— Tu dors mardi soir au Saint-Regis et tu te présentes le lendemain à huit heures — tenue de voyage, n'oublie pas — au 127 de la Cinquième Avenue, appartement 17

Mon ami Tony Silverstein tourne là-bas les scènes d'un film de série B avec Kim Novak comme *guest star*. Ça ne sera pas un chef-d'œuvre, mais huit mille dollars sont toujours bons à prendre. D'accord ?

Que pouvais-je répondre ? New York. La bouche de Kim Novak. Huit mille dollars.

— D'accord.

Blake Edwards — nous étions devenus de grands amis — voulut savoir pourquoi je voulais m'absenter pendant vingt-quatre heures. Lorsque je le lui dis, il s'étrangla de rire.

— Huit mille dollars pour un baiser ! Mais ma parole, tu vas être le gigolo le mieux payé au monde !

Je pris l'avion pour New York mardi soir et le lendemain à huit heures précises, je me présentai au 127 de la Cinquième Avenue. Un jeune homme qui ressemblait comme deux gouttes d'eau à tous les stagiaires du monde, m'emmena jusqu'à la vaste chambre à coucher où Mr. Silverstein n'attendait que moi — m'expliqua-t-il avec profusion de gestes — pour tourner la scène du baiser.

Il me présenta à Miss Novak en ayant soin de préciser que j'arrivais en droite ligne de Hollywood où je tournais auprès d'Audrey Hepburn dans le dernier film de Blake Edwards. Cette déclaration n'eut pas le moindre effet sur Miss Novak qui me regarda à peine. En chemise de nuit ourlée de dentelles noires, elle était à moitié couchée sur un monceau d'oreillers épars sur un lit qui semblait un champ de bataille. C'était une des créatures les plus provocantes qui soient sorties d'entre les mains du Seigneur.

Tony Silverstein — un petit homme bedonnant qui ressemblait étrangement à Jean-Paul Sartre — m'expliqua la situation :

— Vous êtes l'amant de Miss Novak et vous la quittez précipitamment, car elle vient d'apprendre que son mari rentre de voyage. C'est votre dernier baiser avant longtemps. Soyez donc passionné. Ah, et n'oubliez surtout pas que vous êtes un amant européen...

Cette remarque à propos de mon « européanisme »

m'avait été soulignée à plusieurs reprises depuis que j'étais en Amérique. A chaque fois, cela me déroutait. Comment un directeur juif de films de série B, né à Brooklyn et nourri d'idées préconçues, pouvait s'imaginer un amant européen ?

Après avoir approuvé d'un geste mon pantalon de flanelle, ma veste de sport et ma cravate tricotée à la main, Mr. Silverstein se plaça à côté de la caméra et commanda :

— Moteur !

Je sortis de la salle de bains avec une mallette de voyage à la main. Je la posai par terre au pied du lit et je me penchai sur Miss Novak. Elle me regarda venir avec des yeux de chat et des lèvres déjà entrouvertes. Je la pris dans mes bras. Elle était dodue et tiède. J'établis lentement un contact avec sa bouche. Ses lèvres étaient froides et ses dents aussi hermétiquement closes que la frontière d'une République populaire. Je l'écrasai de mon poids contre les oreillers pendant que de la main droite je cherchai à m'emparer de son sein. Il était mou et doux comme un œuf mollet. Elle me repoussa indignée.

— *What the hell are you doing* (1) !

Elle avait un fond d'accent polonais.

— Coupez ! gueula Silverstein.

Je me relevai, surpris par cette algarade.

— Je vous ai demandé de l'embrasser, pas de la tripoter ! criait Silverstein, rouge de colère.

— Vous m'avez dit aussi de ne pas oublier que j'étais un amant européen...

— Et alors ?

— Et alors, c'est comme ça qu'on fait en Europe.

Miss Novak avait quitté le lit d'un bond et s'était réfugiée dans la salle de bains. Dès qu'elle eut disparu, Tony Silverstein me cligna de l'œil. Il était rayonnant.

— Est-ce que la prise est bonne ? demanda-t-il pardessus l'épaule à son cameraman.

— Excellente, Mr. Silverstein.

— Alors on la garde !

(1) « Mais que diable faites-vous ! »

Je repris l'avion quelques heures plus tard avec un chèque de huit mille dollars dans la poche. J'envoyai des fleurs à Miss Novak. Quatre-vingt-trois roses. Car en Europe, compter les fleurs par douzaines est de la dernière vulgarité

Un après-midi, Blake Edwards bouleversa le programme de la journée et décida de tourner de nouveau une séquence dans laquelle Mickey Rooney intervenait en solitaire. Nous avions donc devant nous, Audrey et moi, une heure ou deux de liberté.

— Allons dire bonjour à Gable sur le plateau des *Misfits,* proposa-t-elle, comme ça tu connaîtras Marilyn Monroe dont tu es probablement un fan.

C'était surtout pour moi l'occasion ou jamais de rencontrer Montgomery Clift qui était un de mes acteurs préférés depuis *Soudain, l'été dernier.* Je passai donc une veste de sport sur mon pantalon de smoking et je suivis Audrey le long des labyrinthes qu'elle connaissait comme sa poche.

J'avais entendu dire qu'Arthur Miller avait écrit les *Misfits* dans l'espoir de sauver son mariage avec Marilyn et aussi pour donner une dernière opportunité à l'actrice dont la carrière dégringolait.

— Le film, disait Audrey chemin faisant, devrait être un grand succès. Marilyn a déjà travaillé avec John Huston dans *Asphalt Jungle.* Et puis, n'importe quelle actrice rêverait d'un casting pareil : Gable, Clift, Elie Wallach et Thelma Ritter ! Les plus grands noms du cinéma américain.

Lorsque nous arrivâmes sur le plateau où l'on tournait *The Misfits,* il y régnait une atmosphère insoutenable. Tout le monde semblait tendu à l'extrême. Assis sur une chaise pliante, ses longues jambes déployées devant lui, John Huston parlait à Marilyn Monroe sur un ton qu'il s'efforçait de rendre paisible

— Non, Marilyn, non. Tu ne dois pas crier. Tu dois simplement parler un peu plus fort que d'habitude. C'est tout. Mais tu ne dois pas crier. Recommençons. Moteur !

Debout face à Clark Gable qui la dominait de toute sa taille, Marilyn recommença encore une fois son monologue. Elle hésita sur chaque mot et se trompa à plusieurs reprises. Elle finit sa dernière phrase en criant d'une voix stridente.

— Coupez !

Huston s'extirpa lentement de sa chaise pliante et d'une voix trop douce, il dit :

— Marilyn, va te reposer quelques minutes. Nous recommencerons tout à l'heure.

Marilyn, les yeux embués de larmes, tourna le dos à Gable sans dire un mot et s'en alla en courant à travers le plateau, suivie de son coiffeur, de sa secrétaire et de son *coach* (1). Sa soudaine disparition détendit l'ambiance et tout le monde se mit à parler et à rire avec des mines empruntées.

— Est-ce qu'elle a bu ? demandai-je à Audrey.

— Non, je ne crois pas. Elle ne boit pas beaucoup, tu sais. Elle croit que l'alcool mène à la folie. C'est son obsession.

Gable — qui avait le teint grisâtre et les paupières violacées — s'approcha d'Audrey pour l'embrasser. Montgomery Clift nous rejoignit, l'air absent. Audrey me présenta aux deux acteurs et demanda :

— Alors ? Comment est-ce que cela se passe ?

— Un désastre ! grogna Gable.

— *Poor girl* (2)... murmura Monty Clift en regardant vers la porte par laquelle Marilyn avait disparue.

— *Poor girl, my foot* (3) ! se fâcha Gable. Aujourd'hui elle nous a fait attendre deux heures sur le plateau. Elle prend tellement de pilules, pour dormir, pour se réveiller, pour manger, pour ne pas manger, qu'elle ne sait plus où elle en est. Hier, elle m'a débité des phrases qui appartiennent à son dialogue avec Elie Wallach. Ça devient insupportable. J'ai peur que John ne finisse par l'étrangler. Et maintenant, excuse-moi, mais moi aussi je vais me reposer.

(1) La personne qui aide l'acteur à répéter son texte.
(2) « Pauvre fille... »
(3) « Pauvre fille, tu parles ! »

Dès que Gable nous eut quittés, Audrey mit la main sur le bras de Monty Clift.

— Clark a une mine épouvantable.

— Il est éreinté. Elle nous mène la vie dure, tu sais... Clark n'aurait jamais dû accepter de tourner dans ce film... Je sens que ça va mal finir...

— Pourquoi dis-tu cela ?

— Je ne sais pas. Je le sens. C'est tout

Il prit un temps et ajouta :

— Gable ne survivra pas à ce tournage... Quant à elle, elle va s'enfoncer de plus en plus dans le néant.

Il avait un profil aigu et des yeux mélancoliques. Des cicatrices striaient la peau de son visage. Malgré sa jeunesse, Monty Clift avait l'air d'un être usé jusqu'à la corde.

Lorsque nous quittâmes le plateau, Huston fit de loin à Audrey un geste de la main auquel elle répondit en lui envoyant un baiser du bout des doigts. Puis, elle s'accrocha à mon bras et chuchota :

— Viens dans ma loge... J'ai vraiment besoin d'un verre.

En rentrant ce soir-là à mon hôtel, je trouvai un message de Jerry Pratt. Il me convoquait pour une séance de photos, le lendemain à trois heures, dans son studio de la Paramount. Jerry était chargé de la campagne publicitaire de *Breakfast at Tiffany's.* J'avais vu pas mal de photos de lui. Il avait le don de rendre intelligentes les beautés les plus banales.

Il me reçut à l'heure convenue dans une vaste pièce inondée de lumière. Sur un grand mur blanchi à la chaux, il y avait une immense photo de Garbo prise pendant le tournage de *La Dame aux camélias.* Je restai muet quelques secondes devant l'éblouissante image de la célèbre Suédoise.

— C'était, dit Jerry Pratt, un des visages les plus imparfaits qui soient, mais il accrochait la lumière de façon miraculeuse. Nous les photographes, nous l'avons rendue plus belle qu'elle ne l'était vraiment.

Jerry Pratt était un petit homme malingre et chauve

aux yeux très bleus et à la pomme d'Adam proéminente.

— Je vous ai vu hier avec Audrey Hepburn sur le plateau de Huston, me dit-il. Quelle sale atmosphère, n'est-ce pas ?

Prudent, je hochai la tête sans répondre.

— Cette garce est en train de le tuer.

— Qui ça ?

— Gable, qui d'autre ? Vous avez vu dans quel état il est ?

Ni lui, ni moi, n'avions encore prononcé le nom de Marilyn.

— Tout le monde la hait, continua Jerry Pratt. Partout où elle va, elle sème le désordre et déclenche le drame et la tragédie.

Il hésita quelques secondes, puis il dit :

— Je vais vous montrer quelque chose.

Il alla à une armoire, l'ouvrit et revint vers moi avec un grand album rouge entre les mains.

— Regardez.

Il avait ouvert l'album tout au début. Il me montra du doigt une grande photo en noir et blanc. Le visage d'une femme, ou plutôt celui d'une très jeune fille aux joues vaguement boursouflées. Des yeux vides d'une insupportable tristesse. Un regard pareil à celui de certains enfants malades et, parfois, de certains fous. La bouche était amère. Le front, caché sous un chapeau cloche enfoncé jusqu'aux oreilles. De courts cheveux blonds s'ébouriffaient sur la nuque. Elle n'avait pas eu recours au moindre maquillage pour rendre ce masque plus attirant.

— Qu'est-ce que vous en pensez ? J'ai titré cette photo : « Le visage du malheur. »

— C'est un bon titre.

— C'est une photo prémonitoire. Je l'ai prise à l'époque où elle s'appelait encore Norma Jean Baker. Ne me demandez pas ni comment, ni pourquoi, ce serait trop long à vous expliquer.

Il ferma l'album d'un coup sec.

— Tenez, mettez-vous là contre ce mur. Je vais prendre quelques gros plans de vous pour la publicité du film.

Concentrez-vous de votre mieux et efforcez-vous de ressembler à The Rat, ce personnage qui vous va comme un gant parce que, justement, il n'a rien en commun avec vous.

Des années se sont passées. J'ai rencontré de nouveau Jerry Pratt à Paris, juste après la petite révolution bourgeoise de 1968. Il prenait un verre avec Sam White, le doyen de la presse étrangère, au bar du Crillon.

— Vous ressemblez toujours à mes photos ! me dit-il en riant.

— Peut-être suis-je devenu un Rat avec le temps. Que faites-vous à Paris ?

— Je suis venu travailler avec Truffaut. J'aime les types qui s'y connaissent en photos.

Lorsque Sam nous quitta, nous allâmes Jerry et moi dîner ensemble à La Coupole. Vers deux heures du matin nous étions assis devant notre quatrième whisky dans un bar du quartier où un gentleman de couleur jouait au piano des vieilles chansons nostalgiques des années 30. Nous parlâmes, évidemment, de Marilyn Monroe.

— Vous vous souvenez de ma photo, « Le visage du malheur » ? Je vous avais dit que c'était une photo prémonitoire. Elle portait sa mort écrite sur le visage. Dans la Grèce antique, elle serait morte avec plus de dignité. Mais elle était américaine. Elle couchait avec tous les Kennedy, elle parlait trop et les hommes de la CIA ne l'aimaient pas. Ceux de Jimmy Hoffa non plus. Et ils étaient bien plus dangereux que les autres.

Il vida son verre et en commanda un autre.

— Vous aviez toujours prévu ce genre de fin pour Marilyn, n'est-ce pas ? lui demandai-je.

— Oui.

— Etait-ce tellement évident ?

— Pour moi, oui.

Il alluma longuement le troisième cigare de la soirée et enleva ses souliers sous la table.

— J'ai trop marché aujourd'hui.

Il vida de nouveau son verre avant de se remettre à parler.

— Le malheur de Marilyn, c'est qu'elle a été une star avant d'être une comédienne. Elle l'a même été avant d'être célèbre. Le pauvre Jim Dougherty, l'agent de police, son premier mari, s'était mis au lit avec une star et ne le savait pas. Arthur Miller n'a pas très bien compris non plus qui était cette petite blonde marrante et assez chiante avec laquelle il s'était marié. Peut-être Joe Di Maggio fut le plus clairvoyant de tous et aussi le plus malheureux. Il fut le seul à l'accompagner jusqu'à sa tombe. Le seul à déposer quelques fleurs sur son cercueil. Mais Marilyn elle-même se connaissait-elle ? Je l'ai rencontrée, presque par hasard, lorsqu'elle s'appelait encore Norma Jean Baker. Mais avant, elle avait été Norma Jean Mortenson et bien avant, Norma Bolaender. Lorsque je l'ai mieux connue, elle devint Mona Monroe, un vrai nom de strip-teaseuse de la Nouvelle-Orléans. Le Marilyn vint plus tard. En réalité, elle aurait toujours dû s'appeler Norma Gifford, Gifford étant le nom de son père.

Le gentleman de couleur s'était mis à flirter avec Gershwin. Il finirait bien par jouer du Cole Porter, mon préféré.

— Vous ne l'avez plus jamais revue après les *Misfits ?* me demanda Jerry Pratt en s'épongeant le front avec un glaçon.

— Non. Mais vous savez, je ne l'ai jamais vraiment rencontrée. Audrey voulait me la présenter, mais souvenez-vous que ce jour-là elle avait quitté le plateau en courant.

Jerry Pratt regarda un moment à travers son verre vide.

— *The Misfits...* quel film maudit ! Commercialement, vous le savez, ce fut une catastrophe. Et pour Marilyn, une tragédie. Miller la répudia et, Gable mort, on l'accusa pratiquement de l'avoir assassiné. Le monde du cinéma se mit à la détester, très spécialement les producteurs auxquels elle avait fait perdre leur chemise.

— Pourquoi elle ?

Jerry Pratt écouta un moment la musique du piano, sans répondre.

— Marilyn, dit-il enfin, n'accepta jamais d'assumer les

responsabilités de ce qu'elle était : une star. Cela se traduisait par un manque total de discipline. Et qu'est-ce que c'est un film ? C'est avant tout une équipe. Tourner un film, c'est comme tendre un pont sur une rivière. Il faut suivre au pied de la lettre les instructions de l'ingénieur-chef. Sinon, le pont s'effondre. Marilyn est restée toujours en dehors de l'équipe. Elle voguait en solitaire. Ce qui est le contraire du devoir d'un professionnel. Les grands, eux, qui savent que la réussite ne vient qu'en usant au maximum de leur talent, sont toujours disciplinés. Humbles et disciplinés. Ils ont besoin des autres autant que les autres ont besoin d'eux. Tenez, prenez votre amie Audrey. J'ai travaillé avec elle autrefois dans *Vacances romaines*. Elle était encore une toute jeune fille. Mais elle portait déjà en elle le feu sacré. Cela se voyait dans mes photos. En tout cas, moi je le voyais. Même lorsqu'elle ne tournait pas, elle venait sur le plateau. Elle s'asseyait dans un coin et elle regardait. Elle regardait et elle apprenait. Et comme ça, un jour après l'autre. Lorsque je lui demandai pourquoi elle ne restait pas chez elle à se reposer, elle me répondit d'un air surpris : « Mais... je fais partie de ce film ! Il faut que je sois là. » Marilyn, elle, n'a jamais participé à aucun film. Elle ignorait totalement le travail d'équipe. Elle n'avait aucun respect pour le talent des autres. Rappelez-vous cet horrible film qu'elle a tourné avec Sir Laurence Olivier. Elle n'a pas travaillé avec lui, elle a travaillé contre lui ! Elle s'était prise à le détester parce qu'il s'était offert de l'aider dans certaines scènes difficiles. Lorsqu'on lui suggéra à la fin du tournage que le nom d'Olivier devrait passer devant le sien, elle piqua une crise d'hystérie. Elle cria qu'au cinéma elle était beaucoup plus importante que lui. Comme si le cinéma pouvait prendre le pas sur le Théâtre et sur Shakespeare ! Elle fut sordide, mesquine et sans générosité. Les Juifs, nous appelons cela être *chutzpah*.

Jerry demanda au barman d'offrir à boire au pianiste.

— Truman Capote avait jugé la Monroe une bonne fois pour toutes. Il disait que Marilyn était une grue. Et il n'avait pas tort. Sous certains aspects, elle était vraiment une grue. En tout cas, elle vivait comme une grue. Dans la saleté et le désordre. J'ai été une fois dans sa chambre d'hôtel à New York. C'était dégueulasse... Elle avait jeté ses vêtements intimes par terre. Il y avait des assiettes sales et des verres pleins de mégots sur la commode. Des bouteilles de gin vide avaient roulé sous le lit. Sa table de nuit était encombrée de paquets de Tampax et de boîtes de pilules de toutes les couleurs. C'est comme ça qu'elle vivait. Comme une grue de bas étage. Et comme la plupart des grues, elle aimait le commerce des gangsters et des gens louches. Elle en est probablement morte. Prenons encore un verre.

Cole Porter. Maintenant le pianiste jouait du Cole Porter. *Just one of those things*. Je levai mon verre à son intention lorsqu'il joua *Begin the beguine*.

— Au début de sa carrière, continua Jerry d'une voix légèrement pâteuse, elle coucha avec le premier qui s'offrait à l'aider dans son métier. Elle ne voulait pas admettre que lorsqu'on a du talent on n'a besoin de personne. Et du talent, elle en avait à revendre. Elle avait même plus que du talent. Elle avait de la personnalité. Vous savez, on peut avoir du talent et ne jamais arriver à rien au cinéma. Mais lorsqu'on a de la personnalité on perce toujours. Garbo, Gary Cooper, le pauvre Clark Gable étaient des acteurs plutôt médiocres, mais ils avaient de la personnalité. Et Dieu sait si le public adore les personnages ! Il les réclame, il ne peut se passer d'eux, même si film après film ils font toujours la même chose. Mais Marilyn avait une mentalité de grue. Alors elle couchait à droite et à gauche. Elle se vendait pour rien. Pour des promesses jamais tenues. Pour elle, le succès passait forcément par un lit. Elle y a cru jusqu'aux derniers jours de sa vie. Elle était convaincue qu'en couchant avec Kennedy, elle deviendrait une femme vraiment importante. Que tout le monde la respecterait et la craindrait. Qu'elle atteindrait enfin le sommet de la montagne. Pauvre fille...

— Elle était pourtant intelligente ?

— Elle était parfois drôle, ce qui est différent. D'ailleurs la plupart de ses bons mots sortaient d'une équipe de gag-men engagés par le studio.

Le pianiste s'arrêta de jouer. Il ferma son piano, avala ce qui restait dans son verre, nous fit un grand sourire et disparut. Je jetai un coup d'œil à ma montre. Il était trois heures du matin.

— Jerry, il est tard.

— Je vous ai dit tout à l'heure, répondit le photographe comme si de rien n'était, que Marilyn fut une star avant de devenir une comédienne. Eh bien, elle se maria aussi avant d'être une vraie femme. Je ne parle pas de ses mariages avec Jim Dougherty et avec Joe Di Maggio qui ont été en quelque sorte des mariages blancs. Je pense au mariage avec Miller. Lorsqu'on épouse un Juif, on épouse aussi tout un clan, une tribu au grand complet. On nage soudain dans l'affection comme dans du miel. On est entouré d'amour, de prévenances. Très vite on étouffe, on manque d'air, on se noye. Au début de son mariage juif, Marilyn eut l'impression d'appartenir enfin à une famille. Elle avait une mère, des beaux-frères, des belles-sœurs, des neveux et des nièces. Elle avait surtout un mari célèbre, intelligent, dominateur. Marilyn découvrit, pour la première fois de sa vie, l'existence de la Culture avec un grand C. Ce fut pour elle un choc dont elle ne se remit jamais. Elle se mit à lire des livres dont elle ne comprenait pas le premier mot. Elle se força à user d'un vocabulaire qui n'était pas le sien. Elle citait à tort et à travers des auteurs dont elle n'avait jamais rien lu. J'ai des amis dans la presse qui en font encore des gorges chaudes.

— Mais comment se sont-ils connus ?

— Chez Norman Rosten, un ami commun, à Brooklyn Heigths. Marilyn devait jouer dans une pièce de Rosten, *Across the River*. Miller, qui était un intime de l'auteur, assista à plusieurs répétitions. Le soir de la générale il s'y rendit, seul, sans sa femme. Dès que le rideau tomba, il alla frapper à la loge de Marilyn. Il lui dit qu'elle avait beaucoup de présence sur scène, beaucoup de talent. « Un jour, j'écrirai quelque chose pour vous... » Marilyn battit des mains comme une petite fille. « Pour vous, je jouerai n'importe quoi ! » Ce n'était pas précisément un compliment, mais l'intention y était. Miller l'invita à dîner chez Sardi's. Leur entrée dans le restaurant provoqua une commotion. La star célèbre et l'auteur à la mode dînèrent en tête-à-tête subjugués l'un par l'autre. Miller était un homme très séduisant. Il jouait de son charme et de sa voix avec la maîtrise d'un acteur chevronné. Après le dîner, il proposa à Marilyn de la raccompagner chez elle. Elle avait à l'époque un appartement dans la Cinquantième rue, Ouest. Arrivée devant sa porte, Marilyn l'invita à monter. Le reste de l'histoire n'est pas à raconter devant des petites filles.

— C'est pourtant une histoire des plus banales.

— La suite ne l'est pas. Marilyn fit des efforts terribles pour se mettre à la hauteur de Miller. Elle fit des gaffes monumentales. La presse publia ses meilleurs « mots ». L'affaire des frères Karamazoff, par exemple, qu'elle avait pris pour des producteurs de Hollywood. De moins en moins sûre d'elle-même, Marilyn — bien qu'elle fût le *number one* — commença à boire outre mesure et à prendre d'incroyables quantités de pilules. Le résultat n'était pas très positif. Elle perdait souvent le contrôle de ses actes. Elle devint acariâtre et agressive. Beaucoup d'amis la fuirent. Sa belle-famille la prit en grippe. Miller avait de plus en plus de mal à la supporter. Puis vint la lamentable affaire du film avec Olivier. Elle exigea que Paula Strasberg dont elle suivait les cours à l'Actors' Studio fût présente sur le plateau pendant le tournage. C'est à elle et non pas à Olivier, qui était le metteur en scène du film, que Marilyn demandait si elle devait ou non recommencer la séquence. Olivier, logiquement, ne pouvait pas accepter la situation. Lorsqu'il lui en fit la remarque, Marilyn, à bout de nerfs, l'insulta. Elle avait la chance d'avoir comme partenaire un des plus grands acteurs vivants et au lieu de l'écouter, elle le couvrait de sarcasmes ! *Le Prince et la Danseuse* fut un échec retentissant.

Jerry Pratt commanda encore un whisky. Il avait de plus en plus de mal à parler d'une façon intelligible.

— Jerry, allons-nous coucher.

Il fit un vague geste de la main et nia de la tête.

— Non... laissez-moi encore vous raconter. Un matin, quelques semaines après le désastre du film d'Olivier, je me rendis chez Marilyn pour une séance de photos commandées par *Life Magazine*. Je la trouvai encore au lit. Elle était en larmes. Elle s'était couchée la veille sans se démaquiller. Deux longues coulées de rimmel encadraient sa bouche devenue une sorte de plaie sanguinolente. Dès qu'elle me vit, elle cria :

— Jerry ! On m'a foutue à la porte !

— Comment ça ?

— Le studio m'a foutue à la porte !

Je m'assis sur le bord du lit. La chambre à coucher sentait l'alcool et les médicaments. Je lui pris la main et j'essayai de la calmer. Elle tremblait de rage et d'impuissance. Je n'avais jamais eu de sympathie à son égard, mais ce matin-là elle me fit de la peine. Elle répéta encore une ou deux fois « on m'a foutue à la porte ! » puis elle se cacha la tête sous l'oreiller et refusa de me parler. Je ne savais que faire. Je n'osais pas la laisser seule. Je restai encore un long moment assis sur le lit, à réfléchir. On avait mis à la porte du studio une des plus grandes stars du cinéma américain. Et pourtant cela n'avait rien d'étonnant. Un jour ou l'autre, cela devait arriver. Marilyn se rendait sur les lieux de son travail avec des heures de retard. Elle oubliait souvent son texte. Elle avait « tué » Gable et humilié Olivier. Elle était terriblement indiscrète au sujet de ses aventures avec des hommes importants. Elle parlait à tort et à travers de choses dont beaucoup de gens ne voulaient même pas entendre le premier mot. L'échec de *Le Prince et la Danseuse* — dont on la rendait responsable — était l'excuse idéale pour se débarrasser d'elle. J'allai téléphoner au studio pour demander un docteur, lorsque quelqu'un sonna à la porte de l'appartement. C'était la secrétaire-femme-à-tout-faire. Je l'informai de ce qui se passait en quelques mots et je m'éclipsai aussi vite que possible. Je ne revis plus Marilyn vivante...

— Jerry, allons nous coucher.

Il se souleva avec peine de son siège.
— Oui, il se fait tard, allons nous coucher.
Sur le pas de la porte, il posa sa main sur mon bras.
— C'était, me dit-il, la plus grande des emmerdeuses, mais, parfois, vous savez, elle... elle pouvait être merveilleuse !

Le petit matin — c'est une heure dangereuse — rend Paris encore plus beau que d'habitude. On dirait l'intérieur d'une immense huître perlière. Tout est rose et gris. Les façades des maisons, le ciel tout neuf, les visages des noctambules et ceux des pauvres gens qui se lèvent à l'aube pour aller travailler.

J'eus assez de mal à m'endormir. Je pensais à Marilyn, morte à l'âge ou tant d'autres femmes se mettent à considérer la vie avec sérénité. Peter Seeger, un troubadour ambulant comme il y en a tant en Amérique chanta une sinistre ballade dans laquelle il demandait : « Qui a tué Norma Jean ? » La réponse, selon le troubadour, était : « Nous tous. » Garcia Marquez aurait pu écrire à l'époque une « Mort annoncée de Marilyn Monroe » sans même faire preuve de clairvoyance.

Marilyn n'était vivante que par miracle. Sa grand-mère, Della Monroe, sujette à de soudaines crises de folie furieuse, avait essayé de l'étrangler dans son berceau. Marilyn aurait peut-être préféré mourir avant d'être violée dans sa chambre de jeune fille par un de ses nombreux faux pères. Elle n'en mourut pas, mais devint bègue. La mort de son chien Tippy, tué devant elle à coups de revolver, lui rendit l'usage de la parole. A Hollywood, au début de sa carrière, elle mourut un peu tous les jours sous les corps nus et gras d'affreux marchands de viande humaine. Elle n'était probablement pas très intelligente, mais elle était cruellement lucide. Assez cruelle et assez lucide pour demander à haute voix devant des gens qui devenaient tout pâles : « Pourquoi suis-je obligée de vivre comme une ancienne putain alors que je ne l'ai jamais été ? »

Je me soulevai sur un coude, pris un crayon sur la table

de nuit et griffonnai : « Comme toutes les victimes, Marilyn est morte comme elle avait vécu : la peur au ventre. »

Ce sont des choses que l'on écrit au petit matin alors qu'on est déjà à moitié endormi.

Cet ouvrage a été composé
par l'Imprimerie BUSSIÈRE
et imprimé sur presse CAMERON
dans les ateliers de la S.E.P.C.
à Saint-Amand-Montrond (Cher)
pour le compte des Éditions Olivier Orban
14, rue Duphot, 75001 Paris

Achevé d'imprimer le 5 janvier 1988

N° d'édition : 438. N° d'impression : 2967-2234.
Dépôt légal : janvier 1988.
Imprimé en France